创新市场论

THEORY OF
INNOVATION MARKET

王京生 著

海天出版社
HAITIAN PUBLISHING HOUSE
·深圳·

图书在版编目（CIP）数据

创新市场论 / 王京生著. — 深圳 : 海天出版社，
2020.11
ISBN 978-7-5507-3050-2

Ⅰ.①创⋯ Ⅱ.①王⋯ Ⅲ.①市场学—研究—中国
Ⅳ.①F723

中国版本图书馆CIP数据核字（2020）第222754号

创 新 市 场 论

CHUANGXIN SHICHANG LUN

出 品 人　聂雄前
责任编辑　简　洁
责任校对　李　想　叶　果
责任技编　梁立新
封面设计　思　绪

出版发行　海天出版社
地　　址　深圳市彩田南路海天综合大厦（518033）
网　　址　www.htph.com.cn
订购电话　0755-83460239（邮购、团购）
设计制作　深圳市龙瀚文化传播有限公司 0755-33133493
印　　刷　中华商务联合印刷（广东）有限公司
开　　本　787mm×1092mm　1/16
印　　张　21
字　　数　280千
版　　次　2020年11月第1版
印　　次　2020年11月第1次
定　　价　88.00元

王京生

国务院参事，联合国教科文组织"孔子奖章"获得者，国家文化艺术智库特聘专家，北京大学、深圳大学等客座教授。出版专著有《真理是朴素的》《文化权利：回溯与解读》《文化主权与国家文化软实力》《观念的力量》《文化主权论》《文化是流动的》《中国文化的历史流变与当今的文化选择》《文化的魅力》《我们需要什么样的文化繁荣》《城市文化"十大愿景"》《文化＋：文化产业发展的战略选择》《什么驱动创新》《"双创"何以深圳强》《让城市因热爱读书而受人尊重》等，主编图书有《深圳十大观念》《文化立市论》《学派的天空》《高贵的坚持》《中国双创发展报告》等。

目录

引言：什么是创新市场

（一）创新与创新市场　　　　　　　　　　　　　002

（二）创新市场中的政府和市场的作用　　　　　　015

（三）双创发展及其对创新市场的推动　　　　　　018

（四）建设创新市场助力中国双创步入新能级　　　021

上篇　创新市场的形成和中国实践

第一章　国际创新市场发展考察略要

（一）美国创新市场的考察略要　　　　　　　　　027

（二）德国创新市场的考察略要　　　　　　　　　046

（三）日本创新市场的考察略要　　　　　　　　　065

第二章　中国科技体制改革与创新市场建构

（一）创新市场的萌芽（1985—1991 年）　　　　085

（二）应用创新市场发端（1992—1998 年）　　　088

（三）试验发展创新市场兴起（1999—2005 年）　092

（四）完善多层次创新市场综合配套（2006—2014 年）　096

（五）强化创新市场协同发展（2015 年至今）　　100

第三章　基础研究创新市场的构建与实施

（一）完善大学与学科体系　　　　　　　　　　　107

（二）打开人才自由流动的旋转门　　　　　　　　110

（三）推动基础研究投创分离　　　　　　　　　　112

（四）去除唯论文的评价制度　　　　　114

（五）强化区域创新市场协同　　　　　116

第四章　应用研究创新市场的构建与实施

（一）培育多层次应用研究主体　　　　　119

（二）发展海外应用研究平台　　　　　122

（三）发展与国际接轨的技术转移中心　　　　　124

（四）加大新型创新基础设施建设　　　　　127

第五章　试验发展创新市场的构建与实施

（一）培育具有国际竞争力的创新型企业　　　　　129

（二）发展数据驱动的科技金融　　　　　130

（三）实施最严格的知识产权保护　　　　　132

（四）推动技术交易市场数字化　　　　　134

中篇　创新市场的深圳样本

第六章　深圳创新市场的五大特征

（一）创新市场机制新型化　　　　　143

（二）创新市场要素国际化　　　　　148

（三）创新市场环境法治化　　　　　151

（四）创新市场空间区域化　　　　　153

（五）创新市场资源深港特色化　　　　　156

第七章　深圳创新市场培育经验与挑战

（一）确权：市场不能没有独立的主体　　　　　161

（二）合约：让创新资源最有效地配置　　　　　176

（三）市场环境：创新市场的宏观调控　　　　　179

（四）面临挑战：四大不足制约发展　　　　　　186

第八章　深圳创新市场发展与完善

（一）培育更有活力的创新主体队伍　　　　　　197

（二）形成更有效率的市场激励机制　　　　　　201

（三）构建更加完善的创新要素市场　　　　　　205

（四）打造更加适宜创新的制度环境　　　　　　210

下篇　创新市场与双创评估

第九章　从制造中国到创新中国：中国城市双创
　　　　评估（2019 年）

（一）评估体系的科学设计　　　　　　　　　　217

（二）城市创新创业环境　　　　　　　　　　　222

（三）城市创新创业资源　　　　　　　　　　　232

（四）城市创新创业绩效　　　　　　　　　　　239

（五）综合评估及启示　　　　　　　　　　　　246

第十章　深圳双创发展评估（2018 年）

（一）创新创业环境　　　　　　　　　　　252

（二）创新创业资源　　　　　　　　　　　278

（三）创新创业绩效　　　　　　　　　　　290

（四）综合评估及启示　　　　　　　　　　306

结语　　　　　　　　　　　　　　　　313

参考文献　　　　　　　　　　　　　　320

后记　　　　　　　　　　　　　　　　323

引言：什么是创新市场

　　创新是长期经济增长的引擎，不但是一个民族发展进步的"驱动者"，更是"引领者"，如同天空中的北极星，给任何追求现代化和未来的民族以定位和指引。贯彻新发展理念，推动高质量发展，创新不可或缺。建设创新型国家，作为走向复兴的国家战略，需要从理论和实践上形成诸多建构，其中尤以城市如何在创新中持续发展和华丽转身为关键。创新是城市竞争力的决定因素，特别是当下互联网时代，全球生产信息、知识、资金以及技术管理人员在城市之间流动构成的"城市流"，使得全球城市网络得以形成，创新在其中的地位和作用更为凸显，成为城市发展中的决定性和主导性的力量，甚至成为区分全球化城市或国际化城市的标准。

　　创新驱动国家、区域、城市发展，那么又是什么在驱动创新？对创新的考察，自熊彼特创新理论起，创新线性模型理论、国家创新体系（NIS）理论、创新生态系统理论等成熟理论相继产生；近来，又有布雷特·弗里施曼（2000）、阳东辉（2009，2014）、吴欣望等（2012）提出并尝试用"创新市场"理论来研究创新，为创新研究开拓了新视角和新领域。加快建设创新型国家，必须培育壮大创新市场。创新市场的培育和成长，依赖于我们在理论和实践上的探索与突破。美国硅谷创新领跑全球，其崛起及成功的根本原因是以一流大学（斯坦福大学）、一流科研人员与初创企业为核心主体，以自由开放、鼓励创新、包容失败的创新文化为基础，构建了一套各主体紧密合作、相互促进的生态系统，形成了一个世界瞩目的"创新市场"。除科技创新之外，硅谷的创新还有制度创新、观念创新、商业模式创新，以及对创新的知识产权保护等。

本书进一步对创新市场展开理论和实践上的研究。首先分析创新市场内涵、创新市场中政府和市场的作用、双创与创新市场交互机制。其次总结借鉴美国、德国、日本等国创新市场先进经验，梳理中国科技体制改革与创新市场建构历程，探索系统化构建创新市场。再次对以改革起家的深圳等城市日渐形成的产业结构、创新市场及发展趋势进行现实分析，进一步探索深圳双创特别是创新市场体制机制，通过理性思考深圳双创实践引领的创新领域的市场经济变革，总结其引致的新的文化增量，通过考察深圳创新市场培育和发展过程总结其经验与不足，为完善创新市场建言献策，以期进一步增强中国创新自觉、自信、自强，推动创新要素的自由流动和优化组合，为全球创新体系提供中国模式和经验。

（一）创新与创新市场

1. 创新及相关概念

"创新"的概念最早由经济学家约瑟夫·熊彼特（J. A. Schumpeter，1883—1950）提出，他认为创新是发明成果的商品化、产业化，发明只有经过商业化或转化为实践等经济活动才能提升到创新的高度。[①] 从这个意义上说，创新就是从新思想[②]的产生到产品设计、试制、生产、营销和市场化的一系列行动。而从广义上看，创新是"创造和发现新东西"，包括思想创新、制度创新、产品创新、方法创新、知识创新等一切领域的创新，是对已有思维、观念、理论、制度、技术、产品等的突破、改变与提升。任何一种创新都是对传统和既有理论或方法的解构、再诠释或颠覆。狭义上的创新概念，即"科技创新"。[③]其中知识创新包括科学发现、技术发明、知识创造、新知识首次应用、职业知识创新、非职业知识创新等；而技术创新则是国内外学者重点关注和研究的对象，主要包括产品创新、工艺创新及其商业化过程。创新具有公共物品性、不可预知性、动态性和激励复杂性等诸多特征。[④]需要说明的是，本书研究的主要对象是狭义上的创新和创新市场，也就是科学和技术的创新和创新市场，制度创新则作为创新市场的制度供给纳入研究范围。

当今国际社会认同的"创新"一词的特指英文为"Innovation"，区别于"创造"（英文为"Creation"）和"发明"（英文为"Invention"）。当前国际社会对于"创新"的定义比较权威的有两个：一是 2000 年经济合作与发展组织（OECD）在《学习型经济中的城市与区域发展》报告中提出的，"创新的含义比发明创造更为深刻，它必须考虑在经济上的运用，实现其潜在的经济价值。只有当发明创造引入经济领域，它才成为创新"。二是 2004 年美国国家竞争力委员会向政府提交的《创新美国》计划中提出

[①] J. A. Schumpeter. The theory of economic development: An inquiry into profits, capital, credit, interest, and the business cycle[M]. Cambridge, MA: Harvard University Press, 1934.

[②] 这里的思想指自然科学技术范畴的思想，特别是科技理论的重大突破。

[③] 阳东辉. 科技创新市场的国家干预法律机制——基于克服市场失灵的视角[M]. 北京：法律出版社, 2014.

[④] 张凤，何传启. 创新的内涵、外延和经济学意义[J]. 世界科技研究与发展, 2002, 3: 55-62.

的，"创新是把感悟和技术转化为能够创造新的市值、驱动经济增长和提高生活标准的新的产品、新的过程与方法和新的服务"。[①]

知识创新的概念由美国学者艾米顿于 1993 年首次提出。"所谓知识创新，是指为了企业的成功、国民经济的活力和社会进步，创造、演化、交换和应用新思想，使其转变成市场化的产品和服务。"[②]1998 年，何传启受 OECD《技术创新统计手册》启发，把创新分成知识创新（科学发现、技术发明等）、技术创新（技术发明的首次商业应用）、其他创新等。[③]

有关于技术创新概念的定义就更多了。英国萨塞克斯大学科学政策研究所（SPRU）以研究技术创新而著称。它把创新分为：（1）渐进的创新（Incremental Innovation），是指渐进的、连续的小创新；（2）根本性的创新（Radical Innovation），是指观念上和结果上有根本突破的创新；（3）技术系统的变革（Change of Technology System），是指产生深远意义的变革，影响经济的几个部门、伴随新兴产业出现的创新；（4）技术—经济模式的变更（Change in Techno-Economic Paradigm），是指伴随着许多根本性的创新群，又包含许多技术系统的变革的创新。美国国会图书馆把技术创新定义为"一个从新产品或新工艺设想的产生到市场应用的完整过程。它包括新设想产生、研究、开发、商业化生产到扩散等一系列的活动"。它注重的是"新"和"过程"，并突出了多环节、多因素。美国国家科学基金会（NSF）将技术创新定义为"将新的或改进的产品、过程或服务引入市场"。它的定义比较宽泛，把"改进"也划入技术创新的范围。[④]

① 葛霆. 要准确理解"创新"的概念及其本质[J]. 中国科学院院刊, 2005, 6: 81-82.

② D. M. Amidon. Innovation Strategy for the Knowledge Economy: The Ken Awakening[M]. Boston: Butterworth-Heinemann, 1997: 23-56.

③ He Chuanqi. National Knowledge Innovation System: Evolution, Definition and Indicators[J]. Bulletin of the Chinese Academy of Sciences, 1999, 13(14): 244-247.

④ 杨东奇. 对技术创新概念的理解与研究[J]. 哈尔滨工业大学学报(社会科学版), 2000, 2: 49-55.

经济合作与发展组织（OECD）1992 年《技术创新统计手册》认为，"技术创新包括新产品和新工艺，以及产品和工艺的显著变化。如果在市场上实现了创新（产品创新），或者在生产工艺中应用了创新（工艺创新），那么就说创新完成了。因此创新包括了科学、技术组织、金融和商业的一系列活动"。OECD 的定义强调了新产品、新工艺以及它们的"显著技术变化"，同时也隐含着创新与技术创新是两个概念的思想。①

从新的角度重新思考问题，从而创造出原本不存在的事物，或者修改已经存在的事物。提出新理念、创造新方法离不开批判精神，实际上，批判作为"建设性的争执"成为创新的一种必要程序，是新观念、新思想和新方法产生必不可少的渡桥，这也是创造性文化或创新型文化的基本精神。②创新型文化根植反思能力和批判精神，提供创新自觉和创新自信，锻造企业家精神，培育创新创意阶层，营造"鼓励创新、宽容失败"氛围，是创新的根本推动力。精神文化层面的观念创新、制度文化层面的体制创新和物质文化层面的技术创新驱动着一个国家或城市的创新发展。③

2. 创新理论及发展

自 1912 年熊彼特在《经济发展理论》一书中首次提出"创新"这一概念后，特别是 20 世纪 60 年代新技术迅猛发展以来，国内外学术界对有关于"创新"的研究也呈爆发式增长。最早人们对"创新"这一概念的理解主要是从技术与经济相结合的角度，探讨"技术创新"在经济发展中的

① 杨东奇. 对技术创新概念的理解与研究[J]. 哈尔滨工业大学学报(社会科学版), 2000, 2: 49-55.
② 王京生. 我们需要什么样的文化繁荣[M]. 北京: 社会科学文献出版社, 2014.
③ 王京生. 什么驱动创新——国家创新战略的文化支撑研究[M]. 北京: 中国社会科学出版社, 2017.

作用。熊彼特认为，"创新"就是把生产要素和生产条件的新组合引入生产体系，即"建立一种新的生产函数"，其目的是获取潜在的利润。它包括五种情况：引入一种新产品，引入一种新的生产方法，开辟一个新的市场，获得原材料或半成品的一种新的供应来源，新的组织形式。他提出，"'创新'是资本主义经济增长和发展的动力，没有'创新'就没有资本主义的发展"。之后，克利斯·弗里曼（C. Freeman）、罗克·苏特（Robert Solow）、道格拉斯·诺斯（Douglass C. North）等著名学者将其理论进一步发展，成为当代西方经济学的另外两个分支——以技术变革和技术推广为对象的技术创新经济学，以制度形成和制度变迁为对象的制度创新经济学，形成了所谓的"新熊彼特主义"。技术创新经济学者将熊彼特的创新理论与微观经济理论结合起来，提出了"政府的科学技术政策对技术创新起重要作用"；制度创新经济学者认为，"制度创新"是现代经济增长的原因。[1] 无论是"技术创新"，还是"制度创新"，创新对长期的经济增长是至关重要的，这是学术界的普遍共识。1987 年，英国著名技术创新研究专家弗里曼在研究日本经济起飞的经验之后，首次提出国家创新体系（National Innovation System）的概念。它的基本含义是指，由公共和私有部门及机构组成的网络系统，它们之间的相互作用及其活动促成、创造、引入、改进和扩散各种新知识和新技术，使一国的技术创新取得更好的绩效。"国家创新体系"的理论看似将创新的内涵扩大至区域、系统、国家的广度，给人一种无所不包的印象，其实，其核心仍然是"innovation"，它的目的是促进人们用系统的观点看待创新。[2] 理查德·R. 尼尔森（Richard R. Nelson）认为，体系应该是一套制度，它们的互动在一定意义上决定了

---

[1] 方在农. 从熊彼特的创新理论说起[J]. 自然杂志, 2006, 2: 114–115.

[2] 吴金希. "创新"概念内涵的再思考及其启示[J]. 学习与探索, 2015, 4: 123–127.

创新的绩效，在上述意义上，也就是一国企业的创新绩效①。弗里曼也认为，其实更应该将国家创新体系称作产业技术创新的国家体系②。

3. 创造权是人的基本权力

帕斯卡尔说：人的全部尊严在于思考。恩格斯认为："人通过他所做的改变来使自然界为自己的目的服务，来支配自然界。这便是人同其他动物的最终的本质的差别，而造成这一差别的又是劳动。"③人的本质在于他的创造性，这种创造性也就是他的狭义的产权，广义的主权。创造者主权是人的天然权力、基本权力。④创造力是每个人都具有的自然属性。人人都有创造力，创造力并非少数"天才"的"专利"，只是由于后天和外力在"激发"创造力时的差异，每个人表现的创造能力存在差异。⑤

德国学者海纳特（Gottfried Heinelt）在其《创造力》一书中指出："创造力是人产生任何一种形式思维结果的能力，而这些思维结果的本质上是新颖的。"创造权具有普遍性，是人改善所处环境、让世界更美好的一种权力。双创的发展离不开人的创造力。

① 尼尔森，罗森伯格. 技术创新与国家体系[C]//尼尔森. 国家创新体系：比较分析. 曾国屏，译. 北京：知识产权出版社，2012：1-10.

② 克利斯·弗里曼，罗克·苏特. 工业创新经济学[M]. 华宏勋，华宏慈，译. 北京：北京大学出版社，2004.

③ 中共中央编译局. 马克思恩格斯选集(第4卷)[M]. 北京：人民出版社，1995：383.

④ 苏东斌. 选择经济[M]. 北京：人民出版社，2001：60-62.

⑤ 毛良虎. 国际化视野下的创造、创新和创业[M]. 南京：东南大学出版社，2016.

4. 创新市场内涵及其外延

(1) 创新市场内涵

发明家或科学家手里的"新思想"[①]"新技术"等通过交易，转移给企业家应用到生产过程中，企业家通过出售凝聚了"新思想""新技术"的产品和服务，获取创新的回报。"新思想""新技术"从发明家或科学家到企业家的转移正是通过"创新市场"的交易行为得以实现。吴欣望等（2012）指出，创新本身就是一种市场行为，存在一个"创新市场"，即对有商业价值的新知识、新技术、新构思等原创性信息进行交易的市场，创新政策的核心就是要让这个特殊市场的交易繁荣起来。[②]事实上，"创新市场"（Innovation Market）的概念最初是由美国学者布雷特·弗里施曼在《创新与制度：关于美国科学与技术政策的反思》一文中提出的，该文发表在 2000 年冬季出版的《佛蒙特州法律评论》上。弗里施曼（2000）在对创新市场进行界定后进一步对创新市场失灵做了深入研究，发现没有政府干预的创新市场会产生许多社会效率低下的结果。[③]弗里施曼所指的"创新市场"是创新的投入与产出、供给与需求的市场，这是一种广义上的创新市场。而狭义的创新市场概念最初是由美国司法部的两位高层官员理查德·吉尔伯特和史蒂文·桑山在 1995 年合写的一篇有关"创新市场"的法律评论文章中提出的。在这篇文章中，两位作者解释了在审查有关许可协议的交易时，执法机构裁决确定了创新市场，并提出了确定创新市场的方法，

---

① 这里的思想指自然科学技术范畴的思想，特别是科技理论的重大突破。

② 吴欣望，朱全涛. 创新市场与国家兴衰[M]. 北京：社会科学文献出版社，2012.

③ Brett Frischmann. Innovation and Institution: Rethinking the Economics of U. S. Science and Technology Policy[J]. Vermont Law Review, 2000, 24(2): 347-416.

该文定义的创新市场是"未来产品和服务的研发市场"。①莫顿·凯曼和南茜·施瓦茨深入研究了技术创新和市场结构的关系，认为竞争程度、企业规模和垄断力量都会影响技术创新活动。他们认为最有利于技术创新的市场结构，是介于完全垄断和完全竞争之间的市场结构，即中等程度竞争的市场结构。②阳东辉（2014）从科技发展的视角认为科技创新市场是指科技创新知识的投入和产出、供给和需求的市场，包括应用技术创新市场和基础科学创新市场。③

我们赞同这些对创新市场不同角度的表述。我们认为，创新从根本上说是一个稀缺资源的配置问题，如果没有市场制度和价格机制，创新既不可能实现对稀缺资源的最佳配置，更不可能实现其自身价值。创新市场是配置科技创新资源要素交易的场域或空间。从本质上说，创新市场是科技创新资源供求双方相互作用并得以决定其交易价格和数量的资源配置方式或制度安排，是被政府和经济、社会力量尤其是经济力量所推动和建构的结果。市场机制在创新市场的资源配置中发挥着决定作用，但有别于其他市场，因创新具有公共物品性、不可预知性、动态性和激励复杂性等诸多特征，创新市场更强调政府作用，需要政府通过包括产权、契约、税收、分配和信息等一系列的制度建设来完善市场秩序、规范市场行为，甚至政府作为市场主体通过拨款、采购、合作研究等方式直接参与市场，使得市场配置资源达到帕累托最优④。

---

① Richard J. Gilbert, Steven C. Sunshine. Incorporating Dynamic Efficiency Concerns in Merger Analysis: The Use of Innovation Markets[J]. Antitrust Law Journal, 1995, 63(2): 569-602.

② 阳东辉. 科技创新市场的国家干预法律机制——基于克服市场失灵的视角[M]. 北京: 法律出版社, 2014.

③ 同注释②。

④ 帕累托最优是指资源分配的一种理想状态, 当达到帕累托最优时, 不可能在不损害一些人的利益的情况下, 去增加另一些人的利益。

创新市场是一个多层次的市场体系，按创新活动属性可分为基础研究创新市场、应用研究创新市场和试验发展创新市场。创新市场与商品市场、劳动力市场、资本市场一样，也是我国市场体系的一个组成部分。创新市场交易的产品因其无形而有别于商品市场，因其原创性信息和知识而有别于一般的服务。现实中，创新市场的运行受到了多个相关市场如人才市场、资本市场以及其他不同类型创新市场等的影响。

（2）创新市场分类

经济合作与发展组织（OECD）《研究与开发调查手册》《弗拉斯卡蒂手册》从研发性质维度，将研究与试验发展（R&D）创造性活动分为三类。

基础研究是指为了获得关于现象和可观察事实的基本原理的新知识而进行的实验性或理论性研究，揭示客观事物的本质、运动规律，获得新发现、新学说。成果为论文和著作等。

应用研究是为了获得新知识而进行的创造性研究，为了确定基础研究成果可能的用途，达到预定目标探索应采取的新方法（原理性）或新途径。成果主要是论文、专著、模型或发明专利。

试验发展是利用从基础研究、应用研究和实际经验所获得的现有知识，为产生新的产品、材料和装置，建立新的工艺、系统和服务。其成果主要是专利、专有技术、原始样机等。

创新市场分类及产品形式

类别	创新	生产和交易成果形式
基础研究市场	新知识	论文、著作等
应用研究市场	新知识	论文、专著、模型或发明专利等
试验发展市场	新技术	专利、专有技术、原始样机等

根据 OECD 研究与试验发展（R&D）活动分类，创新市场被分为三类，试验发展创新市场、应用研究创新市场和基础研究创新市场。其中，试验发展创新市场的主体是企业，其生产和交易的产品一般不提供给应用研究创新市场和基础研究创新市场的主体；应用研究创新市场的主体是科研院所和企业，交易的主要产品是发明专利等，需求者可以是试验发展创新市场的企业，也可以是具有应用研发供给能力的企业和科研院所；基础研究创新市场的主体是高校、科研院所和企业，其产品可以与应用研究创新市场和试验发展创新市场主体进行交易。政府作为创新市场的支持者，充分考量到创新市场的外部性、公共物品性和不完全竞争[①]，通过多种形式的科技财政支出（高校院所研发经费拨付、企事业单位研发项目扶持、政府首购政策等），成为三大市场的重要需求参与方。

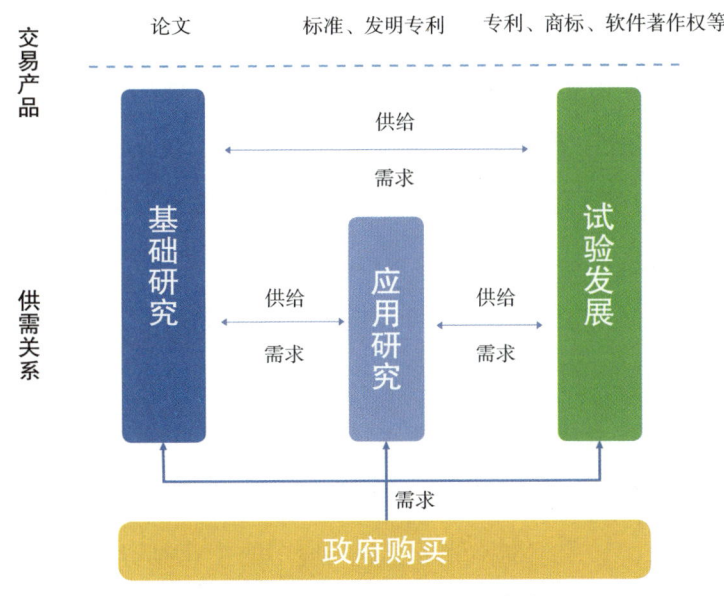

三类创新市场供需关系及交易产品

① 创新市场的外部性等问题会导致创新市场失灵，政府的参与具有纠错功能，详论见下节"创新市场失灵问题与政府干预"的有关论述。

（3）创新市场结构及其影响因素

在国内的研究中，吴欣望等（2012）在《创新市场与国家兴衰》中将创新市场定义成对有商业价值的新技术、新构思等原创性信息进行交易的市场。在对创新市场及其市场结构进行历史考察的基础上，提出了创新市场理论。该理论的政策主张是，政府应该通过提高创新市场的竞争性来构建高效的国家创新体系和实现可持续的中长期经济增长。

创新市场受到多个相关市场的影响：发明型员工市场会对新技术的供给产生影响，支持技术转化的资本市场和产品市场会影响对新技术的需求，培养高等教育人才的高等教育机构和一国市场的对外开放程度会对创新市场的供求两方面都产生影响。

依据创新市场中的竞争程度，创新市场的市场结构分为买方垄断、买方寡占、卖方垄断、卖方寡占、双边垄断、双边寡占、卖方垄断—买方寡占、买方垄断—卖方寡占和"充分竞争"九种类型。由于创新市场是"异质产品"间的竞争，与"完全竞争的市场结构"假设要求产品是同质的不同，因而不能定义完全竞争的创新市场结构，而用"充分竞争"表示独立的供给主体和独立的需求主体都足够多的创新市场。

美国、日本和英国的历史表明，当以新技术交易市场为代表的创新市场处于竞争相对充分状态时，专利法会朝着增强保护的方向调整。总结起来，就是当新技术交易市场或创新市场的竞争程度较高时，尽管整个社会的新技术供求会增加，但单个专利技术给专利权人带来的收益有限，此时，需要加强专利保护，才能维持处于竞争环境中的企业投资研发的积极性。[①]

[①] 吴欣望，朱全涛. 市场竞争程度与专利保护强度之间的正向关联性——实证证据、历史迹象与理论分析[J]. 当代经济，2014，5：26-28.

有关专利制度促进创新的研究中，道格拉斯·诺斯（Douglass C. North）认为，发明者从发明的社会收益中能够获得的份额大小决定了他们愿意为发明付出的努力，而专利制度则提供了一套让私人收益率接近社会收益率的激励制度①；专利制度之所以能够促进创新，是因为它使可以进入创新市场进行交易的供给者、需求者和可交易对象更多了，增强了创新市场的竞争性。

　　教育体制、科研体制、产业格局、对外经济政策、金融体制和专利制度都会对创新市场及其结构产生影响：一个富有效率的高等教育体系能够同时培养出大量的创新型人才和实践型人才以增加创新的供给和需求；科研机构的多元化能提高新技术的竞争性；充分竞争的产业格局有利于创新市场的繁荣；外来的商品、投资和新技术能为贸易和投资自由化的国家带来创新市场的繁荣和经济的迅速增长；有效的资金供给为新技术的实施提供便利的资金来源；专利制度使买方具有竞争性从而增进了发明人的利益，同时在原有发明的基础上进行改进使技术之间的替代性增强了，卖方也具有竞争性。

　　对企业垄断行为的限制、专利保护的强化、大学之间竞争性的增强、国际贸易和投资的自由化等能提高创新市场竞争性的政策主张，均对创新繁荣有积极意义。这说明，政府可以通过主动调整创新市场的市场结构来提高创新效率。

　　我们认为，创新市场应具备充分竞争性。第一，这是国外创新市场的经验总结；第二，竞争性越强，可供交易的原创性信息的数量也就越多，创新市场就越有效率，结合我国改革开放实践，市场化程度越高的地区，资源配置就越有效率，经济发展就越好；第三，政府力量是培育"创新市场"

---

① 道格拉斯·诺斯. 经济史上的结构与变革[M]. 厉以平，译. 北京：商务印书馆，1992.

的重要力量，政府可为企业的创新提供强大支持，为"创新市场"的发展完善提供制度——文化环境保障，从而降低交易成本，提高创新的制度绩效与社会价值认同。

5. 创新市场理论是对创新理论的深化

经济学中有关创新理论、创新驱动发展理论，已经形成较为系统的理论体系，也产生了很多经典的观点。熊彼特创新理论强调生产技术的革新和生产方法的变革在经济发展中的作用，着重强调了企业家在创新中的作用。当存在通过实施新技术或采用新生产方式组合获得超额租金的机会时，企业家会通过实施新技术或采用新的生产方式组合来实现动态经济均衡。从创新市场的角度来看，熊彼特创新理论更关注的是"试验发展创新市场"里企业的创新行为，而未对"基础研究创新市场"和"应用研究创新市场"中主体的创新行为进行更多阐述。

吴欣望等（2012）指出，在创新中，除了强调新技术、新生产方式的重要作用外，也需要同步关注新技术或新构思的来源。随着已知技术不断扩散，创新的经济租金会逐步消失，只有新技术或新构思的出现才能推动企业家阶层继续创新。创新市场概念的提出，将"基础研究"和"应用研究"提到与"试验发展"同等的重要地位，让隐藏于企业家背后、为企业生产发展提供创新思想和创新信息的智者群体更为人所关注，为进一步深化研究创新理论提供了新的思考角度。

经济学中有关创新理论的已有研究中，创新市场理论，特别是具体到基础研究创新市场、应用研究创新市场、试验发展创新市场机制构建问题的研究很少。而且现有研究没有对中国创新市场构建历程的探讨，也没有直观有效的城市创新市场样本可供借鉴。鉴于此，本书在清晰界定创新市场内涵、分析创新市场中政府和市场的作用以及剖析双创与创新市场交互机制基础上，以中国自身和样本城市深圳的创新发展为具体观察点和切入点，探索系统化构建基础研究创新市场、应用研究创新市场、试验发展创新市场等三大创新市场，并以深圳为样本城市分析创新市场培育和完善体制机制，以期对现有研究做出一定的补充和更加深入的探索，丰富关于创新市场理论和创新市场培育的理论。

（二）创新市场中的政府和市场的作用

1. 创新市场失灵问题与政府干预

在没有政府干预的原始创新市场上存在一种自助机制，能够自动发挥创新市场保护伞的作用，以维护创新市场的正常运转。在原始创新市场上，存在着两种防止盗用的自助机制：市场领先时间和准入屏障。市场领先时间优势是指，当企业首次使用自己开发的创新成果时，根据学习曲线原理，模仿者要追上该创新必然有一段滞后时间。在这段市场领先时间内，创新者将以垄断的价格进行交易，并取得对未来市场的先行占有。拥有市场领先时间的企业通常对于他们的投资能够获得足够的回报，这种市场先行利益将对科技创新产生足够的激励，因而是一种事实存在的激励机制。长期的领先时间优势常常导致确立市场优势地位，并被用来建立市场准入障碍。企业实施市场准入障碍的目的，旨在增加搭便车①的成本和保持市场优势地

---

① 因为公共产品具有非排他性，某些人或团体可以不用支付成本就能消费公共产品，这就是搭便车。模仿者复制创新成果而不付出或只付出很少代价，这就是创新市场中的搭便车行为。当这种机制发挥作用时，模仿者总是想方设法搭便车，迅速廉价地复制创新者的成果。这样创新者难以收回其应有的研发成本，必然会减少其相应的创新投资，由此导致创新市场失灵。需要政府干预规范市场，营造良好的长期投资环境。

位。但是，自助机制（例如市场领先时间和准入障碍）只能防止部分创新竞争者的搭便车行为，并不能保护全部创新活动[①]。

创新具有公共物品性、不可预知性、动态性和激励复杂性四个基本属性。创新外部性理论、公共物品理论和不完全竞争理论为政府干预创新市场提供了三大理论基础。创新外部性理论认为，创新语境下的外部性与传统的外部性相比，更多地表现为一种正外部性，因此，过多地将创新外部性内在化是没有必要的，对具有基础设施特征的基础性和非商业性应用研究应采取公共财政补助和信息共享的政府干预模式。公共物品理论认为，所有类型的智力资源的生产都是一个累积的过程，基础研究属于公共物品，不是私人物品，这意味着它们是非竞争性消费品，存在"搭便车"的风险。对公共物品来说，市场机制在供应和需求两个层面都可能失灵。在市场失效的情况下，只能由政府来提供公共物品。不完全竞争理论认为，创新市场的不完全竞争状态，尤其是垄断与企业联合行为，会窒息创新市场的活力，阻碍科技进步，最终导致生产效率下降和消费者福利净损。因此，政府必须干预创新市场，防止创新市场上的垄断和不正当竞争行为。

创新市场形成和发展离不开政府干预。政府是创新市场制度的构建者，可以组织资源参与经济运行以弥补市场的功能缺失，调整、构建适合新兴产业发展的基础设施和市场环境，通过对资源的初次开发和优化配置发挥对创新市场的孕育和启动作用；政府是创新市场的重要用户，引导、示范公众消费，加速创新扩散，促进技术竞争升级；政府是新兴市场的创造者，通过政策制度影响市场行为倾向和选择，比如以政策资助和补贴强化对创新的激励，由政府确立产权关系、交换规则、治理结构来创造市场、激发

[①] 阳东辉. 科技创新市场的国家干预法律机制——基于克服市场失灵的视角[M]. 北京：法律出版社，2014.

市场活力和规范市场。政府是市场理念的引导者，塑造有益于企业和市场发展的社会文化环境，由文化来架构和规范创新市场。政府以研发投入、财政补贴、税收减免等为主导的供给侧政策，以及面向创新的公共采购、通过规制标准诱发创新、面向消费者的教育、传达愿景与路线图、创新产品消费的税收激励等的需求侧政策在创新市场中发挥重要作用。①

2. 创新市场中市场的决定性作用

熊彼特认为创新就是要"建立一种新的生产函数"，把一种从来没有的关于生产要素和生产条件的"新组合"引入生产体系中去，以实现对生产要素或生产条件的"新组合"。熊彼特对创新的定义，恰恰隐含着创新对市场的依赖，侧面证明了市场对于创新的重要意义。党的十九大报告强调，要使市场在资源配置中起决定性作用，更好发挥政府作用。进一步重视熊彼特创新定义的市场内涵，对于实施创新驱动发展战略具有尤为重要的意义。缺乏市场配置创新资源，生产要素和生产条件的"新组合"就无从谈起，更遑论通过转变生产方式实现经济的高质量发展。

在创新发展过程中，政府这只手非常重要，但光有政府这只手还不够，要更大程度调动市场这只手的力量，必须培育壮大创新市场，把政府对创新的支持转变为市场机制和重要组成部分，把市场行为、资本行为纳入创新市场，让创新的各种要素在这个市场上汇集、交易、培育、转化，用市场之手吸纳国内、国际乃至每个人头脑中的资源，为创新要素交易搭建公平、公正、公开的平台，让创新与财富在这里对接，让知识与产品在这里转化。资本市场上市场无时无刻不在如此发挥作用，而创新市场的提出，要求更

---

① 郭雯，刘爱，王胜光. 创新驱动的市场形成与需求侧政策[J]. 中国科学院院刊，2015，5：626-631.

自觉、更规范、更大规模地去发挥市场作用，从而为创新造个"海"。

创新市场应充分发挥市场在研发方向、资金投入、方案选择、要素价格制定方面的创新资源配置的导向作用；应定位于市场和用户需求，重视经济效益的实现和品牌等无形财产的价值积累；应遵循市场经济客观规律，建立以企业为主体、市场为导向、产学研相结合协同发展的自主知识产权创造体制，促使高校等研发机构的创新成果向企业转移，企业是沟通创新与市场的桥梁，最能把握市场现实需求，同时也最可能实现创新成果的工业化和商业化；应着力于基础科学技术建设与人才培养，遵循科学发展一般规律，努力建立完整的科学技术体系；应重视配套制度建设，创新活动是一个系统工程，创新价值和经济效益的实现，离不开一整套市场评价和相应财政、金融、税收制度的建立和完善。[①]

（三）双创发展及其对创新市场的推动

1. 双创提出的背景、过程及意义

随着我国就业压力与日俱增，结构性矛盾日益凸显，同时资源环境约束逐渐强化，要素的规模驱动力逐步减弱，传统的高投入、高消耗、粗放式发展方式难以为继，经济发展需要从要素驱动、投资驱动转向创新驱动。与此同时，第四次工业革命扑面而来，以网络化连接、智能化认知等核心技术为代表的新一轮产业和技术变革与融合，将消除物理世界、数字世界和生物世界之间的界限，不仅会颠覆传统的社会模式、商业模式、生产模式，而且会影响到经济、社会、政治等各个方面，甚至可能改变人与社会、

---

① 冯晓青, 乔文鑫. 技术创新的市场导向机制与知识产权取向研究[J]. 当代经济管理, 2015, 1: 13-20.

人与自然的关系。

应对这一复杂与严峻的挑战，唯一的办法就是创新，将创新作为引领发展的第一动力，把创新摆在国家发展全局的核心位置。没有创业创新，中国就很难实现从传统型国家向创新型国家的转变，也很难在新的全球化时代真正从被动的追随者、参与者变成积极的设计者、引领者。

2014 年 9 月召开的夏季达沃斯论坛开幕式上，李克强总理首次提出，要借改革创新的"东风"，在 960 万平方公里土地上掀起"大众创业""草根创业"的浪潮，形成"万众创新""人人创新"的新态势。2015 年 1 月，国务院常务会议确定支持发展众创空间，推进大众创新创业的政策措施；2015 年 3 月，国务院出台《关于发展众创空间推进大众创新创业的指导意见》；2015 年 6 月，国务院《关于大力推进大众创业万众创新若干政策措施的意见》发布。

推进大众创业万众创新，就是要通过结构性改革、体制机制创新，消除不利于创业创新发展的各种制度束缚和桎梏，支持各类市场主体不断开办新企业、开发新产品、开拓新市场，培育新兴产业，形成小企业"铺天盖地"、大企业"顶天立地"的发展格局，实现创新驱动发展，打造新引擎，形成新动力。

当前我国双创呈现以下特征：一是创业服务方式转变，由政府主导到市场发力，催生了一大批新型创业孵化机构。二是创业主体由"小众"转变为"大众"，越来越多的草根群体投身创业。三是创业活动从内部组织到开放协同，促进了技术成果、社会需求和资本的有效对接。四是创业理念从技术供给转变为需求导向，出现了更多的商业模式创新。2014 年以来，全国高校毕业生创办的私营企业数量迅速增加，对社会就业起到明显的推动作用。根据 2016 年上半年的全国双创成果报告显示，2016 年上半年全国新设市场主体 783.8 万户，同比增长 13.2%。"三证合一，一照一码"

改革效应持续释放，商事制度改革与创业创新政策形成的叠加效应明显，工商登记制度改革得到社会的充分认可。

事实证明，创新创业已经成为中国经济发展的原动力，在增加就业、创造新的市场、推动技术创新、提高科技成果转化率以及促进高科技产业形成并最终推动地区经济增长方面具有重要作用。本书侧重在创新领域，对创业情况将另行分析。

2. 双创是建设创新市场的中国方案

双创与创新市场在中国的形成有密切关系，双创是我国迈向创新型国家、建立强大创新市场的基本依据和途径，也是中国创新市场的基本推动力。大众创业万众创新，从广度上看，"大众、万众"不局限于一般的科研院所，"人人皆可创新，创新惠及人人"。从深度来讲，创新涉及各个领域——科技创新、管理创新、制度创新。通过大众创业万众创新，可以有效培育发展新动能，改造提升传统动能，推动新技术、新产业、新业态加速成长，实现更多依靠创新驱动的引领型发展。通过大众创业万众创新，可以充分调动全社会创新的积极性，释放创新潜能，使创新成果源源不断涌现。通过大众创业万众创新，可以依托众创、众包、众扶、众筹等形式，拓展创新空间，增加创新主体，夯实创新基础，开辟我国创新发展的新天地。通过大众创业万众创新，可以充分开发蕴藏在广大民众中无穷的智慧，汇聚众智众力，扩大创新供给，为经济发展注入可持续的澎湃动力。

双创是建设创新市场的中国方案。从经济发展的角度来看，双创从市场基础、技术进步、结构转型三个方面拓宽了长期发展的道路。在市场基础方面，双创有利于培育多元市场主体，夯实市场经济微观基础；有利于打破市场垄断格局，提高市场经济效率。在技术进步方面，双创有利于建构创新生态体系，推动长期技术进步；有利于培育新兴增长动力，壮大经济发展动能。在结构转型方面，双创有利于增强经济转型动力，保障产业结构升级；有利于发展外溢经济模式，引领中国经济转型。从社会发展的角度来看，双创从社会公平、文化提升、制度建设三个方面，为构建现代文明社会注入了正能量。在社会公平方面，双创有利于促进社会公平竞争，提高人力资本效率；有利于提供多维创富路径，扩展社会流动渠道。在文化提升方面，双创有利于优化经济主体结构，革新文化观念；有利于弘扬创新创业精神，营造积极人文氛围。在制度建设方面，双创有利于激励政策举措创新，提升政策体系效能；有利于升级政府发展理念，推进长期制度建设。

（四）建设创新市场助力中国双创步入新能级

近年来，我国创新型国家建设成果丰硕。世界知识产权组织数据显示，2018 年中国在全球创新指数排行榜位居第 17 位，首次进入全球前 20 名，2019 年继续保持上升势头，排在第 14 位。我们发现，创新在我国呈现四大趋势：正在从政府推动转入市场主导，正在从政策驱动转为价值引领，正在从本土创新走向全球创新，正在从数量为主转向质量优先。中国创新市场初步形成，呈现出以"试验发展创新市场"和"应用研究创新市场"为主体，以"基础研究创新市场"为辅的多层次创新市场。但当前我国在创新市场发展道路上，面临着基础研究原始创新能力依然不足、顶尖人才匮乏，产学研合作中缺乏促成产业技术创新联盟的有效机制，企业在技术创新体系中的主导地位依然较弱，创新主体确权意识薄弱、创新市场竞争性不足、创新市场国际化程度较低以及创新市场保障体系不强等问题。

要深入实施创新驱动发展战略，实现创新的可持续，就要继续繁荣壮大创新市场。建设创新市场可以充分发挥创新创业优势，通过创新市场的培育和完善，以市场机制为双创注入持续发展的原动力。探索构建创新市场，充分激发各级市场主体创新活力，形成更有效率的市场激励机制，构建更加完善的创新要素市场，打造更加适宜的创新制度环境，将为中国科技创新提供助力，为实现创新发展战略提供可以落地的现实抓手。探索构建创新市场，打造多层次创新市场，将促使三大创新市场步入健康发展轨道，充分调动创新要素活跃度，让各种创新要素顺畅地汇集、交易、培育、转化，弥补基础研究能力不足短板，为中国创新发展提供不竭动力，推动全国创新能级提升。

建设创新市场必须针对创新要素精准施策。培育壮大创新市场，一是实现创新的市场化，使其与政府这只手相互配合，把创新资源更好地调动起来；二是实现创新的便捷化，使创新成果的交易、转化更为便捷和迅速；三是实现创新的法治化，使知识产权确权主体和转化主体建立明晰法律关系；四是实现创新的全球化，汇聚全球创新资源为我所用。尤其要针对人才、资本、科技基础、制度、文化等创新要素精准施策，一是培育更有活力的创新主体队伍，如加大对民企创新的支持，更好发挥高校科研机构力量，大力吸引国际高端创新力量；二是形成更有效率的市场激励机制，如强化知识产权保护与服务，切实降低企业负担，优化产业支撑体系和政策体系；三是构建更加完善的创新要素市场，如加强科技基础设施建设，集聚全球创新人才，发挥资本对创新的催化剂作用；四是打造更加适宜创新的制度环境，如营造世界一流的创新文化，更好推动"放管服"改革，构建开放创新的发展环境等。

建设创新市场造就中国创新全球引领地位。建设创新市场要扬长补短、趋利避害，充分发挥中国优势，造就中国创新在全球的引领地位。中国在赶超的过程中取得了一些巨大的成果，为我们加强创新奠定了坚实基础。

中国拥有巨大的市场、需求和资金投入等的"规模优势"；中国重视教育，人才总量和创新水平提高得很快，拥有智能化和信息化时代的"工程师红利"，每年毕业几百万名理工科学生，储备了大量工程师人才；中国形成了以供应链为核心，加上物流和生产的制造业生态，可以加速研发向产品化转化的过程，在规模量产时又可以极大降低制造成本。另外中国人既聪明又勤奋，吃苦耐劳，还有中国有集中力量办大事的体制，可以集中资源搞科技创新。在建设创新市场过程中，只要充分发挥这些优势，更多补足基础创新短板，势必促进中国创新更大进步，迈进全球创新的前列。

帕斯卡尔说：人的全部尊严在于思考。人的本质在于他的创造性，这种创造性也就是他的狭义的产权，创造者主权是人的天然权力、基本权力。改革开放的历程，就是不断为人的自由发展创造市场条件的历程。新时代，创造的权力变得尤为重要。一个地区创新市场的发展程度，决定着企业家精神、工匠精神、创新精神的激发程度；一个国家创新市场的发展范围和水平，决定着一国在国际上的创新分工与创新能力。让每个人拥有并尽情释放改善所处环境、让世界更美好的创造权，是新时代的内在要求。

上篇

创新市场的形成
和中国实践

本篇是"创新市场的形成和中国实践"篇，总结美国、德国、日本等发达国家的创新市场经验，梳理我国科技体制改革以及基础研究、应用研究和试验发展三大创新市场构建历程，探索系统化构建基础研究创新市场、应用研究创新市场、试验发展创新市场等三大创新市场。

第一章，通过对美国、德国、日本等发达国家的创新市场进行考察，总结和借鉴其先进经验，以期促进中国创新市场的健康发展。

第二章，分创新市场的萌芽、应用创新市场发端、试验发展创新市场兴起、完善多层次创新市场综合配套、强化创新市场协同发展等五个阶段，总结我国科技体制改革和创新市场构建历程。

第三章，探索从完善大学与学科体系，打开人才自由流动的旋转门，推动基础研究投创分离，去除唯论文的评价制度，强化区域创新市场协同五个方面，完善基础研究创新市场的构建。

第四章，探索从多层次应用研究市场主体、海外应用研究平台、与国际接轨的技术转移中心、新型创新基础设施建设等方面，完善和推进应用研究市场的构建。

第五章，探索从培育具有国际竞争力的创新型企业，发展数据驱动的科技金融，实施最严格的知识产权保护，推动技术交易市场数字化等方面，完善试验发展创新市场的构建。

第一章
国际创新市场发展考察略要

　　本章通过对美国、德国、日本等发达国家的创新市场进行考察，总结和借鉴其先进经验，以期促进中国创新市场的健康发展。

（一）美国创新市场的考察略要

　　美国作为世界上高新技术最为先进的国家，其高效有序的创新市场一直是其他经济体模仿学习的对象，因此考察其创新市场的格局和特色有极其重要的借鉴意义。图 1-1 展示了美国创新市场的基本格局，以下就分部门介绍美国多层次立体化的创新市场。

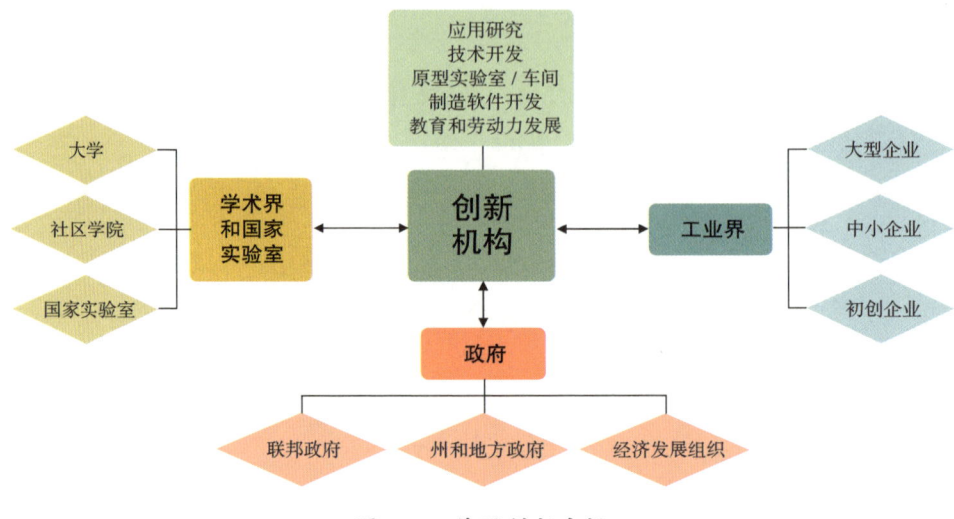

图1-1 美国创新市场

1. 私人企业为主体的多元创新市场

(1) 作为美国科技创新主力的民营企业

占美国企业总数 98% 以上的民营企业在科技创新方面力量非常强大，已成为美国科技创新的主力，在科研投资和成果上相较于政府等遥遥领先。根据美国专利及商标局年度授权专利的统计结果，2016 年美国专利商标局授权发明专利 303051 件，较 2015 年增长了 1.6%。图 1-2 显示，美国企业在海外和本土的专利数都有很快的增长。2016 年专利持有大户排行榜中，美国民营企业 IBM（国际商业机器公司）名列榜首（表 1-1），授权专利为 8023 项，比 2015 年的授权专利增加了 7.8%。

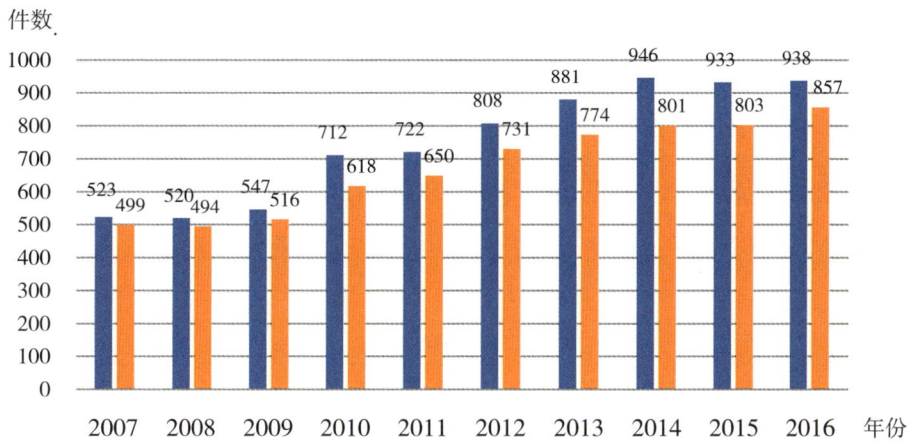

图1-2 美国每百万居民专利授权量

注："居民所持有的国内专利授权数量"指美国居民在国内获得授权的专利数量。数据来源于世界知识产权组织（WIPO）数据库和https://population.un.org/.

表1-1 2016年美国专利持有大户排行榜

排名	企业	2016年专利数（件）	相比2015年的百分比变化（%）
1	IBM	8,023	7.8
2	三星电子	5,504	8.8
3	佳能	3,865	−8.8
4	英特尔	3,414	30.1
5	谷歌	3,267	2.3
6	高通	3,118	−2.8
7	通用电气	2,566	−2.4
8	微软	2,558	3.5
9	LG 电子	2,426	8.3
10	台湾半导体制造	2,261	28.6

注：数据来源于国际专利组织专利三百强名录（http://www.ipo.org/wp-content/uploads/2018/06/2017_Top-300-Patent-Owners）。

从上述数据看出，美国的民营企业在技术创新方面实力非常强大。美国民营企业大量的科技创新来源于大量的科学研究和科研投入。从图1-3来看，尽管全美研发总支出持续上升，但是民营企业的支出在比重和增速上都领先。2015年全美研发投资约为4990亿美元，其中3550亿美元（约71%）来自民营企业，远高于联邦政府的1130亿美元（约23%）。

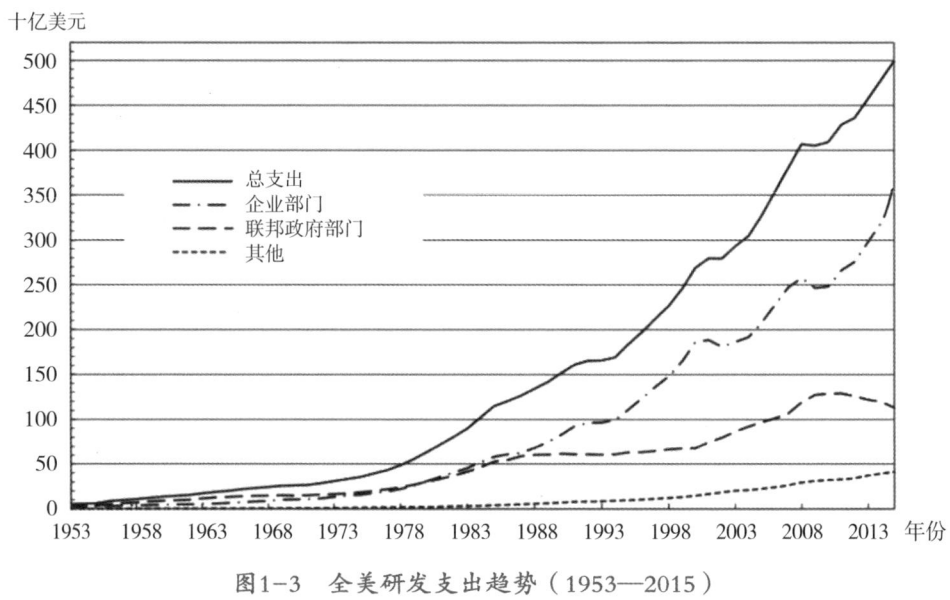

十亿美元

图1-3　全美研发支出趋势（1953—2015）

注：数据来源于美国国家科学基金会国家科学和工程统计中心。

美国的企业不但拥有大量科研人员和科研经费，而且资金来源渠道广，注重企业创新过程中的技术培训。因此，企业的自主性创新能力强，同时，用于技术创新的资金投入与配置具有合理性。有些大公司，如IBM和通用汽车公司着眼于长远利益，保留了大型基础研究实验室作为对国家创新体系的贡献。一些大公司还与其他企业和国家实验室组成联合体来开发和促销技术。许多大公司实验室建立了技术转移办公室，跟踪大学和国家实验室的研究情况，并向其他公司出售技术。

美国的民营企业不仅研发支出和成果遥遥领先，而且企业布局长远，不仅仅局限于收益回报快的实验开发和应用型研究，也兼顾基础研究（图1-4）。

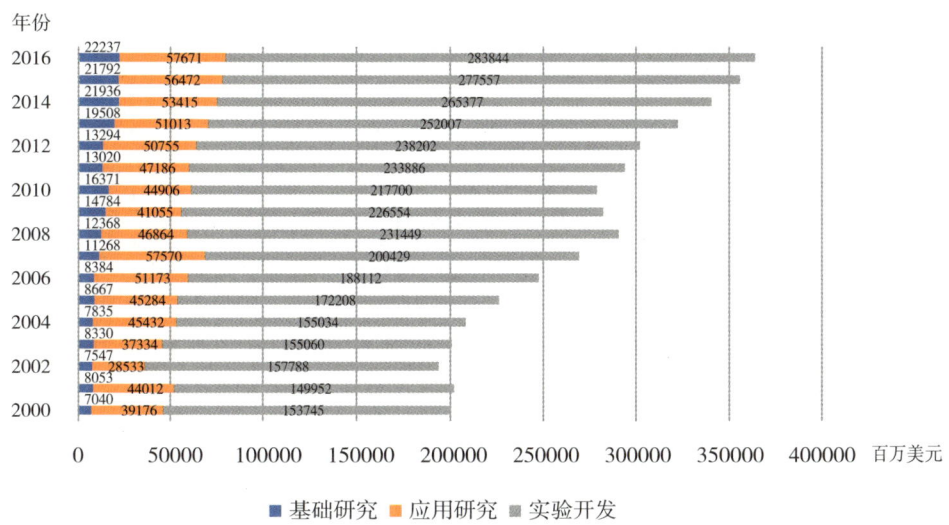

图1-4　美国企业各类研发支出的规模和比重

注：数据来源于OECD数据库。

（2）政府科研机构

美国的政府科研机构有 700 多家，隶属于 20 多个不同的政府部门。与科研活动关系最为密切的是美国的国防部、能源部、农业部、商务部以及美国国家航空航天局、美国国立卫生研究院和国家科学基金会。从部门分布上来说，生命科学是美国联邦政府当前最为重视的领域，投资远高于工程、计算机科学和物理学等其他行业（图 1-5）。

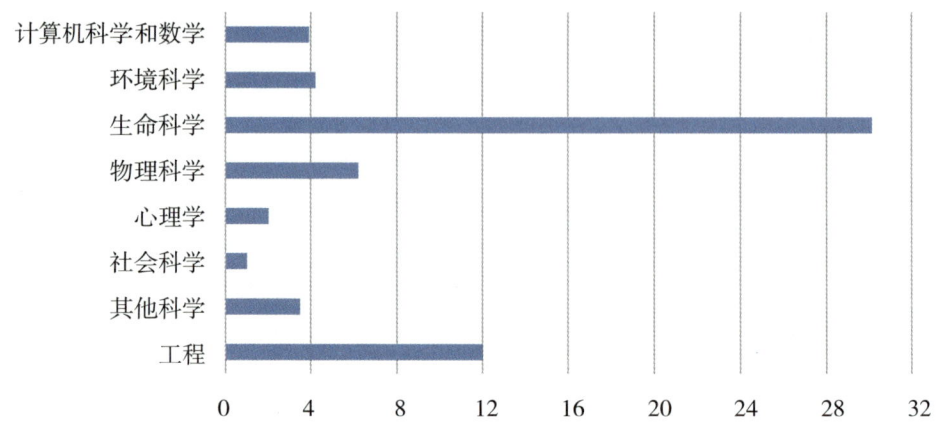

图1-5　2015年美国联邦政府科研经费的行业分布（单位：十亿美元）

注：数据来源于美国国家科学基金会国家科学和工程统计中心。

2017年路透社"全球最具创新力政府研究机构25强"榜单中美国的政府科研机构有5家上榜，领先全球。不过，从近年的趋势来看，美国企业部门研发支出上升，政府部门研发支出下降（图1-6和1-7）。这种趋势与美国政府的预算日趋紧张有关。这可能在未来一段时间内对美国政府科研机构的创新能力有所影响。

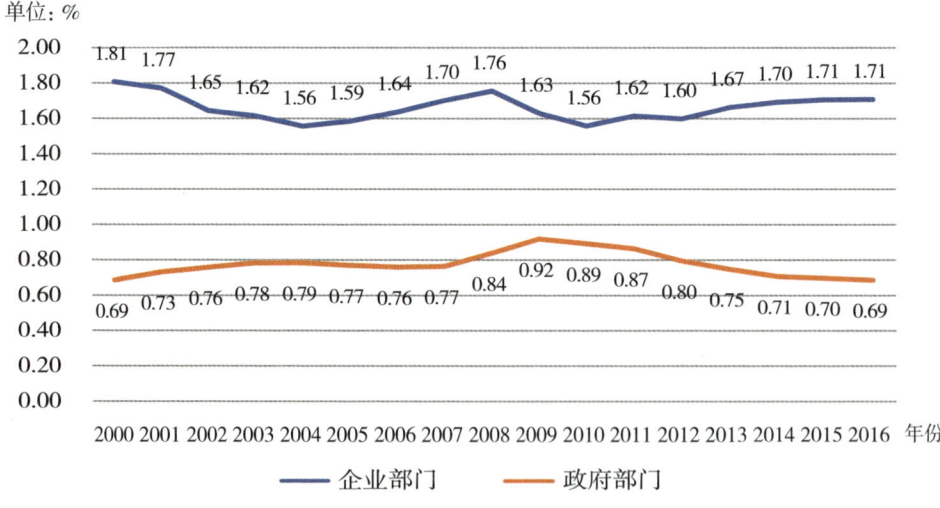

图1-6　美国研发支出占地区生产总值的比重

注：数据来源于OECD数据库。

单位：%

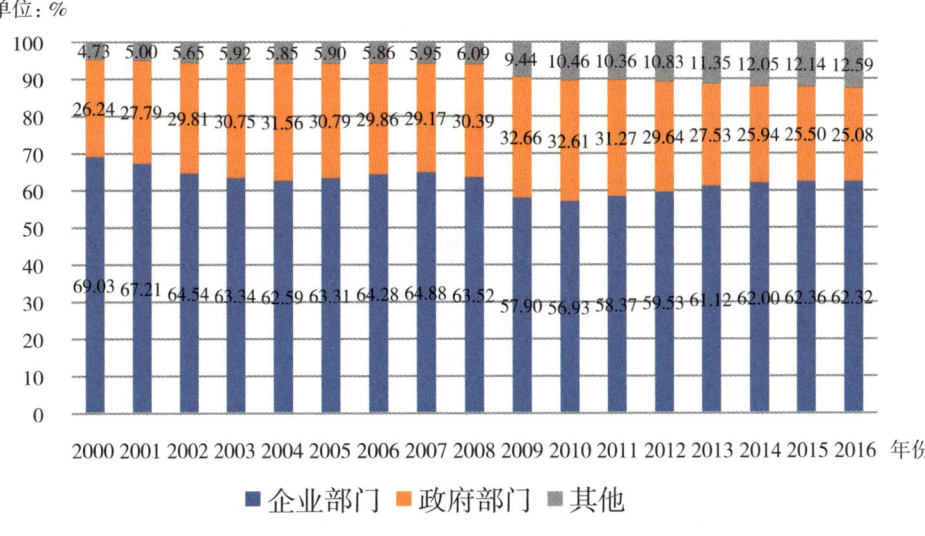

图1-7 美国研发投入资金来源

注： "其他"包括外国投资（ROW）和其他资金；数据来源于OECD数据库。

（3）高等院校

研究型大学是美国创新体系的重要组成部分和显著特征，是美国科技创新得天独厚的优势。世界一流大学云集美国。根据2018年《美国新闻与世界报道》世界大学综合排名，世界前十强大学中，美国占据8个席位；前二十强大学中，有16所位于美国；而根据2018年《泰晤士高等教育》世界大学排名，美国占据十强中7个席位、二十强中15个席位。

美国的很多国家科学实验室、多领域杰出研究中心等都设立在大学内，由相关部门和大学共同管理。例如，人们熟知的麻省理工学院（MIT）以顶尖的工程学和计算机科学而著名，拥有林肯实验室和麻省理工学院媒体实验室。

（4）技术转移机构

美国技术转移机构有一类直属于政府部门。例如美国商务部直属的美国国家标准与技术研究院（NIST）、美国国家海洋和大气管理局（NOAA）、美国国家电信与信息管理局（NTIA）的电信科学研究所（ITS）三个联邦实验室开展科学与技术研发，技术转移是其中的关键组成部分，它将商务部科学与工程项目的技术进步与国家经济发展紧密联结起来。

2016年4月，美国商务部发布《2015年度技术转移报告》。该报告对商务部直属实验室的技术转移活动进行了全面统计，包括发明披露、知识产权、合作研发协议以及其他技术转移机制。

2015年，美国商务部下属研究人员共披露新发明61件（NIST 46件，NOAA 15件），提交专利申请30件（NIST 26件，NOAA 4件），获得专利授权20件（NIST 19件，NOAA 1件）。2011年至2014年发明披露与专利情况统计结果见表1-2。

表1-2　美国商务部发明披露与专利情况

机构		年份			
		2011	2012	2013	2014
发明披露（件）	NIST	25	52	33	41
	NOAA	1	0	8	6
	ITS	0	0	0	0
	合计	26	52	41	47
专利申请（件）	NIST	17	24	23	21
	NOAA	0	1	3	4
	ITS	0	0	0	0
	合计	17	25	26	25
专利授权（件）	NIST	14	12	20	19
	NOAA	2	2	1	0
	ITS	0	0	0	0
	合计	16	14	21	19

注：资料来源于美国商务部《2015年度技术转移报告》。

2015年共许可专利44件（NIST 40件，NOAA 4件），为5年内最高，其中31件为付费许可（独占许可17件，非独占许可12件）。合作研发项目 2751 项，数量为 5 年内最高，其中传统合作项目 364 项（NIST 329 项，NOAA 28 项，ITS 56 项），非传统合作项目 2387 项（包括实验室认证、材料转移协议、技术援助等）。

另一类重要的技术转移机构主要是与大学合作。美国大学科技成果产业化并不是大学自己办企业，而是将技术发明转移给企业去实施商业化。斯坦福大学创造的"技术和商标许可办公室"（OTL）模式，目前在全美普遍推行。这一模式的要点就是大学通过专利保护和许可方式，把科研成果转移给企业，科研成果商业化推广由企业来完成（详见下节）。

（5）国际创新合作者

美国于 2014 年成立了国际专利合作办公室来促进国际创新合作。从表 1-3 来看，美国的国际专利申请总数大约有 14% 来自海外合作，其中与欧盟国家和企业的合作占绝大多数。

表1-3　美国专利总数及海外合作（单位：件）

	年份						
	2007	2008	2009	2010	2011	2012	2013
海外合作	5,856	5,276	5,348	5,520	5,555	5,726	5,606
日本合作	483	393	376	410	351	393	339
欧盟合作	3,350	3,059	3,079	3,056	3,140	3,248	3,075
总数	35,471	33,841	33,176	33,450	35,668	37,320	40,707

注：数据来源于OECD统计署。

2. 形成有效的市场激励机制

（1）知识产权保护

专利制度是美国政府促进技术创新的有效措施，美国是世界上建立专利制度较早的国家之一。美国专利制度强调把专利颁给第一个专利发明人，而非第一个申请人；保护的范围较宽，如允许遗传信息和企业软件申请专利。美国的法律体现出以市场为导向，鼓励竞争、激励创新的特点，刺激了知识产权数量的增长，加速了科技成果的转化。

表1-4　美国联邦的知识产权管理机构

类型	机构		职责
行政主管机关	专利商标局	专利、商标审查登记部门	主管专利、商标审查等
		专利、商标文件部门	主管有关文件分类、技术评估及预测等
	商务部下设的国际贸易委员会		负责美国对外贸易政策中有关知识产权保护的决策与执行
	版权办公室		负责版权登记、公告和版权纠纷的行政处理
	其他政府机构（如能源部、农业部、环保署、卫生部等）各自拥有的专利管理部门		有权以各自机构的名义进行专利的申请、维护以及许可转让
与科技法律有关的机构	如国会研究服务署、会计署、科技评估室、国会预算室等		研究科技政策、草拟科技立法、修正与知识产权有关的法案，以及收集最新的科技资讯

注：资料由上海科学技术情报研究所（ISTIS）整理、编制。

（2）通过税制保护激励科研

研发税收减免政策是美国最普遍也是最受关注的鼓励企业技术创新的税收优惠政策。美国1984年制定的《公平简化与经济增长税收改革方案》规定，凡用于科学研究和试验设计的费用，企业可以作为日常生产费用，或者从应税所得中扣除。1986年，美国制定的《国内税收法》规定，对当年纳税符合条件的研究支出超过基础数额的部分给予20％的税收减免。这些举措有效地激励企业积极投入科研。

为支持企业与高等院校共同开发研究，1986年的税制改革方案规定，凡资助大学开展基础研究和向大学转让科研设备的工业企业，享受较高比率的科研费用税收冲抵优惠；对通过合同委托大学帮助完成基础研究课题的企业，允许它们将其科研经费的 20% 抵减应纳税额。

降低风险投资税率是美国政府支持民营企业发展高新技术的一项战略决策。风险投资总额的 60% 可免缴所得税，并且，还将风险投资的税率从 1970 年的 49% 下降到目前的 20%。《国内税收法》使高新技术的投资风险由国家和企业共同承担，这在很大程度上减轻了企业的负担，促进了风险投资的大幅度增长。

(3)推行产业化政策布局未来高端产业

政府的产业化政策不是扶持民族企业进行国际产业替代，而是选择全新的在未来生产和生活领域里起关键作用的尖端技术加以孵化，促进其产业化并进而扩展为全球化产业。20 世纪 90 年代以来政府主导下发展的以 IT（信息技术）为首的众多高端技术的产业化，日后无不将成为国民经济的支柱产业，成为 21 世纪的高端产业。

表1-5　美国主要重点产业领域的创新方向

重点产业领域	先进制造	纳米	能源	生物	医疗	教育	空间/交通
创新方向	下一代机器人、网络物理系统、设计材料性能的数据库和软件工具	纳米电子、纳米计算、传感器纳米技术	智能电网、清洁能源解决方案、电动汽车、柔性电子组件	DNA测序、研究大脑的新工具和技术、脑神经自适应技术、神经科学技术计划	精准医疗、电子医疗记录技术、网上医疗信息交换系统、移动医疗、智能抗癌	教育技术革命、数字化学习模式、人机交互、教育资源数据库	新一代空中交通控制系统、新一代全球定位卫星、先进导航和定时应用服务、自动驾驶、智慧城市

注：资料来源于《美国创新战略》（2009，2011，2015）、美国奥巴马计划通过投资于先进制造技术而赢得未来报告、《美国先进制造业战略计划》、美国脑科学研究重点2015年预算、网络和信息技术研究与发展计划2015年预算、《美国国际纳米技术战略计划》。

（4）中小企业创新

中小企业创新是美国产业中的重要力量，也是美国长期保持创新和竞争力的关键。联邦政府先后于 1983 年和 1994 年设立了小企业技术创新奖励项目（SBTR）和小企业技术转让奖励项目（STTR），支持中小企业的技术创新。《美国先进制造业战略计划》将加快中小企业投资作为五大战略目标之一。美国小企业管理局（SBA）[①]有四项基本职责，即融资渠道、企业扶植、政府项目承包、宣传和维权。这四项职责形成了一个有效的促进小企业创业发展的动力体系（图1-8）。

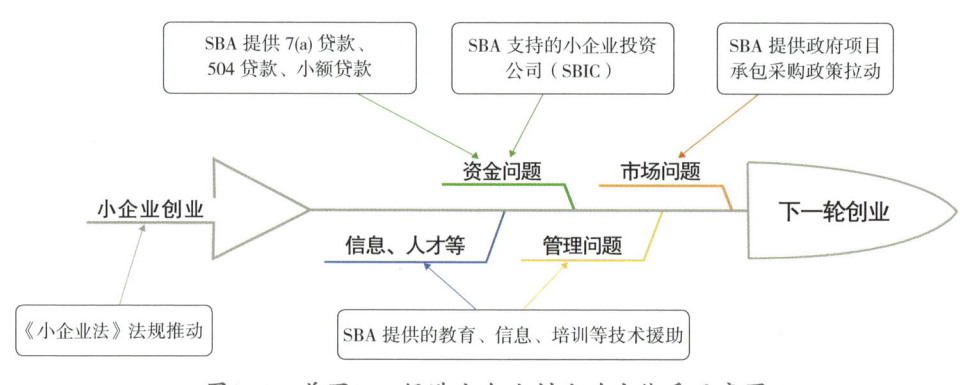

图1-8　美国SBA促进小企业创业动力体系示意图

在这一框架下，政府既积极推动了经济发展，又没有干预经济的市场运作；既充分有效地促进了创业型企业的发展，又维护了市场的正常秩序。

（5）高校创新的市场化

以 2016 年为例，被授予美国专利最多的 300 家组织机构，包括加州大学、麻省理工学院、斯坦福大学、加州理工学院、约翰斯霍普金斯大学、

---

① 美国小企业管理局（The U. S. Small Business Administration）是美国联邦政府根据1953年通过的《小企业法》创立的一个小型而独立的联邦政府机构。

得克萨斯大学、哥伦比亚大学及南佛罗里达大学这 8 所美国大学。与 IBM 等商业巨头不同，大学本身不具备产业化的能力，也基本不存在防卫性申报①的情况。因此，由大学所申报的专利均需要通过市场化才能实现市场价值。近年来联邦政府对大学的财政支持有所减少，这也促使大学更加致力于与企业合作实现科研的市场价值。

1980 年 12 月生效的《拜杜法案》明确规定，使用联邦政府经费产生的发明由发明人所在的科研机构拥有，科研机构有权利首先获得专利权。只有当科研机构选择放弃专利权的时候，该专利权才会被联邦政府收回，并可以进一步授权给发明人。这种所有权的优先顺序，使科研机构对于某一项发明是否申报专利、如何申报专利以及专利授权之后如何维护有了很大程度的决定权。

以斯坦福大学为例，其所有员工、学生利用学校资源或条件完成的职务发明所有权归学校。大学技术授权办公室（OTL：Office of Technology Licensing）负责学校发明的专利申请和知识产权保护，以及相关研究成果的转化授权。职务发明人在完成发明后应第一时间报告学院知识产权管理机构和 OTL，由它们评估发明价值并开始专利申请。斯坦福大学在开展技术转移时不进行专利所有权的转让，而只是授予技术转移接收方专利使用权。无论现金还是股权，授权使用费都按比例分配给职务发明人（1/3）、其所在系（1/3）和所在学院（1/3），OTL 也会从中提取部分服务费用。

---

① "防卫性申报"是针对专利流氓而采取的一种专利保护措施。发明人出于某种情况不准备将其发明申请专利，但同时又想使其发明得到一定的保护，于是通过向专利局提交有关材料或在刊物上发表等形式公布发明材料，以确定最先发明人地位，这防止了其他人以同样的发明申请专利，保护了原发明人的利益。

3.建立和完善创新要素市场

（1）重视国内培养和引进国际高级人才

美国研发人员的数量和国际移民数量都呈总体上升的趋势。

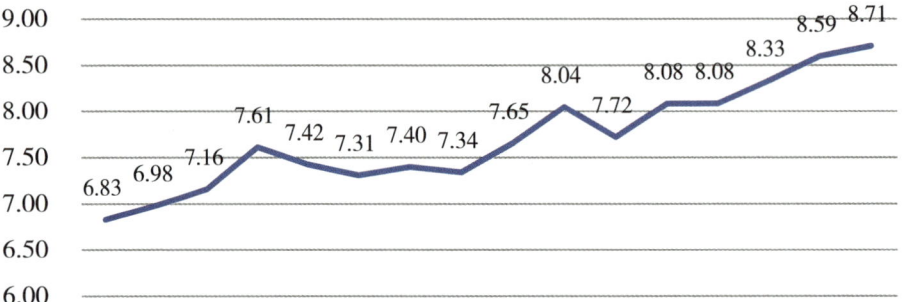

图1-9　美国每一千个劳动力中研究人员数量（单位：人）

注：数据来源于OECD数据库。

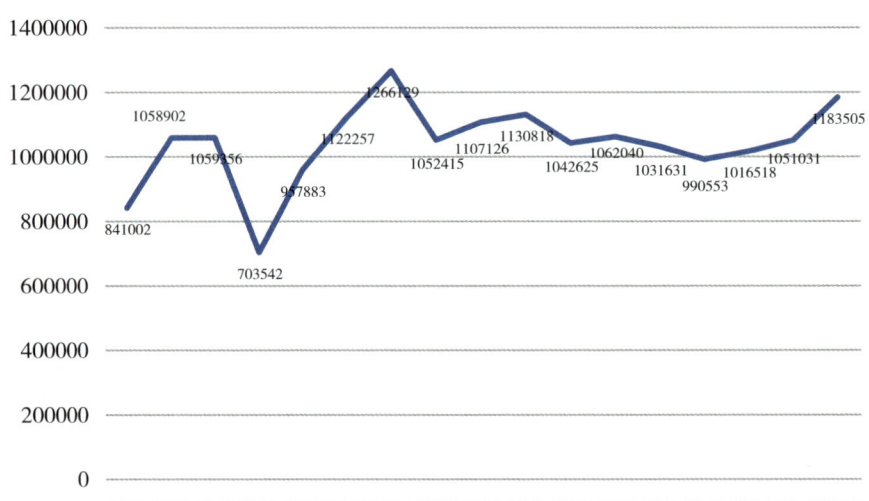

图1-10　美国历年国际移民数量（单位：人）

注：数据来源于OECD数据库。

美国的核心竞争力在于人才，尤其是科技创新型人才。为了更好地培养着眼于未来科技创新的竞争人才，美国政府近年来制订了很多明确的计划。例如，2017年9月25日，特朗普总统签署的总统备忘录，指示教育部部长在颁发竞争性资助资金时优先考虑高质量的STEM（科学、技术、工程、数学教育）和计算机科学教育。

为了增加美国对外国人才的吸引力，提高美国的人才竞争优势，同时为创新型高技术企业提供精确人才，美国《移民法案》除普遍关注非法移民政策外，重点制定了一系列吸引高技术移民与创业者的措施，例如取消对美急需人才移民签证的配额限制、增加高级人才在移民签证中的比例、设立创业移民签证等。

（2）风险资本为美国科技企业的孵化和成长提供动力

美国政府支持融资主要采取以SBA（美国小企业管理局）为核心引导商业机构、民间资本向企业贷款或投资的间接调控模式。

SBA通过两种方式向小企业提供资金。一是贷款，由SBA制定规则，向中介机构提供部分担保或贷款，中介机构审批小企业的贷款申请，向符合条件的小企业发放贷款并负责收回。二是风险投资。如图1-11所示，该运作过程融入了四个基本模型：政府出资杠杆融资的模型、激励私人资本投资的模型、投资收益分配的模型、政府促进小企业投资公司（Small Business Investment Company，以下简称SBIC）发展的管理模型。

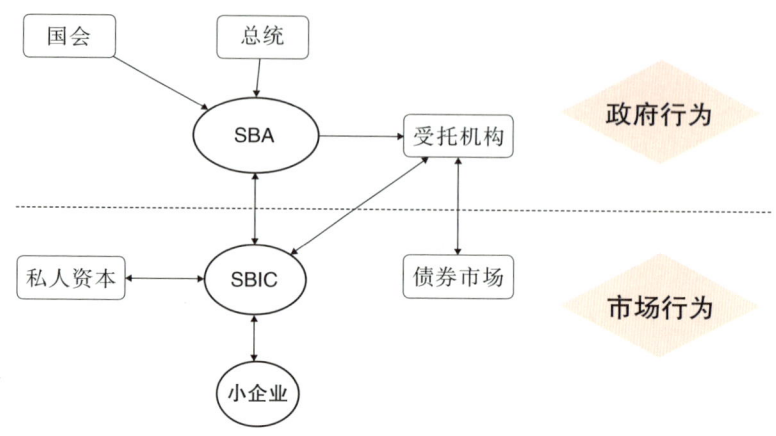

图1-11　美国SBA支持风险投资业发展示意图

由于政府担保和宽松的政策环境，美国风险投资大规模地扩张。目前全美风险投资公司已有4000多家，它们的资金主要投向信息技术、生命科学等高新技术产业，每年约有10000个高新技术项目得到风险资本的支持。据美国风险投资协会研究，风险投资对美国经济的贡献，其投入产出比例为1∶11，即自20世纪70年代以来，风险投资的资本总量，只占整个社会投资总量不到1%，但凡接受风险投资而发展至今的企业，其产出占国民生产总值的比例高达11%。

（3）通过创新机构实现技术开拓与扩散

创新机构的一个关键职能就是通过组织活动，向美国制造企业提供拥有新技术、新设备的机会。特别是中小制造企业通常缺乏资源，难以承担新技术研发和规模化应用的技术和财务风险。机构为制造行业提供成熟制造技术，大幅降低风险，为区域和国家创造经济效益。

图1-12描述了创新机构在加快技术转化过程中的作用。机构专注于将有前景的创新制造工艺成熟化，以减少军用、民用产品制造新工艺的应用风险。机构的关注重点就是使创新制造工业和技术满足国防和商业应用需求。

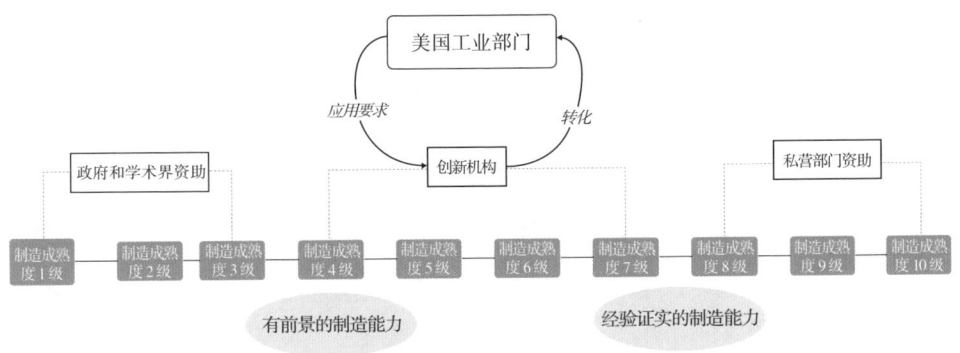

图1-12 有前景的制造技术的行业转化过程

注：图中的制造成熟度是衡量新技术成熟度的指标，为美国国防部、其他联邦部门、行业界所通用。

（4）推进先进的信息技术生态系统和产业公地建设

创新资源碎片化特征是创新资源有效利用的瓶颈之一。为推动建设共享型信息基础设施与平台，美国的"无线计划"使98%的美国人实现高速无线网络接入，并建立一个全国范围内的交互式公共安全网络平台。各产业领域也在着力建设产业信息基础设施与平台，形成了信息化产业公地，成为产业创新的孵化工具。产业公地集共性技术、公共服务平台和科技园区于一体，成为研发与创新资源汇聚、对接、共享与利用的跨界纽带。

4. 构建竞争有序的创新市场

（1）通过立法完善投资环境、激励研发

自1790年美国颁布《专利法》以来，美国《莫里尔法案》《拜杜法案》等分别确立了私立大学、高校和研发机构在创新市场上的独立性。

美国各届政府均十分重视以技术创新和产业创新为主导的产业政策，保障并激励美国产业界的创新热情，从创造一个动态效率发挥的外围环境

入手，营造充满活力和动态的产业发展基础，从而提高经济效率，创造新的经济增长点。

表1-6　2000—2018年美国与创新相关的法案或政策

年份	法案或政策名称	与创新相关的内容
2000	技术转让商业化法案	赋予联邦机构对其发明进行专有或部分专有许可的权限，新增中小企业优惠条款，赋予白宫科技政策办公室审查技术转移程序的权限
2000	确保21世纪美国科学、技术和工程劳动力	讨论科技创新人才开发战略
2004	为了21世纪的科学	明确联邦政府21世纪科技创新议程
2004	国家创新倡议"创新美国：在竞争与变化的世界中繁荣"	详细分析美国创新生态系统，在人才、投资、组织及机制三方面提出60多项政策建议
2008	空间力量计划	强调空间对国家和区域创新发展的重要性，打造一个能够将全国各个创新主体系统化联结起来的"美国创新共同体"
2009	复苏与再投资法案	将创新视为产业复苏的重要支点，对重点领域的创新给予巨额资助
2009	美国创新战略：推动可持续增长和高品质就业	阐述美国未来创新国策的阶梯式基本架构，从对美国创新的基本要素进行投资、推动以市场为基础的创新、促进国家优先发展领域取得重大突破三个层面来促进就业与可持续增长
2010	小企业就业法案	加大对小企业的创新扶持力度
2011	美国发明法案	是美国近60年来对《专利法》做出的改动最大的一次修订
2011	美国创新战略：确保经济增长与繁荣	对奥巴马政府通过扶持创新赢得未来的构想进行清晰阐释
2014	美国创新法案	对专利诉讼程序进行改革
2017	激励下一个太空先驱者、创新者、研究者和探索者	激励国家青年追求STEM事业

续表

年份	法案或政策名称	与创新相关的内容
2017	美国国家航空航天局过渡授权法案	支持国家空间项目，并有助于确保 NASA 仍然处于探索和发现的前沿
2018	保障美国未来法案	增加技术移民，限制非法移民

注：资料由上海科学技术情报研究所（ISTIS）收集整理。

美国创新共同体主要由科技园区、大学与学院、联邦实验室、私营研发企业四部分构成，建设目标在于推进内部各主体间的协同创新，促进研发成果产业化。该计划从三个方面创建完善的创新与投资环境，一是将减税条件与知识产权脱钩，二是努力完善国际投资环境，三是大力推进《小企业创新研发计划》《小企业技术转化计划》《联邦技术与标准机构科技创新计划》和《美国竞争力法案》。

特朗普上台后，摒弃了奥巴马的执政思路，未将科技创新置于决策的关键位置，积极推行技术保护主义，力图削减非国防研发经费，着力增加高技能移民数量，并大幅削减低技能移民限额。《美国增强就业移民改革法案》和《保障美国未来法案》提出了对移民制度的改革方向，主要举措是：第一，增加技术移民数量；第二，大幅削减低技能合法移民限额；第三，采用积分制审核标准。在该标准下，具有年轻、高学历、英语水平高、取得杰出成就等特征的高技能人才较易获得绿卡。

（2）开放互联网指令

除了政府数据，大量的科研数据、图书馆资源、期刊等也逐渐开放，各类科研机构、非营利机构等参与其中，如公共科学图书馆、自然出版集团开放存取期刊的步伐迅速，日益成为新的创新与研究成果发布渠道。创新资源的进一步释放，反过来更加推动了社会大众创新与创业氛围的形成。

(3)国家制造业创新网络(NNMI)计划

2012年3月，奥巴马政府出台了与企业、大学、社区共同建立国家制造业创新网络（NNMI）的倡议。

国家制造业创新网络计划是通过建立强大的制造业创新机构网络，以协调公共投资和私人投资，提高美国制造业竞争力和生产效率的联邦政府计划。网络中的每个机构都有共享的设施，供机构人员，特别是中小企业使用。这些共享设施有助于降低有发展前景的制造技术在进一步发展和成熟过程中的资金和技术风险，有助于私营部门间形成本土制造合作伙伴关系。

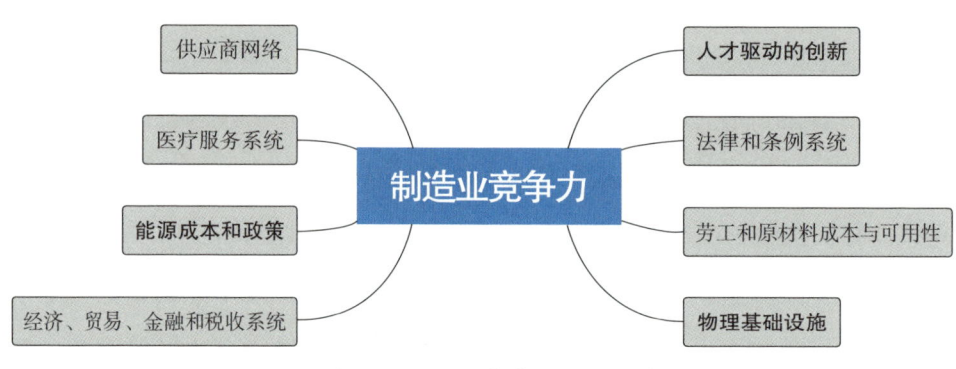

图1-13　制造业竞争力驱动因素

注：加粗的为美国国家制造业创新网络计划正向驱动力。

（二）德国创新市场的考察略要

德国拥有一套结构完整、分工明确、协调一致的科技创新体系（图1-14）。图1-15、图1-16是德国2000—2016年研发支出和投入资金来源情况。从中可见，德国政府和企业部门的研发支出都稳步提升。

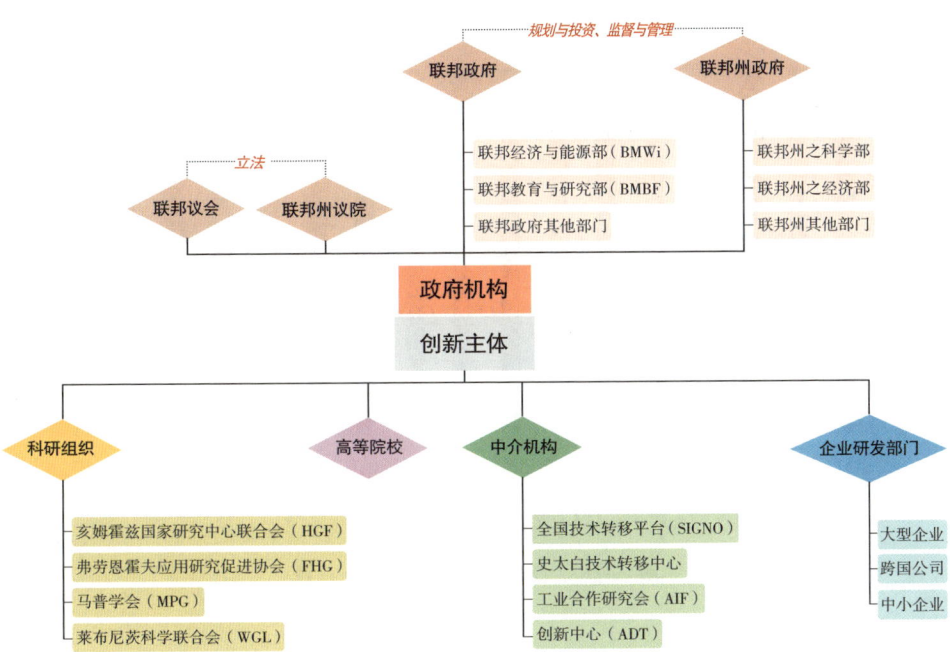

图1-14 德国科技创新体系的基本框架

注：资料由上海科学技术情报研究所（ISTIS）分析整理。

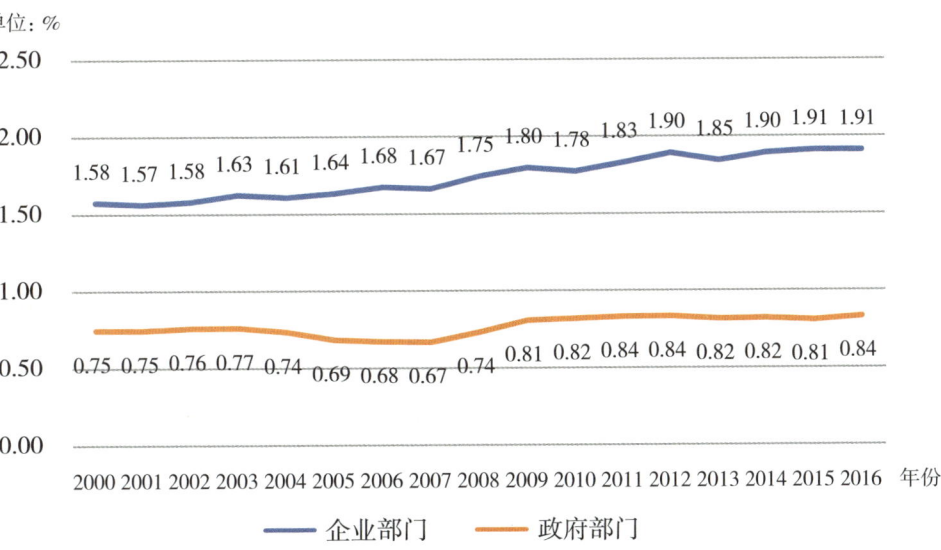

图1-15 德国研发支出占地区生产总值的比重

注：数据来源于OECD数据库。

单位：%

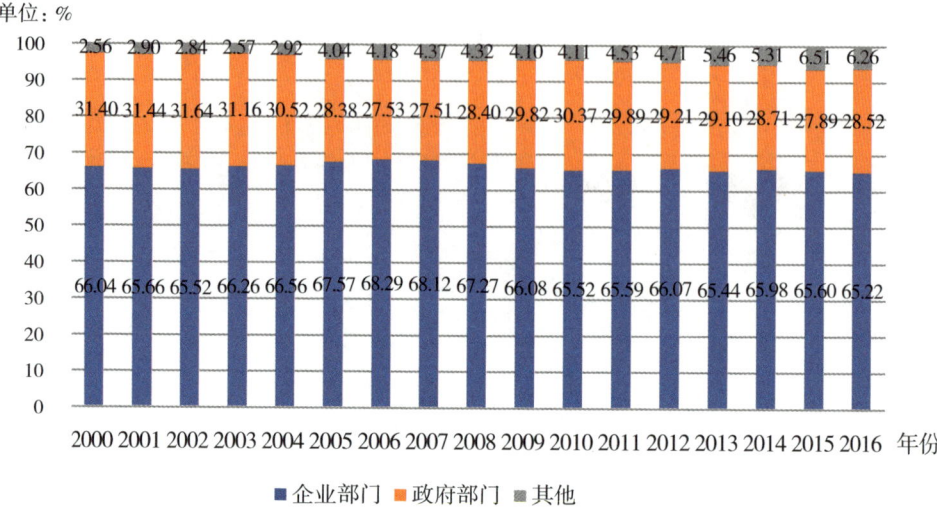

图1-16　德国研发投入资金来源

注：数据来源于OECD数据库。

1. 多元的高质量创新市场主体

德国的创新市场主体包括私营企业、高等院校和国营科研机构以及中介机构。德国的各部门研发支出稳步提升，到2015年，德国的研发支出约872亿欧元，占地区生产总值的2.88%，在欧洲排名第五，仅次于芬兰、瑞典、丹麦和奥地利。从科研支出来看，私营企业占有绝对主导地位，而高等院校和国营科研机构也拥有一定的比重，其中有69%来自私营企业，17%来自高等院校，14%来自国营科研机构。

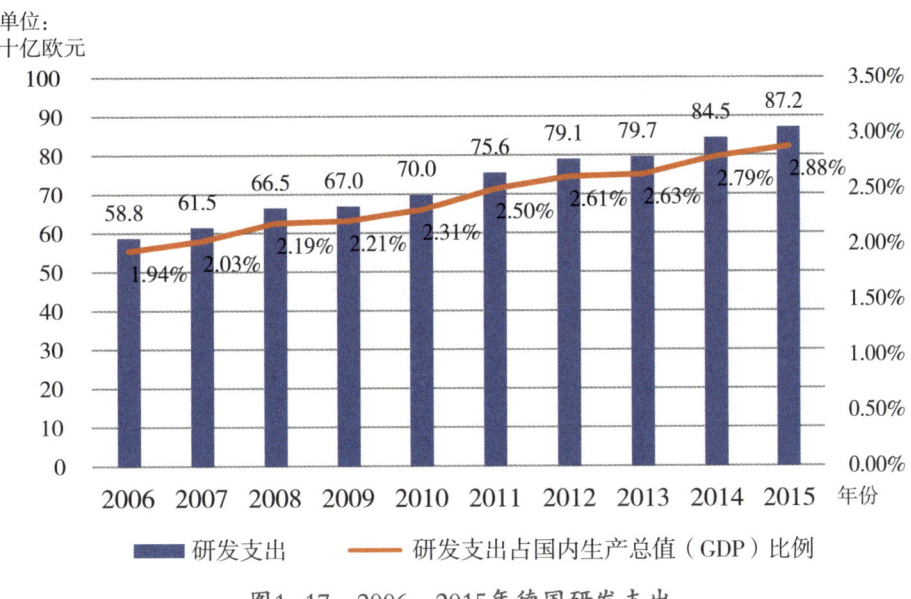

图1-17 2006—2015年德国研发支出

表1-7 德国科研支出构成比例（2015）（单位：亿欧元）

总投入	私营企业	高等院校	国营科研机构
890	614	151	125

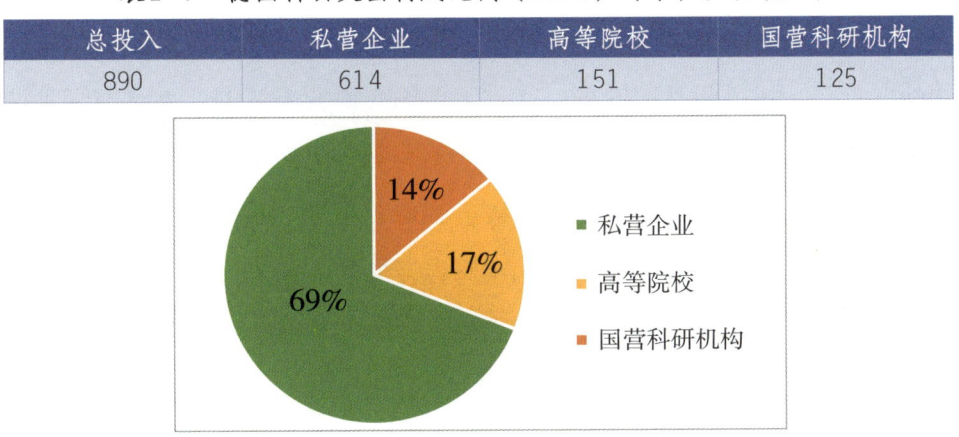

注：数据来源于https://www.research-in-germany.org/en/research-landscape/facts-and-figures.html。

（1）私营企业

德国制造业企业创新能力一直处于全球领先地位。表1-8显示，德国的企业专利拥有数量呈总体递增的趋势。

表1-8 德国企业专利授权趋势（单位：件）

年份	本国居民	外籍本土	海外
2007	24,910	4,762	40,158
2008	26,137	4,669	42,602
2009	21,668	4,151	43,177
2010	22,183	4,048	48,469
2011	21,789	3,511	51,015
2012	21,485	3,168	55,592
2013	23,209	4,066	58,082
2014	23,714	4,396	59,404
2015	24,530	4,384	62,309
2016	29,522	4,860	70,189

注：数据来源于世界知识产权组织（WIPO）数据库。

德国制造业前五大研发密集型行业的 R&D（科学研究与试验发展）支出占德国私营部门研发支出的近70%。德国私营部门 R&D 支出主要集中于汽车、电子、机械设备、医药、化学等德国制造业领域的5大研发密集型行业（图1-18）。多年来，汽车行业一直是德国研发最密集的领域。2015年德国汽车行业在本土的研发费用接近300亿欧元。从企业的研发支出排名来看，汽车业的大众、戴姆勒和宝马以及制药业的拜耳，机械制造业的博世和西门子，软件巨头 SAP（思爱普）等都名列前茅。（图1-19）

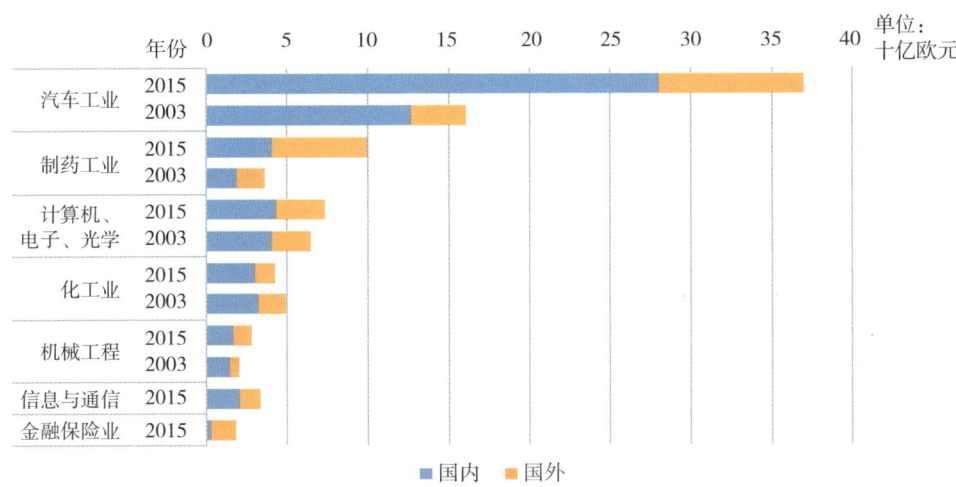

图1-18　2003年与2015年德国主要行业研发支出

注：资料来源于SV-Wissenschaftsstatistik。

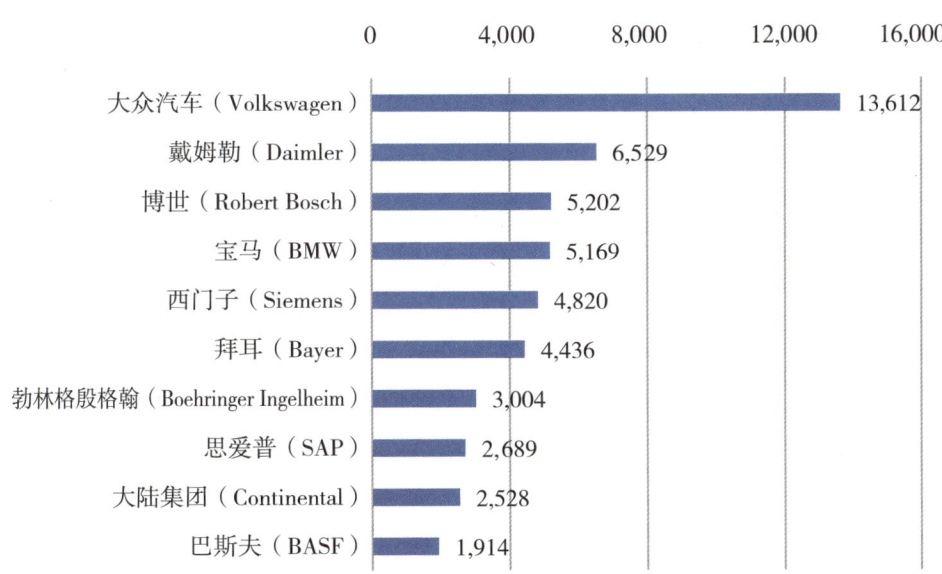

图1-19　2016年德国排名前列的企业研发支出（单位：百万欧元）

注：资料来源于2016年欧盟研发计分板（EU R&D scoreboard 2016）。

（2）高等院校

根据德国联邦统计局的最新数据显示，德国境内共有各类高校约 400 所，其中有 17 所居于全球前 250 名之列。德国大学科研约占国家研发投入的 18%。大学科研的 21% 为技术工程，29% 为自然科学，24% 为医学，4% 为农业科学，其余为人文科学和社会科学。

德国高校从事与应用研究有密切联系的基础研究，着眼于新动向和新学科的开辟。德国高校一贯将研究与教学视为同等重要。德国工商会提供的数据显示，80% 的德国企业已经把高校科研成果市场化看成企业技术创新的一条捷径。为了使大学科研成果迅速转化为生产力，德国大学的科研活动十分注重与企业的合作。德国许多大型企业在高校开办研究机构，充分利用高校的科技优势为企业生产服务。

合作方式大体有两种，一是合作研究，二是委托研究。为了加强高校和企业之间的交流，提高大学的科技成果转化率，德国很多大学设有专门部门负责与相关企业的合作事宜。如德国柏林工业大学就设有技术转让处，职能是管理合作项目，宣传大学的重要技术成果，进行国际合作与交流。科技园是转化大学高新技术成果、孵化高新技术企业的重要园地，各大学均把建立科技园看作是加速技术由实验室走向市场的一项重要措施。以柏林布赫生物科技园为例，该科技园由研究机构、大学和企业参股，2012 年拥有 41 家生物技术公司，业务领域集中在基因组研究、生命科学和生物信息方面。

（3）国营科研机构

在德国，非营利性科研组织属于官办性质的独立科研机构，是德国最重要的基础和前沿领域研究的科研力量，是国家长期战略性重点基础研究项目的主要承担者。其中的骨干科研组织见表 1-9。

表1-9　四大骨干国家科研组织概览

名称	简介	主要特征
马普学会	德国政府资助的全国性学术机构	➢ 基础研究为主 ➢ 研究专业多，具有跨学科研究氛围
亥姆霍兹国家研究中心联合会	德国最大的科研团体，在国际学术界代表着德国的国家科技研究形象	➢ 着眼未来应用的基础研究为主 ➢ 大型重大科研项目
弗劳恩霍夫应用研究促进协会	欧洲最大的应用科学研究机构，涵盖全部工程科学领域	➢ 应用型研究为主 ➢ 客户以中小企业为主
莱布尼茨科学联合会	下辖研究机构分布在全国各地，其中约40个研究所设在原东德地区	➢ 为成员机构提供科研条件，促进成员机构间的科学合作 ➢ 制定部分科研政策，开展相关的高端咨询业务

从德国联邦政府的研发支出来看，四大支柱行业是卫生医疗产业、能源、大型设备和纳米材料，见表1-10。

表1-10　德国联邦政府研发投入主要行业（单位：百万欧元）

行业	年份	
	2016	2017
卫生医疗	2274	2419
能源	1307	1483
大型设备	1252	1281
纳米材料	656	698

注：数据来源于https://bioinfoinc.com/digest/germany-government-science-rd-spending-2017/。

(4)独具特色的中介机构

德国的创新市场一个显著的特色是拥有众多的中介机构。它们的主要业务包括：对政府资助的科技项目的立项进行评估和监督管理，为企业的创立和发展提供信息咨询和职业培训服务，以及从知识和技术的供给方向需求方进行技术转移等。

德国联邦工业合作研究会成立于 1954 年，是企业共同研究和其他政府资助项目的承担者，主要资助中小型企业的研发项目。现已有 100 多个不同的行业或与技术有关的协会加入其中，它们代表了约 5 万家中小型企业。

德国创新中心始建于 1983 年，是由企业孵化器、科技园区、技术中心等组成的庞大网络，目前已在全德各地拥有 300 多家分支网络。其运作主要基于：扶持企业的初创发展，支持新技术的开发及其推广应用，组织大学与企业间的技术转移，等等。在过去的 20 余年里，德国有超过 2 万家的企业从创新中心获得成功。

（5）国际创新合作

德国作为欧盟的核心成员国，与其他国家尤其是欧盟国家的创新合作非常紧密。从表 1-11 来看，德国的专利总数大约有 17% 来自海外合作，其中与欧盟和美国的合作占绝大多数。

表1-11　德国专利总数及海外合作（单位：件）

	年份						
	2007	2008	2009	2010	2011	2012	2013
海外合作	4,870	4,444	4,496	4,414	4,359	4,203	4,140
日本合作	248	223	206	154	174	113	127
美国合作	1,240	1,041	1,019	998	1,063	1,002	1,123
欧盟合作	1,763	1,872	1,878	1,840	1,787	1,702	1,618
总数	26,538	25,136	25,437	25,404	24,919	23,912	23,464

注：数据来源于OECD统计署。

2. 丰富有效的市场激励形式

(1)产权保护

在德国，涉及知识产权保护的相关部门有：联邦司法部、联邦经济和劳动部、德国专利和商标局、纽伦堡高级财政管理委员会、检察机关和法院等。联邦司法部牵头负责政府层面的知识产权保护的法律、欧盟的相关立法和 TRIPS（与贸易有关的知识产权协议）等事宜。联邦经济和劳动部负责在国际贸易政策中涉及知识产权的具体事项，比如代表德国参与欧盟就 WTO（世界贸易组织）知识产权问题的决策。德国专利和商标局及其在各地的分支机构主要负责在工商业产权保护方面的日常管理和服务（登记、审核和发放证书），其有偿服务的收入远大于维持正常运作的各种开支，因此，它可能是唯一的非财政拨款的政府部门。

(2)扶持创新技术网络和创新产业集群

"创新能力网络行动"由联邦经济和技术部（现联邦经济与能源部）负责组织和实施，行动致力于在划定区域，促进具备较好创新能力的技术创新者和应用者，相互联络并组构网络，由此强化技术、产业和市场之间的联系。行动通过将符合资质条件的网络纳入行动服务和资助范围，形成示范和激励效应。行动设办公机构，为入选技术网络成员提供系列服务，并面向行动所属技术网络成员开展相关服务，服务包括提供技术商务咨询、为其与行动合作伙伴或相关经济组织牵线搭桥、向政府部门反映情况等方面。到 2011 年，纳入该行动管理和服务范围的技术网络成员超过 100 个，涵盖大型企业超过 450 家，涵盖中小企业超过 6000 家，涵盖科研机构超过 1600 家，涵盖服务业主体超过 1000 家。

(3)扶持组建技术创新联盟和促进战略伙伴关系

德国政府将扶持组建创新联盟，视作"高新技术战略"下新型政策工具，由联邦教研部主持。政府在资金投入上设定杠杆效应目标为，1欧元联邦政府资金投入，带动5欧元产业界资金投入。除战略联盟之外，联邦政府还促使政府、产业和科技界形成多种其他形式的战略伙伴关系，这些伙伴关系广泛分布在高能效建筑、适用型汽车、地方公共交通等技术领域。

(4)扶助创新企业创业(start up)和中小企业创新

在二战后的市场经济建设中，德国通过恢复市场价格、改造所有权结构降低了国有企业的比重，使国有企业的活动领域主要集中在交通、电信、能源和公用事业等部门，在竞争性行业创造了较好的竞争环境。

为帮助创业企业解决法律、商务、政策等各方面可能存在的问题，2006年1月，德国联邦政府、德国复兴信贷银行（KFW）在欧洲社会基金（ESF）资助下，启动斯蒂索泰克综合服务系统。该系统为企业提供以下方面服务：与企业创业相关的联邦、州和地方法律法规咨询，一般企业创办信息问题咨询，特殊企业创业信息问题咨询。德国各级工商协会、行业组织、政府经济发展促进机构都是该系统合作伙伴。这些机构或能持续补充系统法规和政策信息，或能提供企业在线注册和登记服务，或能扶助企业启动"一站式"管理和服务。

(5)广泛大规模的财政补贴激励

根据德国联邦政府第25期补贴报告，2016年联邦政府向国内企业提供的补贴共计229亿欧元，其中直接资金支持75亿欧元，税收优惠154亿欧元，而这还不包括基础研究拨款、联邦担保、向国有企业发放的补贴或增资等。2017年联邦政府向国内企业提供的偿债援助、贷款、投资补贴等各类拨款近360亿欧元，国外投资补贴67亿欧元。

德国的企业所得税率是30%，对于研发提供现金补贴形式的激励，研发活动包括基础研究、产业研究、试验研究和示范活动等。根据联邦教研部2016年研究和创新报告，联邦政府在2014年至2016年间在高新技术战略框架下的投资约为340亿欧元。其中，中小企业是重点支持对象之一。2007年至2015年联邦政府为中小企业提供的研发资金从7.8亿欧元增至14.5亿欧元。联邦政府于2006年首次推出并于2010年和2014年两度修订的高新技术战略确定了工业4.0、能源供应智能化转型、可持续交通出行、互联网服务经济生活等十大未来项目。在制药、软件发展、设计中心、汽车以及能源与公用事业等领域的企业尤其易获得现金补贴。

(6)高校和科研机构技术转移促进创新市场化

德国高校与企业的科研合作非常普遍，政府也积极参与并倡导校企合作，把基础研究和应用研究有机地结合起来，将高校的学术资源有效地转化为市场创新。

德国法律保护科学家从事自由的研究工作，大学教授作为自由发明人对其研究成果的应用和专利申请有权独自决定。2002年，德国政府司法部门修改了有关法规条款，将发明成果的产权从发明者调整到发明者所属研究机构。研究机构享有发明者在职务中创造的发明，职务发明不可以由发明者自由支配，发明者必须依照规定向所属研究机构登记报告。产权关系调整后，德国许多研究机构成立了"知识产权和技术转移部门"。根据相关法规，产权人和发明人享有合理的利益分配（发明人可以从发明实施净收益中获得30%的奖励），从而促进了德国的专利发明成果的产业化。

德国科研机构的技术转移中的分配也是类似的。以马普学会为例，虽然研究人员完成的职务发明创造归属于学会，但是在收益分配上，马普创新公司通过充满活力、兼顾各方利益的许可收入分配制度，调动各方推进技术转移的积极性。对发明者而言，通过许可收入获得30%的收益率保障作为个人奖励。对研究所和学会本身而言，从专利许可分别获得37%和33%的收益，用于继续开展科学研究和相关活动。正是这种循环且合理的利益分配机制，保证了技术转移的来源供给充裕，市场需求旺盛。

3. 联通欧盟的创新要素市场

（1）人才要素

　　从劳动力成本看，德国一直是全球制造业工资水平较高的国家之一。2012年，德国制造业平均工资为35.2欧元/小时，比德国平均工资水平高14.7%（德国的平均工资水平为30.7欧元/小时，在欧盟排第8名）（见图1-20）。

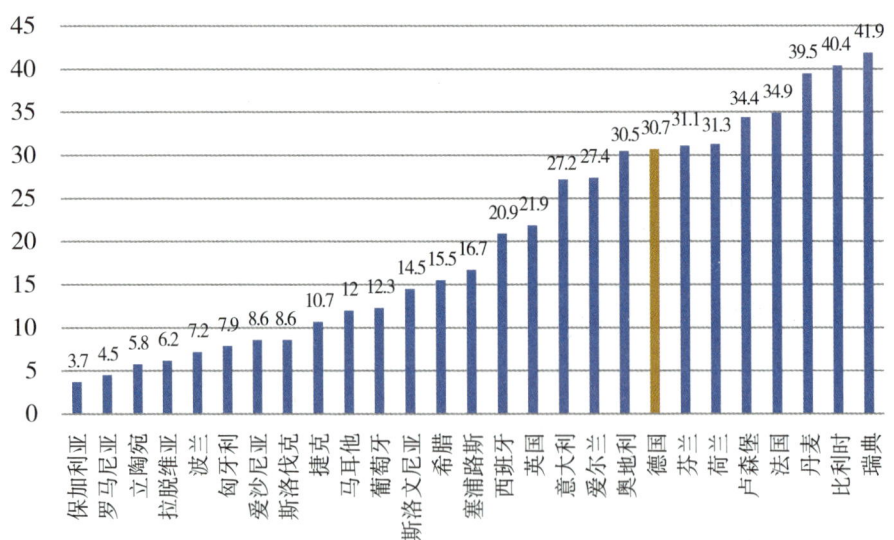

图1-20　2012年欧盟27国私营部门劳动力成本（单位：欧元/小时）

注：数据来源于德国联邦统计局网站（https://www.destatis.de/DE/Home/_inhalt.html）。

在德国的劳动力市场上，STEM（科学、技术、工程、数学教育）人才具有良好的职业前景。为了吸引人才，在德国，STEM 毕业生在进入就业市场时更有可能获得永久合同，而且有更高的收入潜力。STEM 毕业生的平均起薪为每年 3.5 万至 4 万欧元。经过 10 年的专业历练，工资水平平均上升到每年 7 万欧元左右。

2016 年，一项新的欧盟政策开始执行，该政策允许非欧盟国家的管理人员、专家和毕业培训生获得 30 天内的加快批准，以便转移到一家欧盟的实体公司工作。有欧洲的专家表示，该指令将对促进跨国公司关键员工的流动起到很大作用。

欧盟内的移民就更为简单。由于与欧盟的双面协议，在德国，雇主可以在不提交任何移民文件的情况下，将任何一位欧盟公民转移到欧盟的另一家公司。

德国降低技术人才的标准、缩短技术移民的居留审批期限，给予配偶及其子女以同样的居留期限以及工作许可的技术移民政策，吸引了全球成千上万的技术人才云集德国，移民到德国的人数目前正在上升（图 1-21）。未来，劳动力市场的某些部门将需要加强对熟练工人的招聘。就业机会将继续增加，特别是在医疗保健、工程、IT（信息技术）和许多其他商业和技术领域。

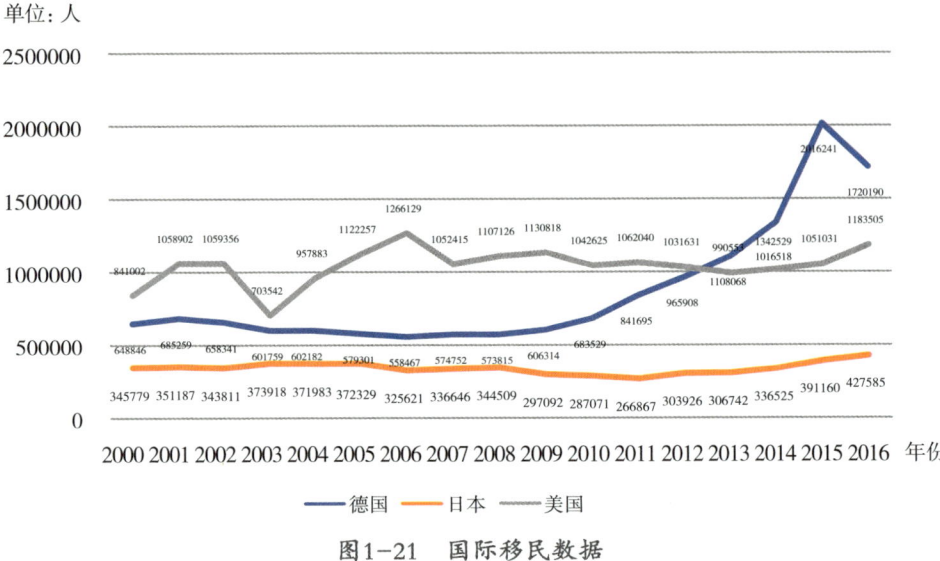

单位：人

图1-21　国际移民数据

注：数据来源于OECD数据库。

（2）资本要素

官方资助

联邦政府、政策性银行和大型企业设置高新技术创业基金，对创新型企业给予风险投资支持。如由联邦经济和技术部（现联邦经济与能源部）、德国复兴信贷银行、若干德国知名工业企业集团共同设立的高新技术创业基金，主要采取"公私合营"模式和"股权投资"方式弥补高新技术企业创建融资不足问题；面向刚完成种子期发展阶段的新建科技型中小企业提供长期低息贷款的"欧洲复兴计划创新项目"，该项目对初创企业专注于技术或服务研发提供了必要的资金保障；以及为激励私人投资者向初创企业提供融资的"INVEST 风险资本补贴"计划等。

为了给创新企业启动发展营造相对有利的政策环境，德国政府对科技型企业启动提供资助。2008 年 7 月，德国联邦经济和技术部（现联邦经济与能源部）将以前实施的相关中小企业创新资助政策进行整合，并重新推

出所谓中小企业核心创新计划（ZIM）。ZIM 规定，申请资助的项目申报
截止日期为 2013 年年末。该计划分 3 条线索展开资助。

表1-12　ZIM介绍

资助计划	资助对象	资助额度
ZIM-SOLO	单家中小企业的产品开发或技术创新	申请项目研发投入的 35％～50％
ZIM-KOOP	中小企业之间或中小企业与大学、科研机构合作开展的产品开发或技术创新	申请项目研发投入的 35％～50％；部分中小企业和研究机构合作项目支持力度可达 100％
ZIM-NEMO	至少 6 家中小企业或科研机构组成的创新网络的产品开发或技术创新	采取分期资助方式，首期最高可资助至全部项目成本的 90％；第二期的第 1、2、3 年最高可资助至全部成本的 70％、50％、30％

信贷方面，德国政府通过立法设立了德国复兴信贷银行（KFW）和德
国清算银行（DtA）两家促进中小企业融资的专门机构。在具体执行过程中，
这两家银行一般会找一些地方的受托银行来协助进行信用评估、信贷发放、
追踪监督、收回。

在担保方面，政府主要通过为担保银行提供再担保的形式来支持中小
企业信用担保，从而提高融资能力、降低融资成本。德国担保银行联合会
也建立了共同的信用评级系统，共享评级数据资源。

德国企业会员组织

德国的企业会员组织在融资支持政策执行中发挥了积极作用。商会和
行业协会通常为中小企业提供研究咨询和培训服务，并汇总意见，进行政
策沟通、游说、协调等。

风险投资

从《2017 德国风险投资与初创企业报告》的数据来看，100 家较大的

靠风投创立的企业中大多诞生于 2002 年后，反映了近年来德国日益壮大的风投市场。从行业上看，精密仪器、高端技术、软件和零售业名列前茅。

表1-13　德国风险投资初创企业100强的创立时间与行业分布（单位：百万美元）

分类		企业数	平均融资规模
按时间阶段分	—2002 年	5	40
	2003—2010 年	35	70
	2011—2013 年	38	130
	2014—2017 年	22	42
按行业分	食品	3	751
	零售	20	100
	精密仪器	14	92
	高端技术	10	35
	软件	30	53
	其他	23	45

注：数据来源于《2017德国风险投资与初创企业报告》（https://start-up-initiative.ey.com/）。

4. 高度法治化的创新市场环境

（1）立法保护和促进创新

2012 年 5 月，德国联邦议院通过了《科学自由法》。根据该法，德国马普学会等政府资助的非大学学术科研机构[①]将在财务和人事决策、投资、建设管理等方面获得更多的自由，被允许使用非公共来源的第三方资金吸引高素质研究人员，并可快速进行科研设施采购和建设，从而促进了科研

[①] 在德国，非大学学术研究机构主要是指政府设立或政府资助的研究机构，主要包括四大独立研究机构，即马普学会、弗劳恩霍夫应用研究促进协会、亥姆霍兹国家研究中心联合会、莱布尼茨科学联合会，科学院、联邦及州政府直属研究机构、政府资助的并从事科研任务的科学图书馆、档案馆、情报中心及博物馆。

机构与市场的快速嫁接，使其更快进入国际竞争环境中。

《科学自由法》法律条文共为 8 条，四大核心内容包括德国非大学的学术科研机构可以更加灵活地使用自己的资金，研究机构获准使用非公共资源的第三方私立资金来吸引或留住高素质的研究人员，科研机构参股公司的审批过程也将通过明确规定的最后期限得到加速，有望在未来更快地实现科研设施的采购和建设。

（2）政府部门制定政策和规划，协调各方活动

联邦教育和研究部规划协调各个机构，促进基础研究

联邦教育和研究部是德国联邦政府科技宏观管理部门，其主要任务是：制定科技政策，协调联邦各部门及各州科技活动；制定并实施长远科技规划，指导科研机构的科研工作；制定有关教育的法令与政策，负责科学与教育事业的国际合作与交流。

联邦经济和技术部制定产业政策、为中小企业提供支持

联邦经济和技术部，其任务主要集中于制定竞争政策，能源、航空和多媒体方面的研发计划，并且为中小企业的研发计划提供经费支持，包括为工业研究机构协会范围内的联合工业研究院所提供财政支持，特别是在经济活动的众多领域执行中小企业的合作研究计划。

技术扩散机构支持中小企业创新

德国政府通过建立技术与发展中心、科学技术中心、革新与技术创新中心等工业技术扩散机构来支持中小企业创新活动。

鼓励中小企业与大企业合作共同成长

德国政府鼓励中小企业与大企业建立密切的协作关系，在德国制造业中，每家大企业几乎都有数量巨大的中小企业供应商，这些中小企业从德国大企业那里获得订单和技术并向大企业提供设备零配件。

(3)《德国 2020 高技术战略》为创新提供方向和助力

2010 年 7 月，德国联邦政府正式通过了《德国 2020 高技术战略》。营造创新友好环境是《德国 2020 高技术战略》的战略重点之一。联邦政府将审核现有法规的创新友好程度，为发明与创新提供充足空间及推动力，全面提升企业创新能力。

表1-14　营造创新友好环境的主要内容

营造创新友好环境	主要内容
创业条件	在高校和研究机构倡导企业家精神，弘扬创业文化；改善新兴技术公司及其出资者的框架条件
中等企业 / 中小型企业	提高中小型企业参与研发的持续性，提高中型企业的创新能力
投资创新 / 风险投资	为建立具有国际竞争力的风险投资和股权投资市场构建条件，并加强对活跃风险投资的补贴
标准化	标准化及早介入能帮助研究成果更快地转化成畅销产品与服务，使创新成果尽快进入市场
创新指向的公共采购	将创新领域的公共采购资金带有针对性地投入创新性解决方案中去，一方面能更大地节省行政开支，另一方面能壮大创新型企业
合格的专业人员	通过职业培训、业务深造、进修以及大学学习来巩固专业人员的供给基础，确保德国的可持续发展
从知识到产品	将科技与经济更紧密地结合起来，促进高校、校外研究机构和企业之间的交流，加强知识转化和技术转化
创新对话	德国要建立新的对话平台，以使公民深入探讨解决全球挑战和社会挑战的未来技术和研究成果

（三）日本创新市场的考察略要

日本 2016 年研发支出为 1660 亿美元，仅次于美国和中国，占地区生产总值比重 3.4%，仅次于韩国。根据 OECD 统计，日本每 1000 人中有 10.2 人全职从事研发工作。此外，日本本土企业的专利授权量有下降趋势，但海外获得的专利授权量呈现整体递增趋势，这说明日本企业的专利申请已经深入海外市场，成为全球创新不可忽视的关键力量。

表1-15　日本专利授权年度数据（单位：件）

年份	本国居民	外籍本土	海外
2007	145,040	19,914	90,043
2008	151,765	25,185	88,929
2009	164,459	28,890	91,091
2010	187,237	35,456	99,607
2011	197,594	40,729	107,072
2012	224,917	49,874	118,608
2013	225,571	51,508	114,655
2014	177,750	49,392	119,269
2015	146,749	42,609	124,395
2016	160,643	42,444	128,651

注：数据来源于世界知识产权组织（WIPO）数据库。

1. 政府引导多主体参与创新市场

图 1-22 从组织单元结构方面表明了日本创新体系各个单元发挥的作用和相互关系，也就是产（企业）、学（大学和科研机构）、官（政府）

在国家创新体系中的功能定位，以及技术转移机构在其中所起到的桥梁和纽带作用。

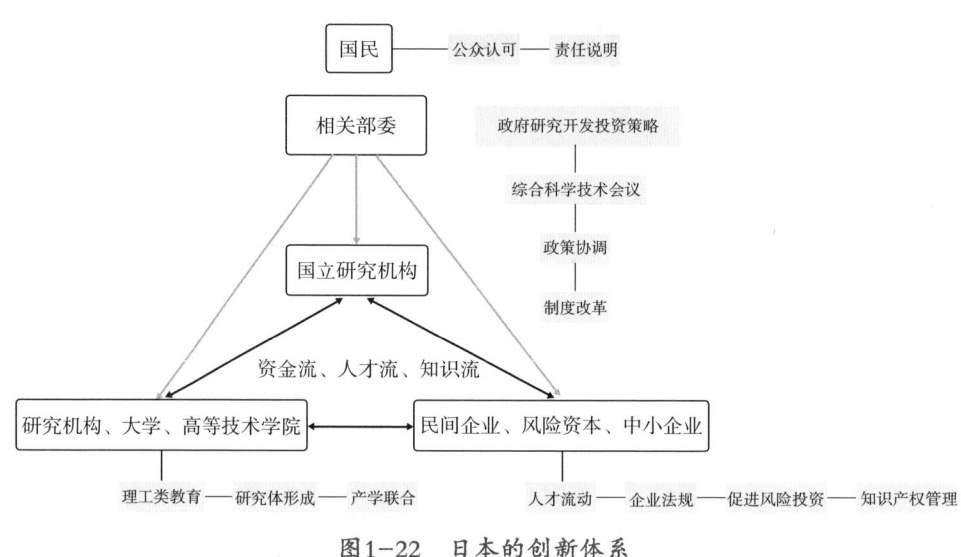

图1-22　日本的创新体系

（1）国立研究机构

2015 年 4 月，随着《独立行政法人通则法》修正法案的正式实施，新型研究开发法人制度正式建立并运行。到 2016 年底，已经确定 31 家"国立研究开发法人"（表 1-16），并积极推动 3 家"特定国立研究开发法人"（表 1-17）的建设工作。这些国立研究机构基本分布于基础学科和涉及公共安全和福利的部门，这些领域往往投入产出周期长、外部效应强，因而相对于私人企业来说国立研究机构能够更好地承担这些任务。

表1-16　日本"国立研究开发法人"

序号	法人名称	主管部门	专职人员数（人）	2014年度预算（亿日元）	2014年度预算中国家财政支出（亿日元）
1	信息通信研究机构	总务省	411	364	322
2	物质·材料研究机构	文部科学省	877	172	136
3	防灾科学研究所		197	104	88
4	放射线医学综合研究所		444	123	101
5	科学技术振兴机构		1,247	1,356	1,222
6	理化学研究所		3,494	834	780
7	宇宙航空研究开发机构		2,142	1,890	1,865
8	海洋研究开发机构		1,064	380	345
9	日本原子能研究开发机构		4,681	3,426	1,829
10	医药基础·健康·营养研究所	厚生劳动省	93	80	75
			43	7	7
11	国立癌症研究中心		1,803	582	74
12	国立循环器官疾病研究中心		1,195	314	43
13	国立精神·神经医疗研究中心		751	139	45
14	国立国际医疗研究中心		1,903	448	70
15	国立养育医疗研究中心		1,051	250	37
16	国立长寿医疗研究中心		526	98	32
17	农业·食品产业技术综合研究机构	农林水产省	2,629	580	395
18	农业生物资源研究所		343	94	67
19	农业环境技术研究所		163	38	31
20	水产综合研究中心		930	206	153
21	国际农林水产业研究中心		173	38	35
22	森林综合研究所		1,053	601	353
23	产业技术综合研究所	经济产业省	2,929	772	625
24	新能源·产业技术综合开发机构		803	1,504	1,484

续表

序号	法人名称	主管部门	专职人员数（人）	2014年度预算（亿日元）	2014年度预算中国家财政支出（亿日元）
25	土木研究所	国土交通省	461	94	89
26	建筑研究所		89	20	18
27	海上技术安全研究所		218	34	28
28	港湾机场技术研究所		99	25	14
29	电子导航研究所		59	18	16
30	国立环境研究所	环境省	260	158	124
31	日本医疗研究开发机构	内阁府	321	－	－

注：1. "研究开发法人"：National Research and Development Agency。

2. 专职人员数（包含有任期的专职人员）为2014年4月的数值。

3. 2015年4月，医药基础·健康·营养研究所由医药基础研究所和国立健康·营养研究所（东京都新宿区）合并而成。

4. 日本于2015年4月1日新设国立研究开发法人——日本医疗研究开发机构。

5. 资料来源：薛亮，杨荣斌. 日本科研机构是怎么改革的？——详解日本新型研发法人制度[J]. 科技发展研究，2016（5）。

表1-17　日本"特定国立研究开发法人"

序号	法人	主管部门	类别
1	理化学研究所	文部科学省	综合性研究机构
2	产业技术综合研究所	经济产业省	
3	物质·材料研究机构	文部科学省	特定领域的卓越研究机构

（2）创新市场的核心力量：企业

日本形成了以企业为主体的创新体系，形成了汽车、光学仪器、机械制造等优势行业和本田、佳能等享誉世界的知名企业。在汤森路透发布的2017全球100家最有创新能力企业排行榜上，有39家日本企业上榜，超过美国的36家。日本之所以能够成为全球创新实力靠前的国家之一，其核心力量就是这些创新能力强大的企业。

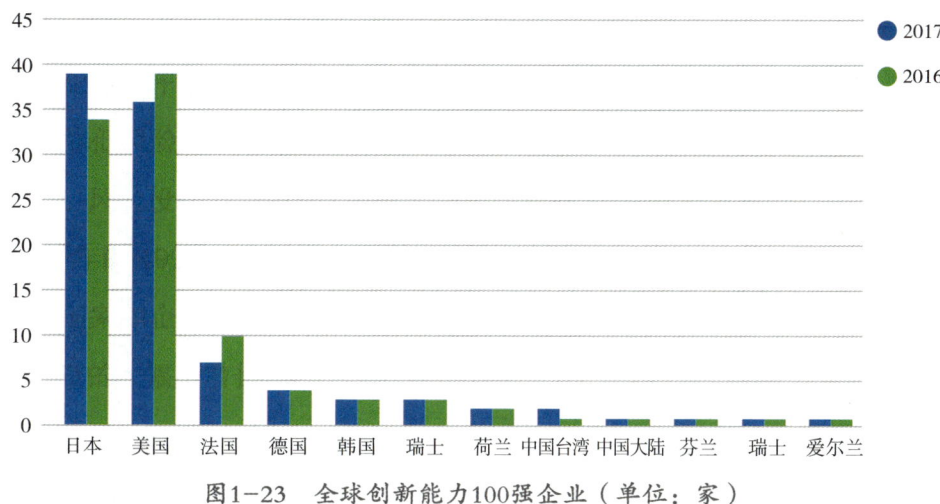

图1-23　全球创新能力100强企业（单位：家）

注：资料来源于汤森路透知识产权与科技业务部2017全球创新一百强报告。

日本企业的创新能力当然是与其巨大的研发开支分不开的（表1-18）。这些全球知名企业无不投入大量研发经费以保持强劲的创新势头。

表1-18　日本企业2017年度研发支出增加额排名

排名	企业	支出增加额（十亿日元）	总研发支出（十亿日元）	支出增长率（%）
1	本田汽车	65.00	750.00	9.44
2	佳能	43.00	345.00	14.10
3	日产汽车	35.00	525.00	7.06
4	日立	26.00	350.00	8.06
5	卫材	22.00	134.00	19.13
6	斯巴鲁	20.00	134.00	17.32
7	铃木汽车	18.00	150.00	14.03
8	三菱汽车	18.00	107.00	20.22
9	电装	16.00	425.00	3.86
10	松下	14.00	450.00	3.18
11	三菱化学控股	14.00	140.00	10.85
12	马自达汽车	13.00	140.00	10.31

续表

排名	企业	支出增加额（十亿日元）	总研发支出（十亿日元）	支出增长率（%）
13	丰田汽车	13.00	1050.00	1.20
14	爱信精机	12.00	180.00	7.33
15	小野制药	11.90	69.50	20.86
16	大冢控股	11.10	180.00	6.62
17	三菱电机	10.70	212.00	5.32
18	住友化学	10.40	168.00	6.60
19	东京电子	10.20	94.00	12.17
20	安斯泰来制药	9.90	218.00	4.76

注：来源于日经亚洲商业评论（https://asia.nikkei.com/Business/Honda-leads-Japan-in-planned-R-D-investments-for-2017）。

创新内在化是日本企业创新体系的重要特征。企业充分调动内部创新资源，不仅包括企业自身的创新资源，还包括大企业集团合作关联企业的资源。日本通过主银行制度、相互持股、技术和人才交流等方式，形成企业战略联盟，即所谓的三菱系、丰田系等大企业集团。

加大开放式创新是日本企业发展的新趋势。一些企业紧跟新技术潮流，直接与颠覆式创新企业开展合作，如丰田、松下和旭硝子与美国特斯拉进行了生产合作，丰田提供汽车生产制造技术，松下提供关键部件燃料电池。

（3）高等院校

日本大学共同体建设是日本大学协同创新的一项重要制度设计。日本大学探索协同创新的组织制度有着比较长的历史，先后形成了附设研究所、共同利用研究所、共同利用机构、共同利用据点等组织制度形式，顺应了现代知识生产转型的需要，增强了不同学术组织间进行合作生产知识的能

力，形成了"科学研究—技术开发—人才培养"的一体化功能。共同利用
共同研究基地，是日本政府在全国设立并选拔的一系列顶尖国立、公立和
私立大学附属研究所、研究中心的总称。与此同时，它们直接得到日本政
府的大量科研经费支撑。①

　　大学和企业的高效合作有利于先进科研成果的产生，这也能为日本制
造业的高效化附加更多的价值。2015 年大学和私营企业的合作研究达到
20821 件，大学机构接受私营企业的委托研究达到 7145 件，大学的特许实
施件数达到了 11872 件，获得了明显的增长（图 1-24）。

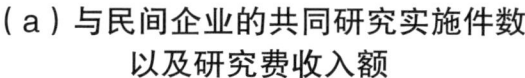

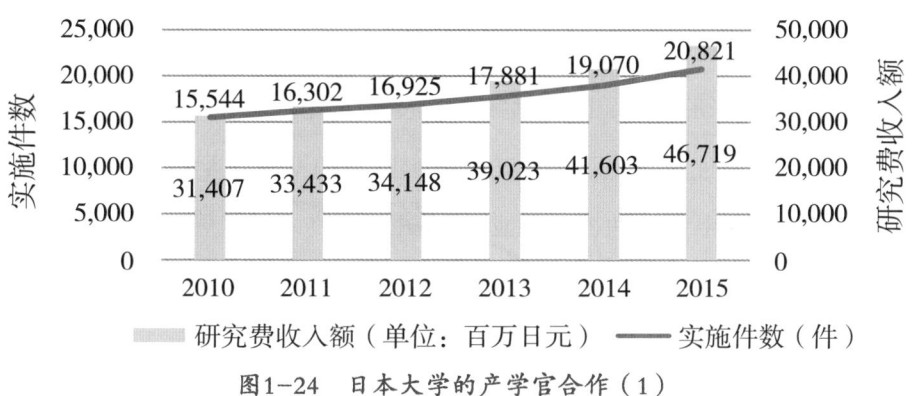

图1-24　日本大学的产学官合作（1）

---

① 截至2014年，日本全国共设置了95个共同利用共同研究基地，成为供全日本大学及社会研究人员共同使用的研究基地。每个机构都具有各自特色的大型设施、资料和研究手段，是各个学科领域的研究推进基地。

（b）与民间企业的受托研究实施件数以及研究费收入额

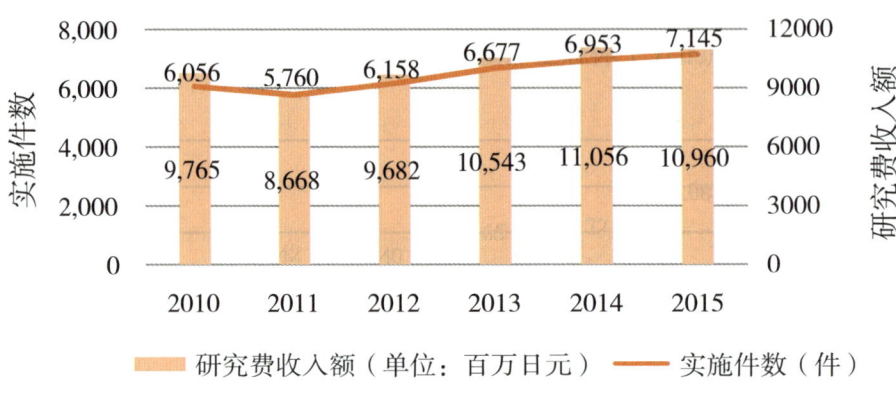

图1-24　日本大学的产学官合作（2）

（c）特许实施件数以及实施收入额

图1-24　日本大学的产学官合作（3）

注：资料来源于文部科学省《2015年度大学产学官联合实施状况调查》。

（4）政府主导产业政策并支持"产学研"一体化

日本政府为国家创新发展制定长期技术发展规划。2016 年 1 月，日本内阁会议审议通过《第五期科学技术基本计划（2016—2020）》，提出日本不但需要具备战略上抢先行动的能力和应对各种变化的能力，而且需要在国际化、开放的创新体系中展开竞争与协调，构建最大限度地发挥各创新主体能力的体制框架。一方面，通过政府、学术界、产业界和国民等相关各方的共同努力，推动全社会研发支出总额占地区生产总值比重的 4% 以上，政府研发投入占地区生产总值的比重达 1%，把日本建成"世界上最适宜创新的国家"；另一方面，日本将打造世界领先的"超智能社会"（5.0 社会）。通过完善人才培养，从根本上强化科技创新的基础实力。加强产学研合作，消除人才、知识和资金之间存在的障碍。

日本的大学进入 21 世纪以来科研和产业脱节的问题引起了政府的重视。日本政府也通过指导大学改革提高大学的科研效率。战略中指出，需要通过综合调整竞争性研究经费，将科学研究经费等重点划拨给青年研究人员。战略中提出了人才培养措施，计划 2025 年之前每年合计培养和录用几十万名 IT 人才，其中顶级水平的高级 IT 人才达到几万人规模；此外，2032 年之前还将使所有学生都具备 IT 能力。

（5）国际创新合作

日本与其他国家尤其是欧盟国家的创新合作非常紧密。从表1-19来看，日本的专利总数大约有 3.5% 来自海外合作，相比于美国和德国来说在国际合作创新方面并没有特别突出。

表1-19　日本专利总数及海外合作（单位：件）

	年份						
	2007	2008	2009	2010	2011	2012	2013
海外合作	1003	823	846	777	816	748	664
美国合作	398	384	346	348	393	306	285
欧盟合作	415	291	367	324	314	326	252
总数	21933	19832	20302	22367	22280	21554	20081

注：数据来源于OECD统计署。

2.不断完善的市场激励机制

（1）产权保护及专利申请

日本于2002年正式颁布《知识产权战略大纲》，确立了"知识产权立国"的基本国策，并于当年11月通过《知识产权基本法》，并通过一系列知识产权推进计划实施知识产权战略。

为了便于企业、大学和公共机构的商讨研发活动及高效率地申请专利，政府为中小企业的专利申请提供了支持方案。为促进中小型企业顺利取得专利权，政府基于《专利法》《产业技术能力强化法》及提高中小型企业制造业基础技术的相关法律，针对满足一定条件的中小型企业，采取专利费（第一年至第十年的费用）及申请审查费减半的两项措施。

此外，从2014年4月1日开始，政府基于《产业竞争力强化法》，针对中小型初创企业、小型企业采取专利费（第一年至第十年的费用）、申请审查费、国际专利合作条约（PCT）申请相关的手续费及寄送费减至三分之一的措施。在2016年，各中小型企业共有33626件专利享受了此项优惠。

政府实施令企业尽快取得专利权的支持方案。日本政府将"实现专利化的期间"缩短到平均14个月之内，将"实现第一次审查通知的期间"缩短到平均 10 个月之内。此外，为了尽快应用研发成果，政府将继续进行专利申请的早期审查和早期审理，达成在 2023 年之前力求实现"世界最快速、最高质量的专利审查"的目标。2015 年的早期审查件数约 18000 件，早期审理件数约 300 件。

（2）税制激励

日本政府对中小企业提供税收优惠。一是增加试验研究经费的税额抵扣，目的是促进企业的试验研究经费能够正常、合理地增加，推进企业技术开发。二是对中小企业的技术基础强化税制，目的是要进一步调动中小企业开展试验研究的积极性。

为了促进企业家创业，日本政府对中小企业实行税收优惠政策，如减免个体业者和中小规模企业的所得税；资本金超过 1 亿日元的企业法人的法人税为 30%，公益法人和中小企业的协同组合和商工组合等享受 22% 的优惠税率；中小企业法人债务在次年不必全部清账，还可提取 16% 作为积累；等等。

（3）产业政策拉动创新

战后日本政府即采取产业政策支持本土企业的创新和成长。具体而言，战后日本完善了政府和私营部门的合作方式，降低了技术的价格，并最大限度地加快国外技术的流入和扩散。政府对外国直接投资的控制使得本国行业和政府一致行动，从外国公司获得技术，外国公司换取有限的市场准入和许可费用。日本产业对国外技术的收购，有效的运用和改进，成为日本经济高速增长和制造业提高国际竞争力的基础。

20 世纪 90 年代之后，日本经济发展战略进一步调整，从注重国外技术的引进吸收转变为向创造性的知识密集型行业迈进。《经济结构改革与创造行动计划》是 1997 年通过的，该计划提出面对全球经济环境变化的挑战，创造新产业。2000 年 4 月，日本产业竞争力会议提出了其著名的报告《国家产业技术战略》，提出今后强化产业技术实力的大方向是"实现技术创新体系由赶超型转向开创型的改革"；同时，报告还提出，为强化产业技术实力必须实行"有重点的政府研究开发投资"。

日本重点支持大企业，使它们成为能够不断创新、在国际上富有竞争力的优秀企业。近年来日本政府也日渐注重中小企业在创新中的作用，对中小技术创新型企业提供支援，改善其生存环境。日本根据 1998 年通过的《新事业创造促进法》，设立了"中小企业创新研究制度"（SBIR），该制度主要目的是鼓励新技术开发，针对中小技术创新型企业进一步扩大了提供补助费、委托费和特定补助费的范围。

（4）促进大学技术转移

1998 年 5 月，日本政府制定并颁布了《关于促进大学等的技术研究成果向民间事业者转让的法律》，旨在加速、促进大学和国立科研机构的科技成果向民间企业转让，提高产业的技术水平，提高大学自身活力，促进产学结合。2004 年 4 月，日本政府制定《国立大学法人法》，使国立大学获得了独立法人资格，取得了对自己研发的所有科研成果的转化、转让的自主权，成果转化、转让产生的全部收益可由学校自主经营管理，而不再纳入政府的财政预算。该法的实施大大加快了日本国立大学的科技成果转化开发和向企业的技术转让。2006 年，日本政府对《教育基本法》进行了修订，提出了高校应通过转让自己科研成果的方式，向企业和社会做出更大的贡献，进一步增强高校为经济社会发展服务的功能。

目前，日本政府认可的 50 家技术转让促进机构（TLO），每年均可从政府获得 3000 万～ 5000 万日元的资助。以早稻田大学为代表，专利许可与技术转让的收益分配一般为：30% 给成果研发人员，30% 归研发人员所在的学院或研究所，30% 由 TLO 留用，10% 归大学校方。

3. 面向需求的创新要素市场

（1）人才

大学与企业的深入合作

日本采取措施鼓励大学与企业联合培养创新型人才。大学为企业年轻研发人员提供继续教育的机会，而企业的资深研发人员凭借其丰富的经验参与大学的研究生教育。

为年轻科研人员创造优越条件

文部科学省从 2016 年开始拨款 10 亿日元实施"卓越研究者项目"，该项目在特定研究型大学和卓越研究生院，面向优秀青年研究人员设立稳定职位，为他们提供优越的研究环境，使他们能够稳定而独立地开展研究，引导青年人才挑战新领域研究，取得独创性研究成果。同时，提高产学研人才的跨部门流动性，满足产业结构调整需求。该项目每年遴选资助约 150 名研究员（40 岁以下，临床医学领域 43 岁以下），执行机构包括大学、国立研发法人机构和民间企业。自然科学领域入选的卓越研究员每人每年可获得 600 万日元的研究经费（资助期 2 年）和 300 万日元的研究环境建设费（资助期 5 年）。人文社科领域的卓越研究员受助额度约为自然科学领域的 2/3。在日本研究机构工作的外国研究人员也可申请卓越研究员职位，获得与日本研究人员同等的资助。与此同时，以全国的产学官[①]为舞台，

[①] 日本产学官合作创新的历史悠久，"学"指大学，"官"指政府及其研究机构，"产"指企业。大学以基础研究为主，研究院所以应用研究为主，企业以开发研究为主。合作研究开发可以研发企业没有的新产品，特别在产学合作中进行的是最新技术及基础研究的研发。

为他们提供新的职业发展道路。

培养信息产业、大数据和人工智能方面的人才

2017 年 1 月，文部科学省召开"关于高校的工科教育的培养战略的研讨会"。会议决定开展"信息数据人才培养项目"。为了培育和保障人工智能、物联网、大数据、信息安全等信息数据领域的相关人才，从 2017 年开始，针对在读博士和博士学位获得者，开展学习数据科学的研修项目，以此来培养日本社会迫切需要的能够活跃在社会各领域的信息数据类人才。2018 年日本政府新拟"综合创新战略"，旨在以人工智能（AI）相关人才培育为中心，为日本培养更多年轻学者及科研人员。该战略要求，2025 年后日本 AI 人才以年均一万人的速度保持增长。

吸引优秀海外移民

日本为引进海外优秀人才，不仅努力改善研究环境提高待遇，而且还向海外高级人才提供简化签证手续等多项优惠措施。例如，日本法务省等部门利用打分系统对外国学者、技术人员和经营者的科研成果和能力进行评分，获得一定分数的海外申请者可以作为"高端人才"享受日本永久居留许可等优惠政策。

（2）资本

间接融资

日本政府针对中小企业信用薄弱，依据一般城市商业银行不能有效解决其资金需求的情况，专门设立了面向中小企业的金融机构——中小企业金融公库、商工组合中央金库、国民金融公库、环境卫生金融公库，它们向中小企业提供低于市场 2 ～ 3 个百分点的较长期的优惠贷款。这些政策性融资机构在很大程度上弥补了其他融资机构的遗漏和不足。国民金融公库为初次创业、再生和第二次创业者提供营运及设备资金。贷款对象中为

小企业（20 人以下）的占 87.1%，67.3% 为 4 人以下的小企业。商工组合中央金库也设有创业支持无担保贷款制度，实施对象是具有独创性并正在开展新事业活动的中小企业。此外，日本政府还设立"信用保证协会"和"中小企业信用公库"，为中小企业从民间银行贷款提供担保。

直接融资

在政府的倡导支持下，日本形成了官办、民办及海外资本共同参与的多层次的创业投资机制。

官办创业投资公司。1963 年依据《中小企业投资育成公司法》，由政府出资设立的东京、大阪和名古屋 3 家中小企业投资育成公司系日本最早的风险资本。到 2001 年 3 月底，3 家投资育成公司总共投资公司数 2110 家，总投资额为 837 亿日元。

民间风险资本。为了解决创业者资金紧缺问题，日本政府促成了全日本风险创业协会的成立，先后设立京都企业开发公司、日本企业开发公司等风险投资公司，推动了大批科技人员进行创业。2016 年风险投资基金有 24 亿美元流向创业公司。

海外资本。为吸引海外风险资金，日本政府在 2009 年度推行税制改革：一是对符合规定条件的、出资参与注册地在日本的投资事业有限责任合伙公司的外国人非居住者或外国法人，免征股权转让收益税；二是对符合规定条件的、通过海外基金对日本企业进行一年以上长期投资，但持股不超过 25% 的海外投资者，免征股权转让收益税。

单位：百万日元

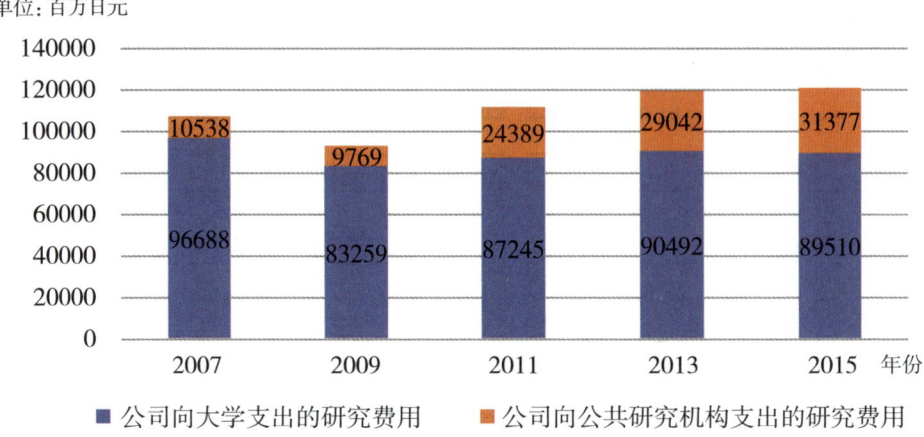

图1-25 公司向大学和公共研究机构支出的研究费用总额

注：资料来源于总务省《科学技术研究调查》。

在创业支持基金方面，基金项目累计达到 95 项，基金投资额累计达到 1211 亿日元，基金投资的企业累计达到 2439 家。此外，在中小型企业发展支持基金方面，基金项目累计达到 86 项，基金投资额累计达到 2341 亿日元，基金投资的企业累计达到 987 家。（截至 2016 年 3 月末）此外，通过灵活运用"健康和医疗领域促进投资的基金项目"，至 2016 年 9 月末已促成 4 项中小型企业发展支持基金。

（3）技术

技术转让促进机构（TLO）能为大学的研究成果申请专利，并且把这些专利技术转移到社会公司，作为工业和大学之间的媒体，在工业学术联合中起到重要作用。获得专利技术的社会企业创造新的商业价值，再把部分利益返回到大学作为研究资金进一步用到研究活动中去。

除 TLO 外，在产业技术转移方面，还衍生出技术转移组织——日本大学技术转移协会（UNITT）。日本大学技术转移协会通过与对大学和技术转让促进机构（TLO）等的活动给予支持的机关与个人的密切合作，以及为有效推进大学等的知识产权管理及技术转让业务开展交流、调查、研究等活动并提出建议，从而促进产学合作的健康发展。

此外，为了帮助中小企业进行产品开发研究，日本政府建立了技术顾问制度。日本政府在全国各地设立了200多个公立试验机构，聘用技术上有丰富经验的专家、工程技术人员担任顾问，就提高中小企业产品的技术水平进行可行性研究和试验，对所存在的问题提出具体建议，并以"巡回技术指导事业"等形式派遣技术顾问到现场具体指导。

4. 强化立法促进市场繁荣

（1）知识产权立国

1995年，日本政府颁布了《科学技术基本法》，明确提出将"科学技术创造立国"作为基本国策。该法是支撑日本科技创新与开发体系的根本大法，被视为日本建立国家创新体系的开端。

2002年，日本颁布《知识产权基本法》，以法律的形式明确了保护技术发明的专利制度。2003年，日本成立了以首相为部长的高规格知识产权战略总部，正式确立了"知识产权立国"的国策，推进知识成果创新、产权保护、成果转化和人才发展战略。此后，日本还新制定或修改了21项知识产权相关法案，使日本成为迄今全球知识产权战略较为系统化和制度化的国家。

日本为了发展高技术产业和支持研究开发型企业的发展，从20世纪50年代中期以来制定了一系列产业政策及科技转移法规。1999年10月，日本政府颁布实行了《产业活力再生特别措施法》，规定大学对于运用国家经费进行共同研究取得的专利拥有所有权。2000年4月开始实施的《产业技术能力强化法》中专门规定了对大学等的研究开发人员专利费的减免措施。此外，1998 年 5 月，日本政府制定并颁布了旨在促进大学和国立科研机构科技成果向民间企业转让的《关于促进大学等的技术研究成果向民间事业者转让的法律》，以促进大学以及国立公立研究机构的技术成果向企业转移。

（2）作为主线的"官、产、学"一体化体制

"官、产、学"一体化的流动性科研体制是自 20 世纪 80 年代以来日本所采取的一种新型的组织科技活动的战略性决策，是一条贯穿于日本国家创新体系的中性主线。

日本科学技术振兴机构（JST）在产学研合作推进过程中，发挥了十分重要的作用。JST 建立了学术界与产业界双向沟通的桥梁。一方面，通过创新日本大会、新技术推介会，为科研人员提供向产业界展示和推广尖端研发成果的机会，打开学术界与产业界沟通的通路；另一方面，举办需求研讨会，为企业提供向学术界寻求帮助、解决企业技术瓶颈的平台。同时，JST 还建立门户网站，每月公布当前热门技术、研究主题、研究报告等，构建产学研合作数据库，提供基金项目信息、服务及相关人力资源信息等。此外，还开展科技创新人力资源发展项目，提供免费课程，以提升公共部门及大学产学研合作培养人才的能力。

在研发支持方面，JST 构建了从对具有市场价值的技术进行筛选，到技术实用化的可行性研究及搭建合作平台，再到商业化阶段，以及新设企业孵化等的全过程的支持计划体系（如图 1-26），大大提高了技术走向商业化的比例与成功率。

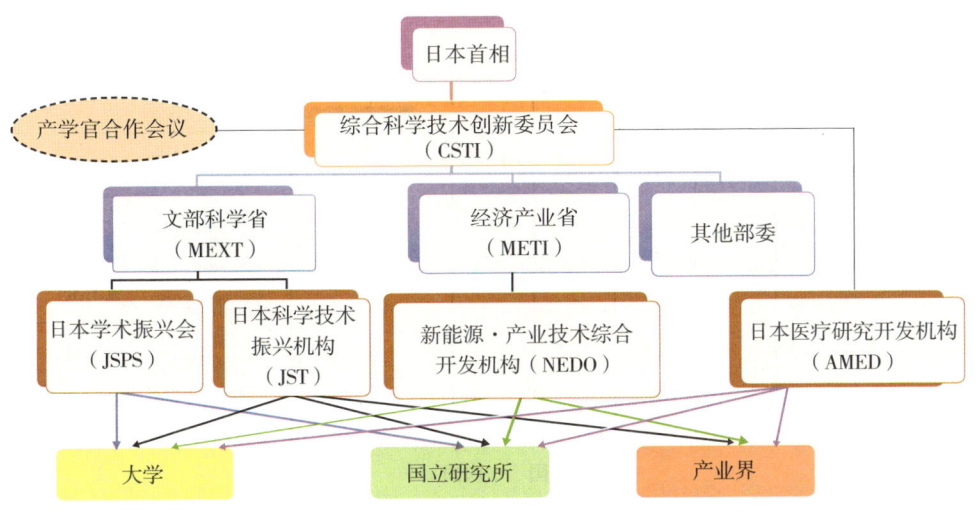

图1-26　日本"官产学"合作的管理架构

对美国、德国、日本等发达国家创新市场的考察，发现一些共性的经验，如：多元化的创新市场主体，有效的市场激励机制，面向需求的创新要素市场，法治化的创新市场环境，等等。创新市场主体的多元化是指创新市场以企业为主，同时包含政府科研机构、高等院校、技术转移机构、国际创新合作者等主体。有效性的市场激励机制包括：产权保护及专利申请、税制和财政补贴激励、产业政策拉动创新、高校创新的市场化、促进大学技术转移、扶助中小企业创新等内容。从人才和资本两方面推动创新要素市场发展。通过立法完善投资环境，实现创新市场环境的法治化；同时政府部门制定政策和规划，激励研发、促进创新。总结和借鉴这些先进经验，有助于促进中国创新市场的健康发展。

第二章
中国科技体制改革与创新市场建构

　　自改革开放以来，我国科技体制的改革历程既是从计划经济向社会主义市场经济探索的历程，也是我国基础研究、应用研究和试验发展三大创新市场逐步构建的历程。在我国科技体制改革和发展实践中，三大创新市场逐步形成规模并取得显著成果，为我国新的经济增长带来了可持续发展动力，推进我国逐步迈入世界创新型科技强国行列。

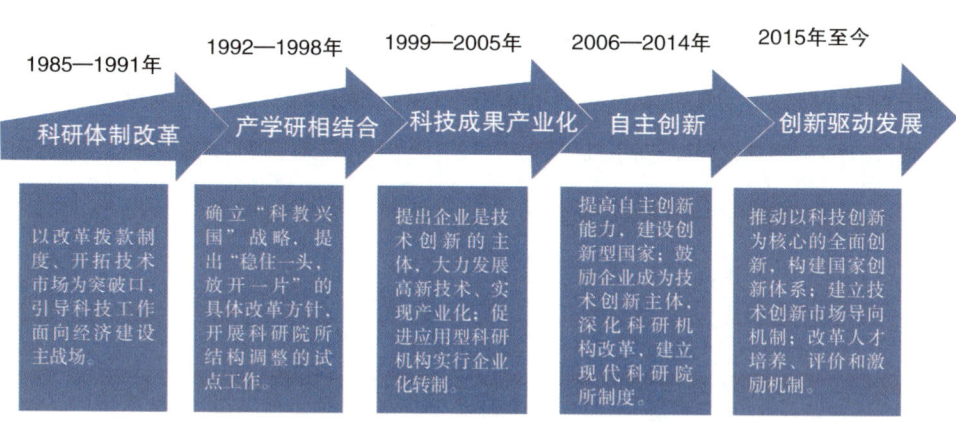

图2-1　1985年以来中国科技体制改革进程图

（一）创新市场的萌芽（1985—1991 年）

1. 僵化：创新从计划到市场的宏观背景

自新中国成立以来我国一直模仿并延续了苏联高度集中的科技体制模式，即国家统包统管、高度集中，企业、科研院所、高校及国防科研系统相互独立。在新中国成立初期国力有限和受国际封锁的特定历史条件下，集中型科技体制将有限的资源向战略目标领域动员和集中，为国家和社会经济发展及国防建设解决了一系列重大科技问题，并在某些科技领域取得了突破性成就。

高度集中型的科技体制弊端逐渐显露。主要表现在：科技体制运行中出现了平均主义和吃国家"大锅饭"现象。这种制度既忽视了不同类型科研机构的差异，也没有按贡献大小进行利益分配，科研人员考核和评定缺乏竞争机制和激励机制；科技管理制度过度行政化、僵硬化，不符合科学技术发展规律和科技活动自身特点，造成科研人员难以流动；科研机构缺乏自主权，不能根据经济需要和自身优势开展研究；科研机构游离于企业之外，形成科技与经济"两张皮"现象。

2. 创新市场首次分化：发展技术市场

1985 年和 1988 年，我国分别颁布了《中共中央关于科学技术体制改革的决定》及《国务院关于深化科技体制改革若干问题的决定》，开启了科技体制全面改革的序幕，并对三大创新市场的初步构建做出了探索。以改革拨款制度、开拓技术市场为突破口，提出科研机构所有权与经营权分离，引导科技工作面向经济建设主战场。

基础研究创新市场方面。针对不同类型科研机构的差异，改革对研究机构的拨款制度，按照不同类型科学技术活动的特点，实行经费的分类管理。对基础研究和部分应用研究工作，逐步试行科学基金制，基金来源主要靠国家预算拨款。其中，列入中央和地方计划的重大科学技术研究、开发项目和重点实验室、试验基地的建设项目，分别由中央财政和地方财政拨款。

应用研究创新市场方面。针对科技体制过于行政化及吃"大锅饭"问题，对技术开发工作和近期可望取得实用价值的应用研究工作，逐步推行技术合同制。提出从事这类工作的独立研究机构，应当通过承包国家计划项目、接受委托研究、转让技术成果、合资开发、出口联营、咨询服务等多种形式，在为社会创造经济效益的过程中，取得收入，积累资金。引入竞争机制，提出科研机构所有权与经营权分离，可以实行承包经营责任制，科研机构可以发展为科研生产经营实体，可以和企业以互相承包、参股、兼并、租赁等多种形式联合经营，或进入企业、企业集团，或发展成科研型企业。

试验发展创新市场方面。针对科技与经济"两张皮"现象，提出要注重解决技术成果的配套、商品化生产和经济效益等方面的问题，以提供适应技术市场需要的技术商品。技术市场的发展，最终取决于买方的需求，须从各方面采取措施，激励企业采用新技术的积极性，增强企业购买技术成果的经济实力。企业可以按规定把技术开发费用分期摊入成本，也可以向银行申请技术开发贷款；有特殊需要的，可以按照国家规定在税前利润中提取适当的技术开发资金。另外把技术进步指标及其对经济效益的贡献度纳入企业承包经营责任制的考核体系。

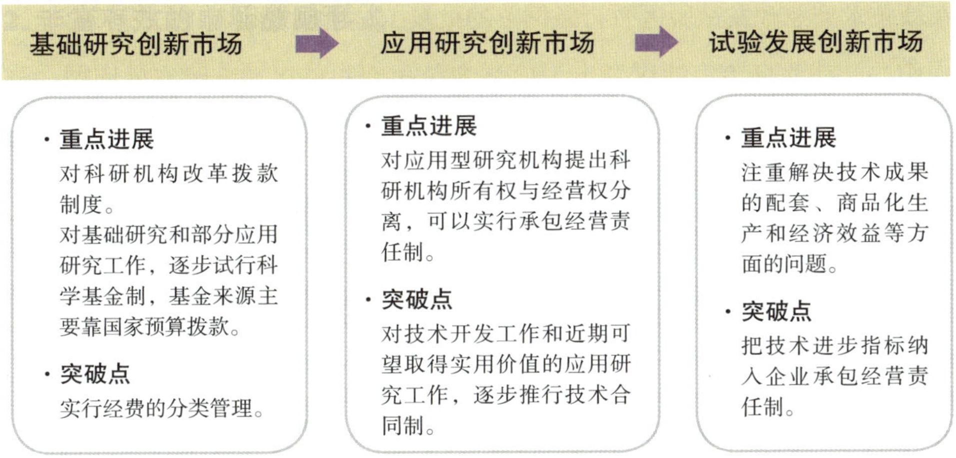

基础研究创新市场	应用研究创新市场	试验发展创新市场

· **重点进展**
对科研机构改革拨款制度。
对基础研究和部分应用研究工作，逐步试行科学基金制，基金来源主要靠国家预算拨款。

· **突破点**
实行经费的分类管理。

· **重点进展**
对应用型研究机构提出科研机构所有权与经营权分离，可以实行承包经营责任制。

· **突破点**
对技术开发工作和近期可望取得实用价值的应用研究工作，逐步推行技术合同制。

· **重点进展**
注重解决技术成果的配套、商品化生产和经济效益等方面的问题。

· **突破点**
把技术进步指标纳入企业承包经营责任制。

图2-2　1985—1991年三大创新市场的改革特征图

3. 成效：初步建立创新市场交易主体

将竞争引入基础研究市场。我国先后制订了"星火计划"、"863计划"、"火炬计划"、"攀登计划"、国家重点科技攻关计划、国家科技成果重点推广计划等一系列重要计划，并建立中国自然科学基金制，经过系列改革，这一延续至今的国家科研体制基本形成。

民办科技企业的兴起。1980年10月中科院物理所研究员陈春先等科技人员在北京市海淀区创办的第一个民办科技机构——"先进技术发展服务部"，拉开了科技人员面向市场自主创业的序幕。1985年《中共中央关于科学技术体制改革的决定》颁布之后，更多科研人员走出科研院所和高等院校，创办了一批民办科技企业，也带动了科研院所和高等院校创办企业，著名的"中关村电子一条街"由此形成，它也成为中国城市经济体制改革和科技体制改革的一种独特模式，拓开了我国科技成果转化应用于经济社会发展的新格局。

建立市场化试点片区。1988年5月，国务院下发《国务院关于〈北京市新技术产业开发试验区暂行条例〉的批复》，明确规定："以中关村地区为中心，在北京市海淀区划出 100 平方公里左右的区域，建立外向型、开放型的新技术产业开发试验区。"这标志着国内第一个新技术产业开发园区正式诞生。1988 年我国先后批准建立了 53 个国家高新技术产业开发区。

（二）应用创新市场发端（1992—1998 年）

1. 转制：研发机构市场化的改革背景

1992 年邓小平南方谈话以及党的十四大之后，我国进入了以制度创新为主的经济体制改革新阶段。由于社会主义市场经济体制刚刚确立，科技体制改革尚处于起步阶段，科研机构改制、科技人员分流方面的变动并不大，计划经济时期的体制机制也未有重大变化。由于历史因素，事业单位分类改革的重点难题涉及所有权与经营权分离问题、现代企业法人治理问题及专利产权的归属等问题，尽管国家对科研机构实施了分流、调整的改革措施，但科研机构的企业化转制工作一直进展缓慢，仍处于摸索推进、积累经验的过程中，未能始终把促进科技进步放到重要的战略位置。资料显示，直到 1999 年 6 月，国家经贸委管理的内贸、机械、石化等 10 个国家局所的 242 家科研机构全部转制为企业，中国科技体制改革才有了实质性突破。[①]

2. 推动应用研究机构走向市场

为适应我国社会主义市场经济体制的需求，实施"科教兴国"的战略，1995 年国务院颁发了《中共中央、国务院关于加速科学技术进步的决定》，

---

① 崔禄春. 建国以来中国共产党科技政策研究[M]. 北京：华夏出版社，2002：131.

按照"稳住一头，放开一片"的方针进行科技体制改革，明确了科研机构在分类改革上的标准。

基础研究创新市场方面。针对"稳住一头"的改革方案，实施稳定可持续的资金投入支持，优化管理机制。所谓"稳住一头"就是对基础性研究、高技术研究、重大工程建设和重大项目科技攻关提供充分保障和持续稳定的支持，并通过深化改革，优化组织结构和转变运行机制，形成一支能在国际前沿竞争的力量。提出对从事基础研究、前沿技术研究和社会公益研究的科研机构和学科专业，完善财政投入为主、引导社会参与的持续稳定支持机制；国家财政用于科学技术经费的增长幅度，应当高于国家财政经常性收入的增长幅度。

应用研究创新市场方面。针对"放开一片"的改革方案，进一步将技术型科研机构推向市场化。所谓"放开一片"就是对技术开发机构、科技服务机构、社会公益机构以及科技型企业，特别是高新技术企业，进一步引入市场机制，放开搞活，推动科技以更大的规模、更快的速度进入经济、长入经济，出成果、出人才、出效益。具体为调整结构、分流人才，使绝大多数技术开发和技术服务机构逐步由事业法人转变成企业法人，按照市场需求进行研究开发、技术服务、技术承包和科技成果商品化、产业化活动；允许和鼓励技术、管理等生产要素参与收益分配；允许民营科技企业采用股份期权等形式，调动科技人才或经营管理人才的积极性；国有科研机构可以改组为股份制、股份合作制企业等。建立以服务需求和提升创新能力为导向的科技评价和科技服务体系，建立以科研能力和创新成果等为导向的科技人才评价标准。

试验发展创新市场方面。针对产学研脱节问题，首次提出企业参与研发及推动建设产学研结合的多方位平台。1995年国务院颁发的《中共中央、国务院关于加速科学技术进步的决定》中，首次提出发展高技术及其产业、国家高新技术产业开发区及知识产权等问题，并随后颁布了一系列政策以培育更具市场活力和能动性的试验创新供给主体。强调促进企业逐步成为技术开发的主体，继续推动产、学、研三结合；全面加强企业技术创新，企业研究开发经费要有一定比例用于产学研合作；实施促进自主创新的政府采购。支持鼓励企业成为技术创新主体，技术创新能力作为国有企业考核的重要指标，国家重点实验室、工程（技术研究）中心要向企业扩大开放；以中央财政资金为引导，带动地方财政和社会投入，支持区域公共科技服务平台建设；大力推动与科技进步密切相关的信息、咨询等第三产业的发展，建立加速科技产业化的多层次资本市场体系。

基础研究创新市场	应用研究创新市场	试验发展创新市场
·**重点进展** 对基础研究实行"稳住一头"政策。 ·**突破点** 国家财政用于科学技术经费的增长幅度，应当高于国家财政经常性收入的增长幅度。	·**重点进展** 对应用型研究机构提出"放开一片"政策。 ·**突破点** 调整结构，分流人才，使绝大多数技术开发和技术服务机构逐步由事业法人转变成企业法人。	·**重点进展** 促进企业逐步成为技术开发的主体。 首次提出发展高技术及其产业、国家高新技术产业开发区及知识产权等问题。 ·**突破点** 企业研究开发经费要有一定比例用于产学研合作。

图2-3　1992—1998年三大创新市场的改革特征图

3.成效：弥补应用研究市场化和交易平台短板

基础研究供给能力显著增强。1991年8月31日，第一批国家基础性研究重大关键项目（即"攀登计划"）正式启动。截至1995年年底，我国已建立国家重点实验室155个，在基础理论研究方面进行了布局，累计总投资 16.8 亿元。1986 年开始实施《高技术研究发展计划纲要》（即"863 计划"），到 1995 年年底，"863 计划"民口 6 个领域的 15 个主题，共取得研究成果 1200 多项，获国家级奖或省部级奖 567 项，达国际水平 540 项，获专利 244 项。[①]

填补全国技术交易服务空白。一大批应用型研究机构通过技术成果有偿转让和实行社会化服务，取得了科技与经济结合的初步成效。全国技术市场合同成交金额逐年稳步增长，技术交易规模和水平不断提高。1993 年，全国第一个国家级技术交易所——上海技术交易所成立，率先实现了技术市场、金融市场和产权市场的资源融合。截至 1998 年年底，全国共签订国内技术合同 28.17 万项，成交技术合同总金额达 435.82 亿元，全国已有近 1000 名骨干经过培训，取得技术经纪人资格。[②]

大力培育应用研究市场主体。组建 100 ～ 150 个国家工程技术研究中心。选择若干个具有较强科技实力、优势互补的大院大所（或高等院校），形成具有研究、开发、设计、培训、服务等综合功能的科研开发实体，发挥组合优势，为国民经济重点行业提供工程化、系统化、配套化的技术。截至 2017 年，我国建立国家工程技术研究中心 359 个（含 13 个分中心），涵盖电子与信息通信、农业、制造业、材料等领域。

高新技术产业开发区及民营科技企业蓬勃发展。至 1998 年年底，全国已累计组织实施国家级"火炬计划"项目 4212 项，地方级项目 10537 项。1998 年全国高新区企业总数已达 16097 家，技工贸总收入过亿元的企业已发展到 678 家。以联想集团、北大方正、深圳华为、长沙远大、东大阿尔

---

① 中华人民共和国科学技术部. 中国科技发展60年[M]. 北京: 科学技术文献出版社、科学出版社, 2009: 176.

② 中华人民共和国科学技术部. 中国科技发展60年[M]. 北京: 科学技术文献出版社、科学出版社, 2009: 153.

派为代表的一些著名企业已在微电子、通信、生物制药、新材料等高新技术领域，产生了一批具有自主知识产权的名牌产品，具备了参与国内外市场竞争的实力。[①] 同时，1998 年全国民营科技企业总数为 70052 家，民营科技企业已成为科技成果转化和高新技术产业化的重要力量。[②]

（三）试验发展创新市场兴起（1999—2005 年）

1. 产业化：高新技术产业落后的背景

高新产业成为国际竞争的关键。 科技体制改革由跟踪向创新转变，由技术导向向市场导向转变。进入 20 世纪 90 年代后期，发达国家的经济活动越来越转向高附加值和技术密集型产品的生产，部分发展中国家也把发展高技术及其产业作为新的经济增长点，高技术产业成为国际经济和科技竞争的重要阵地。

科技创新能力处于全球低位。 我国经济增长中科技进步贡献率较低、关键技术自给率低、发明专利数量少、科学研究质量不高、尖子人才匮乏、科技投入不足等问题长期存在。根据 2003 年有关科技创新能力评价的结果，我国科技创新能力在 49 个主要国家（占世界生产总值的 92%）中位居第 28 位，处于中等偏下水平。可见，为保持我国经济可持续发展，提升国际科技竞争力，大力发展高新技术并使其产业化尤为迫切。

---

① 中华人民共和国科学技术部. 中国科技发展60年[M]. 北京: 科学技术文献出版社、科学出版社, 2009: 181.

② 中华人民共和国科学技术部. 中国科技发展60年[M]. 北京: 科学技术文献出版社、科学出版社, 2009: 155.

2. 以国家高新技术企业推动产业化发展

1999 年颁布的《中共中央、国务院关于加强技术创新，发展高科技，实现产业化的决定》，在推进我国科技体制的深入改革，并在三大创新市场的构建与发展方面提出了新的政策方针，以促进高新技术成果的产出及科技成果产业化的转化。

基础研究创新市场方面。针对我国科研成果自主创新不足，技术自给率不高问题，制定激发原始性创新能力的相关政策。2002 年发布的《关于进一步增强原始性创新能力的意见》，提出继续推进科技管理制度改革，以人事制度和分配制度改革为重点，探索建立适应原始性创新要求的科研机构管理制度，形成有利于调动研究人员积极性，有利于创新资源优化配置，有利于形成以企业为主体的科技创新体系的新格局。探索实行理事会制，形成理事会决策制、院所长负责制、科学技术委员会咨询制和职工代表大会监督制的现代科研机构管理制度；建立灵活有效的激励分配机制，探索技术与知识作为生产要素参与分配的实现形式；优化立项评价指标与标准，突出创新在基础研究和高技术前沿研究立项中的位置；在高技术领域还要特别注重技术集成。

应用研究创新市场方面。继续推动应用型科研机构的企业化转制，加大高新技术企业对研发的投入，推动产学研向高新技术领域的衔接。1999 年颁布的《中共中央、国务院关于加强技术创新，发展高科技，实现产业化的决定》提出，加强国家高新技术产业开发区建设，形成高新技术产业化基地；要促进企业成为技术创新的主体，全面提高企业技术创新能力，大中型企业要建立健全企业技术中心，加速形成有利于技术创新和科技成果迅速转化的有效运行机制；企业研究开发经费要有一定比例用于产学研合作，要促使企业主动增加科技投入，高新技术企业每年用于研究开发的

经费要达到年销售额的 5% 以上；高新技术企业享有税收优惠；同时，继续推动应用型科研机构和设计单位实行企业化转制，大力促进科技型企业的发展；应用型科研机构和设计单位原则上要转为科技型企业，整体或部分进入企业，转为中介服务机构等。

试验发展创新市场方面。针对我国经济增长中科技进步贡献率较低的问题，提出高新技术成果产业化及产业升级换代的方略。1999 年颁布的《中共中央、国务院关于加强技术创新，发展高科技，实现产业化的决定》提出，要以改革为动力，深化经济体制、科技体制、教育体制的配套改革，推进国家创新体系建设，为高新技术成果商品化、产业化提供有效的体制保障。加速传统产业的技术升级，突出高新技术产业领域的自主创新，培育新的经济增长点；同时，要大力发展科技中介服务机构，要引导各种技术创新服务机构、技术评估机构以及技术经纪机构等中介机构，为加速科技成果的转让提供良好的服务；要进一步培育和健全技术市场，加强重大技术供需信息库以及科技信息网络等基础设施建设。

基础研究创新市场	应用研究创新市场	试验发展创新市场
·**重点进展** 以人事制度和分配制度改革为重点，探索建立适应原始性创新要求的科研机构管理制度。 ·**突破点** 探索实行理事会制的现代科研机构管理制度。	·**重点进展** 继续推动应用型科研机构实行企业化转制。 全面提高企业技术创新能力。 ·**突破点** 高新企业每年用于研究开发的经费要达到年销售额的5%以上。 大中型企业要建立健全企业技术中心。	·**重点进展** 推进国家创新体系建设，为高新技术成果商品化、产业化提供有效的体制保障。 ·**突破点** 大力发展科技中介服务机构。

图2-4　1999—2005年三大创新市场的改革特征图

3. 成效：培育了一批试验发展创新市场主体

基础研究创新市场的科研机构企业化改制基本完成。1999 年改革之前，中央级科研院所共有 1000 多家，其中产业部门 370 多家，中科院 120 多家，公益部门等所属有 300 多家，军工院所 250 多家。通过逐步改革转制之后，到 2009 年为止，除军工院所外，产业部门所属 370 多家已全部完成企业化转制（包括 13 家中科院研究所），公益类院所 265 家已明确改革方案，在中央级民口院所中，已完成企业化转制的接近一半；此外，地方也有近900 家开发类院所完成企业化转制。经过多年改革，初步形成了科研院所、高校、企业和科技中介机构等各具优势和特色的创新主体。

应用研究创新市场的产学研一体化取得明显成效。截至 2005 年，全国拥有各类孵化器 534 个，总数仅次于美国，位居世界第二；全国生产力促进中心达 1270 家，认定的国家大学科技园 50 个。同时，中国科学院启动知识创新工程，1998—2005 年，中国科学院及院属各单位与地方、企业、大学、科研机构签订了科技合作协议 163 个。[1]

试验发展创新市场的企业技术创新试点成绩斐然。国家技术创新工程于 1996 年开始实施，在此阶段取得丰硕成果。1997—2000 年，全国技术创新首批试点企业选择宝钢、四川长虹、海尔、北大方正、江南造船、华北制药这 6 家大企业，加大技术创新力度，开发新产品新技术 1890 项，申请专利 2017 件。同时，2004 年科技部在部分企业开展了企业技术中心试点工作，至 2005 年年底，已认定国家级企业技术中心达到 118 家。[2]2005

---

[1] 中华人民共和国科学技术部. 中国科技发展60年[M]. 北京：科学技术文献出版社、科学出版社，2009：232.

[2] 中华人民共和国科学技术部. 中国科技发展60年[M]. 北京：科学技术文献出版社、科学出版社，2009：224.

年我国高新技术企业数量达到 43249 家，其中进入国家高新区内的高新技术企业有 27293 家，高新技术企业科学研究与试验发展经费支出为 1193 亿元，占高新技术企业营业总收入的 2.0%，占全国企业研发投入的 81.7%，占全国全部研发投入的 45.4%。

（四）完善多层次创新市场综合配套（2006—2014 年）

1. 短缺：创新市场配套的要素市场缺失背景

经过一系列经济体制的深化改革，我国已形成了高校、科研机构和企业并存的多层次创新主体。民营企业从无到有，经济主体地位逐步确立并发展壮大，出现了高新技术民营企业迅猛发展的态势，尤其是民营科技型中小企业，在专利发明、技术创新、新产品开发等方面都表现出极大优势。

但科技与经济"两张皮"的问题依然没有得到根本性解决。科研机构的研发活动存在着单纯的技术导向倾向，注重技术参数、指标的先进性，导致一定程度上产学研相互脱离的现象。支撑和加快试验发展创新市场发展的配套要素市场发展极不完备，科技人才在三大创新市场的自由流动仍然存在困难，金融资本对科技创新的支持还缺乏有效的工具，多层次资本市场尚未建立。我国股市融资占总融资额的比重由 2001 年的 7.5% 降至 2003 年的 1.6%，支撑显著不足。

2. 激励：创新市场的人才培养与金融支撑

基础研究创新市场方面。针对自主创新较弱、创新型人才匮乏问题，提出基础研究中创新型科技人才的培养方案。2006 年颁布的《国家中长期科学和技术发展规划纲要（2006—2020 年）》指出，科技人才是提高自主创新能力的关键所在。2010 年颁布了《国家中长期科技人才发展规划（2010—2020 年）》，提出以高端人才为引领，整体推进与重点突破相结合。要在国家重点发展和战略性新兴产业领域优先培养造就一批世界水平的科学家、科技领军人才和优秀创新团队，培养一大批企业科技人才；有效发挥高层次创新型科技人才的引领和带动作用，以改善体制机制、营造良好发展环境为重点，统筹推进各类科技人才队伍的建设，促进科技人才创新能力大幅度提升。同时，要以学校教育实践为基础，人才引进与培养使用相结合，充分发挥学校教育在科技人才培养中的基础性作用；充分发挥现有科技人才的重要作用，积极引进海外高层次科技人才，培养造就各类创新型科技人才。

应用研究创新市场方面。建立市场导向的多层次技术创新体系，完善科研人员在科研成果转化中的利益分配机制。2007 年修订的《科学技术进步法》中指出促进科学技术成果向现实生产力转化，保护知识产权，激励自主创新。2012 年颁布的《中共中央、国务院关于深化科技体制改革加快国家创新体系建设的意见》提出：推进科研院所和高等学校科研体制机制改革，技术开发类科研机构要坚持企业化转制方向，完善现代企业制度，建立市场导向的技术创新机制；充分发挥企业在技术创新决策、研发投入、科研组织和成果转化中的主体作用，吸纳企业参与国家科技项目的决策，产业目标明确的国家重大科技项目由有条件的企业牵头组织实施；加强区域科技创新公共服务能力建设，进一步完善科技企业孵化器、大学科技园等创新创业载体的运行服务机制，强化创业辅导功能。同时，探索有利于创新人才发挥作用的多种分配方式，完善科技人员收入分配政策，健全与岗位职责、工作业绩、实际贡献紧密联系和鼓励创新创造的分配激励机制。

试验发展创新市场方面。 强化企业在创新体系中的主导作用，加大对中小型企业的金融和财政支持，推动创新主体的多层次化。2007 年修订的《科学技术进步法》提出，国家应建立以企业为主体，以市场为导向的技术创新体系。同时为加快推进创新型国家建设，全面落实《国家中长期科学和技术发展规划纲要（2006—2020 年）》的战略目标，国务院于 2012 年颁发了《中共中央、国务院关于深化科技体制改革加快国家创新体系建设的意见》，进一步强化和完善政策措施，引导鼓励企业成为技术创新主体。通过税收、绩效考评及金融政策的扶持，培育多层次的试验市场需求主体。积极推进创业板市场建设，建立加速科技产业化的多层次资本市场体系。鼓励有条件的高新技术企业在国内主板和中小企业板上市。努力为高新技术中小企业在海外上市创造便利条件。为高新技术创业风险投资企业跨境资金运作创造更加宽松的金融、外汇政策环境。在国家高新技术产业开发区内，开展对未上市高新技术企业股权流通的试点工作。逐步建立技术产权交易市场。探索以政府财政资金为引导，政策性金融、商业性金融资金投入为主的方式，采取积极措施，促进更多资本进入创业风险投资市场。建立健全鼓励中小企业技术创新的知识产权信用担保制度和其他信用担保制度。搭建多种形式的科技金融合作平台。

3. 成效：科技人才大国与金融大国

成为全球第一科技人力资源大国。 2013 年我国科技人力资源总量达到 7105 万人，每万人口中科技人力资源数 522 人。作为科技活动核心要素的

科学研究与试验发展人员总量高速增长，2013 年我国科学研究与试验发展
人员总数为 353.3 万人，绝对总量已经超过美国居世界第一位。①

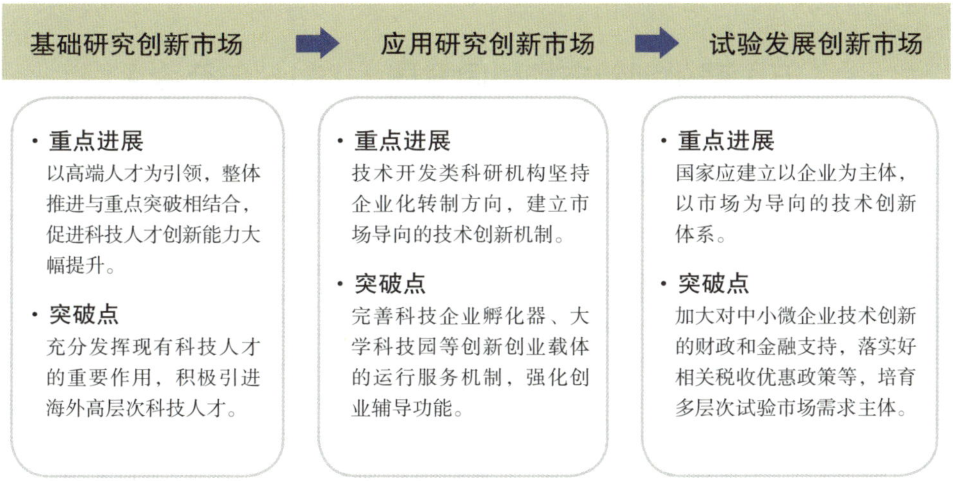

基础研究创新市场	应用研究创新市场	试验发展创新市场
• **重点进展** 以高端人才为引领，整体推进与重点突破相结合，促进科技人才创新能力大幅提升。 • **突破点** 充分发挥现有科技人才的重要作用，积极引进海外高层次科技人才。	• **重点进展** 技术开发类科研机构坚持企业化转制方向，建立市场导向的技术创新机制。 • **突破点** 完善科技企业孵化器、大学科技园等创新创业载体的运行服务机制，强化创业辅导功能。	• **重点进展** 国家应建立以企业为主体，以市场为导向的技术创新体系。 • **突破点** 加大对中小微企业技术创新的财政和金融支持，落实好相关税收优惠政策等，培育多层次试验市场需求主体。

图2-5　2006—2014年三大创新市场的改革特征图

支撑创新的多层次资本市场初步建立。2004 年，经国务院批准，中国
证监会批复同意深圳证券交易所在主板市场内设立中小企业板块。2009 年
10 月，中国创业板正式上市，首批上市 28 家创业板公司，为高新技术企
业提供了融资渠道，为风险投资基金提供了"出口"，促进了现代企业制
度建设。2012 年 8 月，证监会发布了《关于规范证券公司参与区域性股权
交易市场的指导意见》，推动了多地区域性股权交易市场的发展。2012 年
9 月，全国中小企业股份转让系统经国务院批准设立，新三板市场正式成
为全国性证券交易场所。截至 2015 年年初，沪深两市上市公司共计 2797
家，其中中小板 767 家、创业板 480 家，中国股市总市值跃居全球第二位，

---

① 中华人民共和国科学技术部. 中国科技人才发展报告(2014)[M]. 北京: 科学技术文献出版社，
2015.

仅次于美国；新三板挂牌企业 3359 家，高新技术企业占比 77%；全国设立 34 家区域性股权交易市场，共有挂牌股份公司 2742 家、展示企业 3.02 万家，累计实现各类融资 2818 亿元。[①]直接融资占比上升为 18.7%。

（五）强化创新市场协同发展（2015 年至今）

1. 协同：产业创新升级倒逼原始创新能力提升

创新驱动发展，建立科技强国的战略目标要求各自独立的创新市场实现相互融通与协同效应。基础研究创新市场完成了科研机构内部的分类改革及评价机制，应用研究创新市场提出了产学研一体化的一系列措施，试验发展创新市场构建了以企业为主导的技术创新体系。由于三大创新市场相对独立，如何建设和完善良性科技生态系统，促使各类创新主体协同互动及各类创新要素顺畅流动、高效配置，形成创新驱动发展的实践载体、制度安排和环境保障，成为新时期对科技体制改革的要求。

我国基础研究原始创新能力依然不足、顶尖人才匮乏，产学研合作中缺乏促成产业技术创新联盟的有效机制，企业在技术创新体系中的主导地位依然较弱。数据显示，我国高校和科研单位专利权人科技成果转化率在 10% 以下的占比分别为 80.1% 和 50.8%，"缺乏技术转移的专业队伍"是专利转移转化的最大障碍。[②]

---

① 佚名. 初步建成多层次资本市场体系[N/OL]. 中国证券报, [2015-10-30]. http://www.csrc.gov.cn/shenzhen/xxfw/mtzs/201510/t20151030_285775.htm.

② 国家知识产权局战略规划司. 2018年中国专利调查报告[EB/OL]. 搜狐网, [2019-01-19]. https://www.sohu.com/a/290202895_99970761.

2. 创新市场融通与构建区域性创新市场

基础研究创新市场方面。进一步扩大科研院所的自主权，加大创新型人才的培养和引进力度，促进基础研究和应用研究的融通创新发展。2015年颁布的《深化科技体制改革实施方案》提出，完善科研院所法人治理结构，探索理事会制度，推进科研事业单位取消行政级别。优化基础研究区域布局。聚焦国家区域发展战略，创新引领率先实现东部地区优化发展，推动中西部地区走差异化和跨越式发展道路，构建各具特色的区域基础研究发展格局。支持北京、上海建设具有全球影响力的科技创新中心，推动粤港澳大湾区打造国际科技创新中心。加强北京怀柔、上海张江、安徽合肥等综合性国家科学中心建设，打造原始创新高地。充分发挥国家自主创新示范区、国家高新区作用，突出已有优势，强化东北和中西部地区基础研究布局，构建跨区域创新网络。2018年颁布的《国务院关于全面加强基础科学研究的若干意见》，提出要促进基础研究与应用研究融通创新发展，提升原始创新能力；建设高水平研究基地，优化国家重点实验室布局，加强企业国家重点实验室建设；推进实施国家"千人计划""万人计划"等高层次人才引进和培养计划。

应用研究创新市场方面。强化科研机构与企业的合作机制，明确科研机构对科研成果转化收入的自主支配权，提升科研人员享有科研成果转化收入的分配比例。2015年修订的《促进科技成果转化法》提出，建立、完善科技报告制度和科技成果信息系统；推动科技成果转化资金投入的多元化；高校或科研机构可以自主决定转让、许可或者作价投资；建立符合科技成果转化工作特点的职称评定、岗位管理和考核评价制度；鼓励研究开发机构、高等院校与企业相结合，联合实施科技成果转化。2015年颁布的《深化科技体制改革实施方案》提出，将职务发明成果转让收益在重

要贡献人员和所属单位之间合理分配，对用于奖励科研负责人、骨干技术人员等重要贡献人员和团队的比例，可以从现行不低于20%提高到不低于50%；科技成果转移转化所得收入全部留归单位，实行统一管理，处置收入不上缴国库；逐步实现高等学校和科研院所与下属公司剥离。

试验发展创新市场方面。构建以企业为主导、产学研合作的产业技术创新战略联盟，把破解制约创新驱动发展的体制机制障碍作为改革着力点。2015年颁布的《深化科技体制改革实施方案》提出，要健全技术创新的市场导向机制和政府引导机制，加强产学研用协同创新，引导各类创新要素向企业集聚，促进企业成为技术创新决策、研发投入、科研组织和成果转化的主体；建立企业主导的产业技术创新机制，激发企业创新内生动力；加强科技创新服务体系建设，完善对中小微企业创新的支持方式；健全产学研用协同创新机制，强化创新链和产业链有机衔接。

基础研究创新市场	应用研究创新市场	试验发展创新市场
· 重点进展 促进基础研究与应用研究融通创新发展，提升原始创新能力。 推进科研事业单位取消行政级别。 **· 突破点** 对科技人员实行分类评价。 落实法人单位和科研人员经费使用自主权。	**· 重点进展** 建立、完善科技报告制度和科技成果信息系统，推动科技成果转化资金投入多元化。 **· 突破点** 职务发明成果转让收益奖励个人和团队比例提高到不低于50%。 科技成果转移转化所得收入全部留归单位。	**· 重点进展** 按照"坚持双轮驱动、构建一个体系、推动六大转变"进行布局，构建新的发展动力系统。 **· 突破点** 建立企业主导的产业技术创新机制，健全产学研用协同创新机制，强化创新链和产业链有机衔接。

图2-6   2015年至今三大创新市场的改革特征图

3. 成效：全球知识产出大国

科技创新与经济社会发展的关系从"面向、依靠"到"深度融合、支撑引领"转变，推动我国迈上向全球产业价值链中高端攀升的通道；创新主体也从科研人员的小众向大众创新创业转变，科技创新与双创融合共进，推动我国向创新型强国迈进。

到 2016 年，我国已成为全球第二大研发投入大国和第二大知识产出大国。全社会研发支出达到 15500 亿元，比 2012 年增长 50.50%。全社会研发支出占国内生产总值比重为 2.08%。国际科技论文总量比 2012 年增长 50.80%，居世界第二位，被引论文数和国际热点论文数双双攀升至世界第三位，8 个重要领域国际科技论文引用率排名第二位。发明专利申请量居世界第一，有效发明专利保有量居世界第三。

2017 年以来，我国聚焦实施创新驱动发展战略，加快三大创新市场构建，为到 2030 年建成更加完备的国家创新体系、进入创新型国家前列奠定坚实基础。

附录：1985—2018 年我国重大科技体制改革政策

1985 年以来，我国实施重大科技体制改革共 11 次，每一次的改革都是对创新市场构建的推动和深化。梳理历次重大改革政策，中国科技体制改革围绕三大创新市场的构建与一体化，以科技应用和发展的需求为导向，着力构建内生的创新市场增长机制。

表2-1　1985—2018年我国重大科技体制改革政策一览表

年份	法规或政策	创新市场构建的关键内容
1985	中共中央关于科学技术体制改革的决定	要改革拨款制度，开拓技术市场；使科学技术机构具有自我发展的能力和自动为经济建设服务的活力；要改变过多的研究机构与企业相分离的状况；放开对人才的过多限制，促进人才的合理流动
1988	国务院关于深化科技体制改革若干问题的决定	初步建立科技与经济紧密结合的机制，提出科研机构所有权与经营权分离，可以实行承包经营责任制；科研机构可以发展成科研生产经营实体；科研机构、高等院校和企业人员可以互相兼职；国家对基础研究的投入要与财政收入的增长成正比
1995	中共中央、国务院关于加速科学技术进步的决定	实施科教兴国的战略；继续推动产、学、研三结合，促进企业逐步成为技术开发的主体；首次提出发展高技术及其产业、国家高新技术产业开发区及知识产权等问题；逐步提高基础性研究经费占研发经费的比例，按照"稳住一头，放开一片"的方针进行科技体制改革，调整结构，分流人才
1999	中共中央、国务院关于加强技术创新，发展高科技，实现产业化的决定	加强技术创新，发展高新技术，实现产业化；促进企业成为技术创新的主体，全面提高企业技术创新能力；企业研究开发经费要有一定比例用于产学研合作，高新技术企业每年用于研究开发的经费要达到年销售额的5%以上；推动应用型科研机构和设计单位实行企业化转制；加强国家高新技术产业开发区建设，形成高新技术产业化基地；允许和鼓励技术、管理等生产要素参与收益分配
2006	国家中长期科学和技术发展规划纲要（2006—2020年）	提出各个研究领域的发展思路和主题，全面推进中国特色国家创新体系建设；提高自主创新能力是科技工作的核心，重在大力培养科技人才；支持鼓励企业成为技术创新主体，技术创新能力作为国有企业考核的重要指标，国家重点实验室、工程（技术研究）中心要向企业扩大开放；建立现代科研院所制度；实施促进自主创新的政府采购；积极推进创业板市场建设，建立加速科技产业化的多层次资本市场体系
2007	科学技术进步法	促进科学技术成果向现实生产力转化；保护知识产权，激励自主创新；保护知识产权及科技成果产业化利益的合理分配；国家建立以企业为主体，以市场为导向的技术创新体系；高新技术企业享有税收优惠；国家财政用于科学技术经费的增长幅度，应当高于国家财政经常性收入的增长幅度
2012	中共中央、国务院关于深化科技体制改革加快国家创新体系建设的意见	对基础研究需完善财政投入为主、引导社会参与的持续稳定支持机制；技术开发类科研机构要坚持企业化转制方向，建立市场导向的技术创新机制；建立以服务需求和提升创新能力为导向的科技评价和科技服务体系；支持35岁以下的优秀青年科技人才主持科研项目；鼓励大学生自主创新创业；建立以科研能力和创新成果为导向的科技人才评价标准

年份	法规或政策	创新市场构建的关键内容
2015	深化科技体制改革实施方案	鼓励构建以企业为主导、产学研合作的产业技术创新战略联盟；探索科研院所理事会制度，取消行政级别；科研机构创新绩效评价重点从研究成果数量转向研究质量、原创价值和实际贡献；加大创新型人才培养力度，实行分类评价；职务发明成果转让收益中奖励重要贡献个人和团队的比例提高到不低于50%；科技成果转移转化所得收入全部留归单位；逐步实现高等学校和科研院所与下属公司剥离，强化科技成果以许可方式对外扩散，鼓励以转让、作价入股等方式加强技术转移；实行严格的知识产权保护制度
2015	促进科技成果转化法	建立、完善科技报告制度和科技成果信息系统；推动科技成果转化资金投入的多元化；高校或科研机构可以自主决定转让、许可或者作价投资；科技成果完成人或者课题负责人，不得阻碍职务科技成果的转化；建立符合科技成果转化工作特点的职称评定、岗位管理和考核评价制度；鼓励研究开发机构、高等院校与企业相结合，联合实施科技成果转化
2016	国家创新驱动发展战略纲要	科技创新与制度创新、管理创新、商业模式创新、业态创新、文化创新相结合，推动发展方式向依靠持续的知识积累、技术进步和劳动力素质提升转变；按照"坚持双轮驱动（科技创新和体制机制创新）、构建一个体系（国家创新体系）、推动六大转变"进行布局，构建新的发展动力系统；分三步走，到2050年建成世界科技创新强国
2018	国务院关于全面加强基础科学研究的若干意见	促进基础研究与应用研究融通创新发展，提升原始创新能力；建设高水平研究基地，优化国家重点实验室布局，加强企业国家重点实验室建设；推进实施国家"千人计划""万人计划"等高层次人才引进和培养计划，提高实验技术人才的地位和待遇；在国家科技计划（专项、基金等）管理部际联席会议机制下，成立基础研究战略咨询委员会；简化基础研究项目任务书和预算书，落实法人单位和科研人员的经费使用自主权

第三章
基础研究创新市场的构建与实施

　　目前，基础研究创新市场的构建进入提质增效阶段。着力从五个方面完善基础研究创新市场的构建：完善大学与学科体系，打开人才自由流动的旋转门，推动基础研究投创分离，去除唯论文的评价制度，强化区域创新市场协同。同时，以激发活力和促进流动为核心，推动大学变革、人才变革、产权变革、评价变革、布局变革等五大变革。

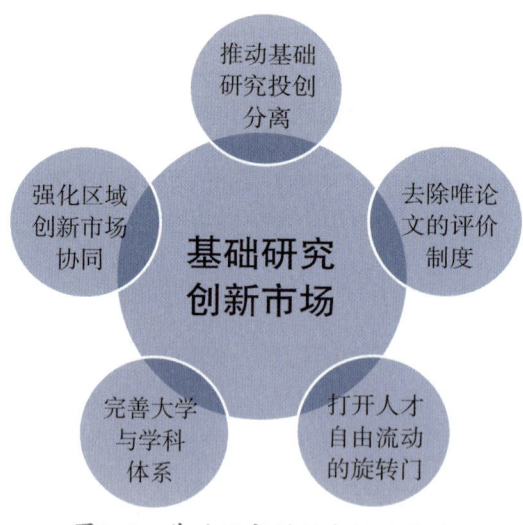

图3-1　基础研究创新市场的构建

（一）完善大学与学科体系

1. 试行"教—研"学科分类双轨制

我国学科划分综合性水平较国外低。目前，我国大学学位授予和人才培养分为13个学科，包括110个一级学科和392个二级学科。在国家标准学科分类中，有2382个三级学科。同样，从科学基金局的项目申请代码来看，美国国家科学基金会的申请代码不到500，而中国自然科学基金在2018年的申请代码为2111。划分过细的申请代码不利于学科交叉，成为制约基础研究发展的一个严重问题。

表3-1 中外学科划分情况比较

国家或国际组织	学科大类	一级学科	二级学科	科目
联合国	–	24	247	2207
欧盟	5	21	342	–
美国	–	38	362	1265
英国	–	20	159	654
日本	9	49	–	1250
中国	13	110	392	2382

资料来源：

1. The Joint Academic Coding System，http://www.ucas.com/figures/archive/trend96/supply.html。

2. 国际科学与技术领域标准命名法，http://www.ucg.ac.me/userfiles/UNESCO%20Science%20Code.pdf。

3. Common European Research Classification Scheme, http://www.arrs.gov.si/en/gradivo/sifranti/inc/CERIF.pdf。

4. 美国教学项目分类2000年版，http://nces.ed.gov/pubs2002/2002165.pdf。

5. 日本学科分类情况，http://www.sccm.cn/xueke/internation.htm。

6. 国务院学位委员会、教育部：学位授予和人才培养学科目录（2011年）。

试行教育与研究学科分类的双轨制。加快与国际基础研究学科分类接轨，简化基础研究学科分类，提高学科的综合性和交叉性。完善《学位授予和人才培养学科目录》，把交叉学科列为一级学科，研究制定和设立交叉学科划分体系。支持基础研究的交叉合作，增设学科中的其他学科分类，例如：人文学科方面的其他学科、有关工学方面的其他学科、理学方面的其他学科、农业方面的其他学科等。

运用知识体系的逻辑和结构来优化基础学科财政拨款。各学科知识常有交叉的部分，极易导致财政对于不同学科的相同研究目的的重复财政拨款。为了解决这一难题，拨款领导部门应根据知识体系的逻辑和结构，充分考虑三个方面——分科知识、共性原理和应用领域①，优化学科布局和组织科学研究，解决重复拨款的问题，同时解决研究内容重复、学科相互隔离，最终实现知识与应用的融通。

2. 鼓励企业联办研究型企业大学

大力兴办新型民办研究型大学。全球 500 强企业中七成拥有企业大学，而且企业大学的发展正在从商科学院向理工学院和综合学院转变。通用电气早在 1956 年就成立了企业大学，从培训开始，发展成为管理学理论的重要研发地。2018 年，由施一公等知名教育家牵头、马化腾等知名企业家捐赠的西湖大学在杭州成立。支持中国 500 强企业联合设立研究型企业大学，支持创新型中小企业联合设立研究院。针对企业建设大学的捐赠给予税收政策支持。

加快出台新型民办研究型大学成立指南，并给予立法和法律保障。完

---

① 分科知识：指从基本粒子到宇宙尺度，人类探索自然、认识生命等形成的专门化知识，如物理、化学、工程科学、地球科学、信息科学、生命科学、医学等。②共性原理：指那些共同的知识基础和方法手段等，如数学、力学以及数据、计算、理论和实验方法等。③应用领域：指人类生产活动中形成的能源、材料、环境、交通、制造和土木等领域，这些领域无一例外地涉及不同层次的分科知识和共性原理。

善《高等教育法》关于"国家鼓励企业事业组织、社会团体及其他社会组织和个人向高等教育投入"，赋予新型管理模式的法律地位，探索民办高校的发展新路径。

创新管理模式：采取校董会管理模式，校董会拥有对学校发展的管理权和决策权，是学校最高决策机构和权力机构。赋予校董会明确的法人地位，明确界定与校长之间的责、权、利关系。

院系专业设置：依托国家战略性新兴产业发展方向及科学发展计划，设立生物医学、大数据、新材料等交叉融合学科及特色鲜明的学科群。

科研平台建设：与捐赠高校的企业共建重点实验室、创新中心等，共建博士后科研工作站，共建制造业创新中心。

人才培养：全球招聘教职工，设立面向企业科学家的流动岗位。探索从博士研究生培养起步，逐步向硕士研究生层面拓展；采取与国际高校联合培养模式。

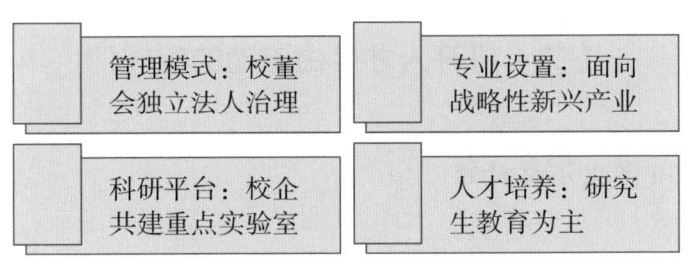

图3-2　新型民办研究型大学

3.鼓励中国高校建立海外分校

发展跨境高等教育，依托海外分校建设加强国际基础研究合作。早在2011年苏州大学就在老挝建立了中国第一家境外高校，开创了中国高校赴国外办学的先河。2014年，厦门大学在马来西亚建立了第一个海外校区，并逐步形成本科、硕士、博士的教育体系。此后同济大学、北京大学汇丰商学院等高校在海外设立分校或校区。

办学制度：建设与国际接轨的办学制度，形成"一校两制"的办学新模式。

经费来源：部分资金来自政府（尤其是中外联合研发的经费），支持学校与跨国公司共建海外校区，设立海外校区基金会，为海外高校的运维提供资金支持。

教育内容：先期以暑期课程、短学期、短期语言培训等为主，逐步开设海外学期、海外学年等学制。重点设立与国家支持的交叉研究领域一致的新兴学科。

国际交流合作：支持中国企业依托海外大学，与当地的高校院所共建研发中心、实验室等，形成中外联合创新的海外载体。在当地组织国际学术会议和交流。

（二）打开人才自由流动的旋转门

1. 制定 2050 诺贝尔奖计划

建立世界高水平的研究基地，构建诺贝尔奖成果和人才承载地。引进一批"准诺贝尔奖"水平的华人科学家，如获得国际知名科技奖项的科学家，为他们的高水平开创性研究提供持续稳定的经费支持。结合地方经济特色和科技特色，加快增补综合性国家科学中心，建设国家实验室或国家技术创新中心。

设立"研究联络中心"。在诺贝尔奖获得者密集的城市及瑞典卡罗林斯卡医学院设立"研究联络中心"，加强优秀研究成果的国际推介和传播。

积极搭建国际学术社团交流平台，融入全球科技网络。

深度参与全球科技治理，鼓励科学家融入国际科技治理体系，参与国际科技规则与标准制定，参与国际知识体系建设。

设立国际科技前沿研究中心，跟踪梳理世界级科研成果，发布全球技术趋势和技术地图，加强我国优秀成果的国际交流和推广。

2. 鼓励企业建立基础研究中心

鼓励有条件的企业设立自己的基础研究中心。赋予民营基础研究机构合法地位。根据美国的经验，美国工业实验室走出了19位诺贝尔奖获得者，很大程度上归功于企业重视基础研究。不同的创新部门是相互关联的，并且通过与其他企业、研究机构、大学和国家实验室的共同研发，美国等发达国家已经建立了以内部研发实验室为重点的动态创新网络。所以中国建成的实验室应具有自己的科研成果转化体系，转化成果在一定程度上可以促进基础研究，新技术在市场上的成功可以使企业更加重视它。企业设立基础研究中心（研发实验室），将实现基础研究、技术和市场的动态整合和协调发展。

鼓励企业在大学或科学园区内建立基础研究中心。促进科学技术与应用之间的交流与合作，使研发中心不仅具有一定的基础研究能力，而且可以依靠大学和研究机构来进行研究。基础研究项目，解决基础研究中有资金无技术、有技术无资金的问题。不仅如此，研究机构可以根据市场上公司的需求进行应用基础研究，并促进特定行业中新技术的出现。高校还可以根据科研院所和企业的研究开发和市场需求，培养应用型人才，降低企业的培训成本。

3. 打破人才双向流动壁垒

设立企业—科研院所双向流动制度。利用联合聘任大学教授模式促使高端人才向企业的研究所流动。参考德国弗劳恩霍夫应用研究促进协会采取联合聘任大学教授模式促进高端人才加入研究所开展应用研发。企业科研人员作为联合聘任的教授，既指导高校研究生的课程，参与研究所博士人才的培养，又承担研究机构的科研任务。高等学校和科研院所设立一定比例的流动岗位，吸引有创新实践经验的企业家和企业科技人才兼职。试点将企业任职经历作为高等学校新聘工程类教师的必要条件。促进科研人员在事业单位与企业间合理流动。

设立奖励鼓励校企之间人才流动。对于高校和系一级，设立"工业种子基金"，资助向工业应用方向发展的高校基础研究项目；对于教研室一级，政府设立"教育与企业合作奖"，专门奖励与企业合作卓有成效的教研室；对于个人，设立"高等院校企业竞赛奖"，专门奖励与企业合作做出贡献的个人。

（三）推动基础研究投创分离

1. 知识产权赋予发明人而非投资人

让知识产权权益归属于发明人而非投资人。由于我国高校院所绝大多数为国立或公立性质，如何确定科研成果的产权边界，如何形成确保国家、单位、个人（团队）三方利益均衡的产权关系，进而充分发挥各方积极性，促进科研活动和成果转化的良性循环发展，亟待在总结实践探索基础上进一步厘清。

图3-3　产权变革先行的"三个分离"

产权变革先行体现为"三个分离"，即：所有权与使用权的分离，发明人与权利人的分离，投资人与收益人的分离。探索放弃国有研发投资人收益权，开展科技成果转移转化区域试点，列入试点区域的各高校科研机构可将科技成果转移所得全部用于奖励科技人员，最大限度地保证科技人员的奖励和报酬等收益。科技成果的使用权、处置权和收益权，全部下放给符合条件的项目承担单位。单位主管部门和财政部门对科技成果在境内的使用、处置不再审批或备案，科技成果转移转化所得收入全部留归单位，纳入单位预算，实行统一管理，处置收入不上缴国库。完善职务发明制度，推动修订专利法、公司法等相关内容，完善科技成果、知识产权归属和利益分享机制，提高骨干团队、主要发明人受益比例。

2.设立协同研发基金

让基础研究更加独立，拥有自由转移转让的选择。贯彻不同科研部门间整合协同与竞争。根据中国发展的未来需求，在国家统一组织计划下，打破行业壁垒，各取所长，分工合作，建立协同研发基金，撤掉部分能力过剩、低水平重复建设的科研单位。协同研发基金应设有绩效考核，在公平公正前提下，按照绩效分配不同部门研发基金，促进科研部门间整合协同以及相对竞争的关系。

（四）去除唯论文的评价制度

1. 从"四唯导向"到"三维贡献导向"

长期以来，我国高校在聘任考核教师时，采用的指标主要是核心期刊论文发表数量，以SCI（科学引文索引）主宰的科技评估体系受到政府官员和媒体人士的推崇，这导致教师将大部分的精力放在论文发表上，科研成果或者技术的转移与否与教师个人没有特别大的关系。高校专利数量虽然增加，但质量较低，无法转化。

去除"唯论文、唯职称、唯学历、唯奖项"的人才评价导向思维，建立以科研能力和创新成果等为导向的科技人才评价标准，改变片面将论文数量、项目和经费数量、专利数量等与科研人员评价和晋升直接挂钩的做法。

试点"研究卓越框架"（REF）科研质量评价新体系。英国于2014年开始实施REF评价，取代实施了20年之久的"科研评估机制"（RAE），REF评价的内容更侧重于科研成果的质量和影响力，更强调科研成果对经济、社会、知识传播所做的贡献。

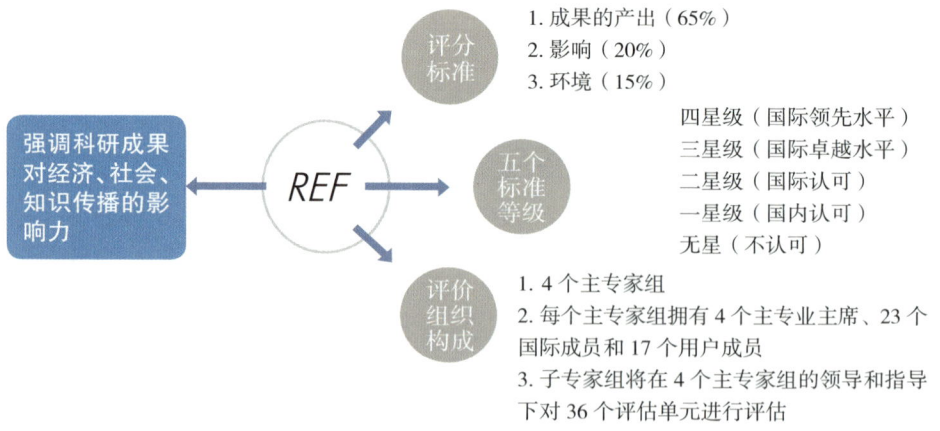

图3-4　研究卓越框架（REF）评价体系图

2. 赋予中小企业研发人员与事业单位研发人员同等地位

获得诺贝尔物理学奖的中村修二取得蓝色发光二极管（LED）研究成果的时候，只是在四国岛上的德岛市内一家小公司工作。目前，我国中小企业在招聘研发人员等方面，具有明显劣势，不利于创新型中小企业的成长。

试点中小企业研发评价机制。设计中小企业研发评价指标体系，作为政策创新的实施依据。将中小企业研发人员投入纳入研发加计扣除中。制定中小企业研发人员个税减免政策。按照一定比例，给予中小企业研发团队参与国家重大科研项目的机会。

3. 完善学术评价的回避制度和监督制度

发展公平公正的第三方评价机构。学术评价所涉及的职称评定、职位考核、课题验收、期刊评定涉及许多人的切身利益，目前开展学术评价的机构为中国社会科学院或高等院校，与中国多个学术期刊、学术研究有着紧密联系，不免有既当运动员又当裁判员的错觉。所以在进行学术评价的同时必须引入第三方评价机构，建立独立的、客观的、民主的学术评价机构。实施学术评价的回避制度，保障学术的公平竞争原则。同时要积极开展学术批评，加大媒体的曝光，对学术评价机构、评价程序、评价结果有足够的监督，形成有效约束。

（五）强化区域创新市场协同

1. 制定科学共同体研发框架计划

构建竞争性区域创新市场，建设多个区域性创新市场，并促进区域之间创新市场竞争，实现区域创新一体化、城市群创新一体化、国际创新一体化。

制定科学共同体研发框架计划（2020—2035）。以粤港澳大湾区、长三角一体化等重大国家战略平台为依托，探索建立区域创新市场一体化。制定科学共同体研发框架计划，对粤港澳大湾区等区域共同关注的科技挑战，通过计划经费鼓励和资助科研人员开展合作研究，增强技术与产业竞争力，提升区域科研计划的影响力，实现区域创新发展的战略目标。制定5G计划、生物医药计划、新材料计划、人工智能计划、系统计划等系列计划。

构建统筹协调的创新治理机制。完善区域内各级政府统筹协调和决策咨询机制，建立部门科技创新沟通协调机制，建立国家（区域）科技创新决策咨询机制，成立国家（区域）科技创新咨询委员会，完善国家（区域）科技规划体系，创新政策协调审查机制，建立创新政策调查和评价制度。

2. 实施"共享中国"，完善高技术仪器共享制度

落实科研设备共享政策。根据2014年国务院印发的《关于国家重大科研基础设施和大型科研仪器向社会开放的意见》，继续加强共享制度结构建设，积极研究政府、大学、科研机构和制造企业拥有的领先技术的设备共享的长效运行机制，完善对共享设备的供给单位的激励机制与制度。

提高单位共享仪器的积极性和主动性，促进中小企业的研发，提高仪器设备的使用效率，提高整个行业的科研水平。

促进大型科学仪器共享服务平台建设。国家间、地区间加快推动共享平台建设，将科研院所、高校昂贵的仪器设备纳入共享服务平台，缓解小型企业资源缺乏却缺少资金购买的现状，使仪器设备资源得到合理配置。促进大型科学仪器设备的远程操作和网络协同研究，提高资源开放共享的效率和水平。

为用户提供便捷的一站式共享平台入口。优化共享平台使用，提高资源的利用率，在检索界面能够搜索到非正式结构的科研信息，如新闻报道和实验日志，给用户提供全面且个性化的学术资源。

政府保障科研数据的共享利用。政府加大引导和扶持力度，从政策、经费、法律、计划等途径保障科研数据的共享利用，在资源创造、输出、扩散、整合、利用和长期存储的过程中，规定统一的存储协议、传输接口和分类标准，保障区域知识库资源的完整性和有效性。

第四章
应用研究创新市场的构建与实施

　　应用研究市场是衔接基础研究市场与试验发展市场的中间市场，对于知识到产业的转化起着关键决定作用。随着"放开一片"和现代科研院所制度建设，应用研究创新市场已经具备了一批市场主体，然而，与国际发达地区的具有高转化效率和高质量的应用研究创新主体相比，还有一定差距。因此，未来还需要在多层次应用研究市场主体、海外应用研究平台、与国际接轨的技术转移中心、新型创新基础设施建设等方面着力完善和推进。

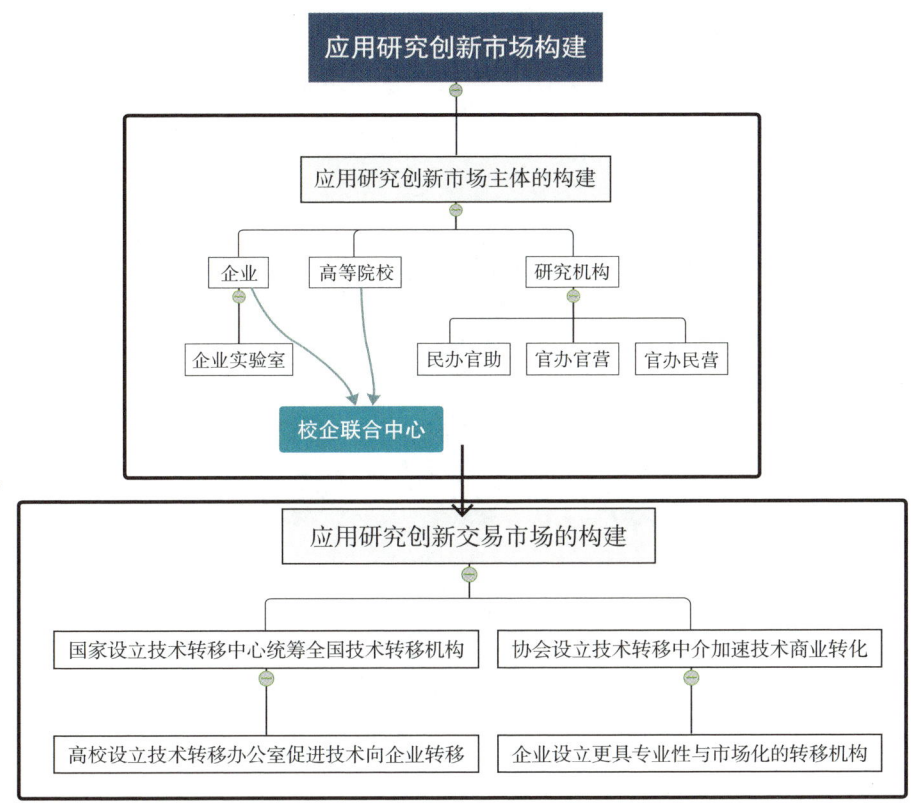

图4-1　应用研究创新市场构建框架

（一）培育多层次应用研究主体

1. 行业龙头企业与高校联建应用型大学

引导普通本科高校转型为应用技术大学。扩大职业院校在专业设置和调整、人事管理、教师评聘、收入分配等方面的办学自主权。建立学分积累和转换制度，打通从中职、专科、本科到研究生的上升通道。引导一批普通本科高校向应用技术型高校转型。面向高端产业发展需求，致力于培养高水平工程师、设计师等极具"工匠特色"的顶尖专门人才。

专业与学院设置方式。以"龙头企业 +""技术联盟 +""行业组织 +""国际机构 +"等方式，联合所有技术力量，针对最新的产业和技术发展趋势，设立专业、课程，并聚合业内"工匠"开展最有效的实践教学。

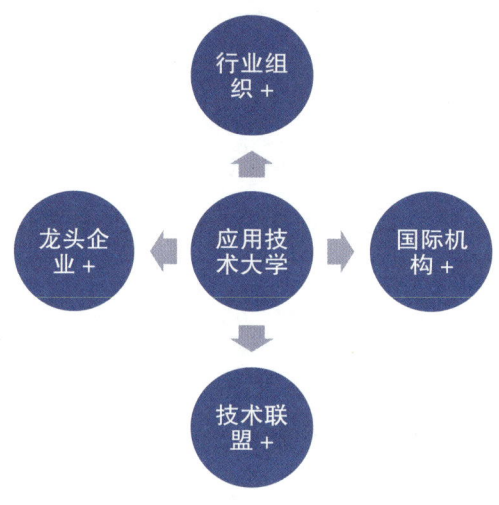

图4-2　应用技术大学建设模式

应用技术大学不以论文数量、科研项目数量及经费作为教师考核的指标，而是以解决企业、行业和产业的实际问题，产学研创新成果，创造社会财富的能力，培养学生解决实际问题的能力等作为教师考核的内容。

2. 发展概念验证中心

依托研究型大学设立概念验证中心（POCC）。概念验证中心通过提供种子资金、商业顾问、创业教育、孵化空间等对概念验证[①]活动进行个性化支持。以加州大学建立的李比希中心为例，通过资金支持、技术咨询服

---

① 概念验证（英语为Proof of concept，简称POC）是对某些想法的一个较短而不完整的实现，以证明其可行性，示范其原理，其目的是验证一些概念或理论。

务和创新人才培养等加速科研成果初期转化，每年提供 15000—75000 美元的种子基金，资助具有市场价值的科研成果开展市场潜力和应用价值评估。且李比希中心拥有一批技术、管理与创业专家帮助高校内部科研人员分析技术成果潜在商业价值，识别潜在技术受让者和市场投资者等。

*发展功能性研究开发组织。*支持企业和社会资本投资建设一批类似 ARM（先进精简指令集计算机公司）、IMEC（微电子研究中心）等具有行业"唯一"性质的、竞争力强的、功能型的研究开发组织，汇聚全球行业顶尖科技人才，成为定义和引领行业技术标准与商业模式创新的关键组织。

3. 发展研发外包服务业

加强研发服务业政策支持。[1]建议将技术先进型服务企业"离岸外包业务收入占企业总收入比例由 50% 调整为 35%"做法（国办函〔2013〕33 号），尽快在全国其他服务外包示范城市推广，并研究降低或取消这一比例要求。建议将"技先政策"中"对经认定的技术先进型服务企业离岸服务外包业务收入免征营业税"的政策优惠，修改为"对经认定的技术先进型服务企业服务外包业务收入免征营业税"。建议将经认定的技术先进型服务企业单位纳入现行科学研究和教学用品进口税收优惠政策范围（财政部、海关总署、国家税务总局令〔2007〕45 号）。建议财政部、商务部等部门，调整优化我国"国际服务外包业务发展资金"的支持重点和操作流程，加强对承接国际研发服务外包相关机构取得国际通行资质、培训国际研发外包服务人才等相关业务的支持。建议针对生物医药等研发外包服务业（合同研究组织"CRO"）给予全行业 15% 所得税和 15% 个人所得税税收支持。

---

[1] 寿子琪. 加快培育和发展研发外包服务业[OL]. 联合时报，[2014-11-27]. http://www.china.com.cn/cppcc/2014-11/27/content_34163535.htm.

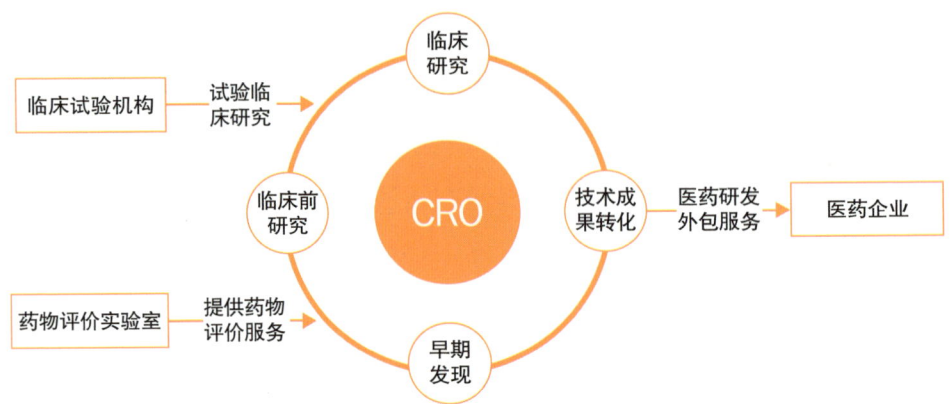

图4-3　生物医药合同研究组织CRO示意图

设立"研发服务外包业务发展资金"。重点支持外包服务示范城市加强研发公共服务平台建设、行业规范建设，对国内机构特别是本土企业以研发外包的形式委托经认定的技术先进型服务企业开展研究开发活动，予以资金补贴。

深化研发服务外包领域"放管服"改革。逐步将服务外包纳入国际贸易"单一窗口"。对研发服务外包示范城市研发、设计、检测、维修等行业提供服务出口所需进口料件，开展保税监管试点。

（二）发展海外应用研究平台

1.建立海外研发中心

"产业实验室"又称"工业实验室"或者"产业技术研究院"，是以研究开发适用的产业应用技术为主要目的而成立的研发组织，其主要职责在于将新科技成果转化成新产品、新工艺和新服务，为企业的竞争力服务。在海外设立的产业实验室、工业实验室、产业技术研究院，是海外研发中心的多种形式，是旨在促进科技成果产业化的公共技术研发服务机构。

定位明确：定位工业技术开发，尤其是辐射广、包容性强、产业带动能力强的新技术开发及关键技术的商业化开发，较少涉足纯基础研究领域，确保工研院的研究方向更加贴近产业发展需求。

联盟法人体制：由政府、企业联合出资，但并不是政府部门的附属机构，实行公司化运营，设立董事会、院长、监事会。力争经营收入的50%来自对民间企业的技术开发服务和衍生企业的利润回馈。

关键技术开发及工程化：在从基础研究到商品化的创新链条上，除了进行应用技术开发，同时要进行试生产和工程化，实现量产，然后转移给产业界。海外研发中心通过逐渐减少股份，将高新技术企业推向市场，最终持有5%的股份，持有少量股份有利于后续的技术服务的展开。

服务于中小企业：海外研发中心设立"开放实验室"，帮助海外的中小企业度过初创的危险期，大大提升中小企业的成活率，放大海外科技产业孵化器的功能。

2. 建立虚拟国际大学园

在沿海及经济发达地区，建立虚拟国际大学园。结合地方经济特色和科学领域特点，吸引国际知名大学和科研机构建立独立或联合研究院，建立海外技术在中国应用研究的大型聚集平台，加快国际技术转移转化。借鉴深圳虚拟大学园中香港6所研究院的做法，在链接深港科研资源的同时，将国际研究院纳入中国科研计划，赋予申请科研基金项目等的资格。

开放注册虚拟跨境大学。引入英国开放大学（UKOU）等跨境办学的虚拟大学的佼佼者。英国开放大学开展线上大学教育，其注册的学生只要读完规定的课程且成绩合格就能得到英国开放大学颁发的学位或者其他资格证书。

图4-4　建设虚拟国际大学园

　　吸引国际知名研究所在华设立虚拟研究所。加强中国科研院所与国际知名科研院所之间的合作，支持成立以项目为支撑的虚拟研究所，并赋予虚拟研究所申报国家科技项目的资格。著名的案例是德国亥姆霍兹国家研究中心联合会，该联合会下属的研究所开展国际领先的科学研究，并拥有许多研究伙伴。亥姆霍兹国家研究中心联合会建立了99个虚拟研究所，与一所或多所大学进行联合研究，在德国各个大学中吸引一群年轻科学家，建立博士生院校并提供国际合作项目。

（三）发展与国际接轨的技术转移中心

1.“规模以上”高校[①]设立技术转移中心

　　引导发明专利2000个以上的高校设立技术研究院。支持在特定领域具有发明专利优势的高校，与上市公司、校友企业、投资公司共同成立技术研究院[②]，开展应用基础研究，设计市场化分配机制，探索市场化方式解决应用基础研究和高校专利市场化的难题。同时，应注重与牛津大学、北京大学、清华大学等顶尖高校合作，设立多种类型、不同层次的技术研究

---

① 这里特指发明专利规模在2000个以上的高等学校。

② 方竹兰. 中国实现原始型创新的体制改革重点[J]. 区域经济评论, 2019, 6: 43-49. 科技成果转化缺乏组织支持，发明专利如何转化为新兴市场的创新产品，需要实验、试制、试产、试销过程中的各种中介服务组织。国内高校还没有专业的转化机构，在当下是一个空白地带。

院。可按照美国研究型大学技术转移模式，设立为外部委托型、附属机构型、内部职能型三大类型。

表4-1　美国研究型大学技术转移模式分类表

模式分类	外部委托型	附属机构型	内部职能型
创立时间	1912年	1925年	1968年
机构名称	研究公司	研究基金会	技术许可办公室
管理方式	接受学校委托	校外的非营利基金会	由学校副校长领导
代表大学	部分中小型研究型大学	威斯康星大学	斯坦福大学

成立服务中小企业的技术集团。

寻找、筛选和获得技术：技术集团每年在世界范围内从公司、大学和研究机构等机构预选技术和专利，然后从中筛选和评估出100—500项具有较大市场价值的技术项目，帮助其实现专利申请或实施专利授权。

技术转移：技术集团开展技术转移七大阶段——技术评估、专利保护、技术开发、市场化、专利转让、协议后的专利保护与监督、收益分享。同国内各大学、研究院所、企业集团及众多发明人有着广泛的紧密联合，形成技术开发—推广转移（销售）—再开发—投产一条龙的有机整体，利润共享。通过建立新的风险投资企业，把获得的巨大报酬返还给它的技术提供者、商业合伙人和股东。

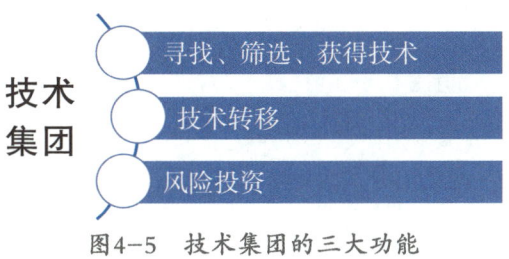

图4-5　技术集团的三大功能

2. 建立成果转移信息公开制度

建立国家科技成果信息法定公开制度。[1]对于支持的会计项目，项目承担人必须在项目任务书中规定项目承担单位披露相关知识产权信息。制定科技成果信息公开的法定标准，依据科技成果的技术领域、技术成熟度、应用前景、预期收益等区分不同类型的科技成果。

建立科技成果分层体系：按照"谁公开谁负责"的原则，明确各级公开主体的责任。由第三方对信息进行审核和抽样调查。

确立科技成果信息公开主体制度：明确权利主体和义务主体，明确公开主体的范围。科技项目承担单位承担信息制作、汇总和登录系统填报的义务。明确主体资格，确保信息的完整真实性、来源可靠性。

完善科技成果信息的产权保护制度：明确规定科技成果知识产权的法律保护措施，确定科技成果权的法律地位。建立知识产权保证机制和保护机制，降低信息公开成本。

3. 研究出台中国科研机构法

出台科研机构法。赋予独立研究机构以合法地位，并提供制度供给。建设世界一流的国家实验室和国立、民营、外资、混合科研机构体系。我国科研院所作为事业单位的一种类型，缺乏独立的专门法来予以规范并促进其发展，亟须研究制定科研机构法，为促进各类科研组织发展提供充沛的制度供给。本着价值观引领、章程化管理、中长期规划、机构式资助、自主型运营、第三方评估的原则，为科研机构确立清晰定位，给予独立、完整的法律人格，以现代科研院所制度的完善为科技创新活动开辟新空间。

---

[1] 陈传夫，李秋实. 科技成果信息公开制度创新路径研究[J]. 科技管理研究，2018，4：23-27.

（四）加大新型创新基础设施建设

1. 建设区域性科技信息中心

在京津冀城市群、长三角一体化示范区、粤港澳大湾区等重点城市群发展区域，设立区域性科技信息中心。信息中心架构包括：

——文献信息资源库。通过分析国家引文报告、检索报告等，建立包含学术期刊等文献资料的会计信息服务系统和数字连接系统。

——知识产权数据库。依托国家知识产权局知识产权数据库，建立区域性知识产权数据库，服务于区域知识产权合作、企业高质量知识产权培育等。依托数据库建设数据驱动的智慧筛查模型。

——基础研究和应用研究信息数据库。建立全国性可查询的基础研究项目负责人、完成进度、成果预期、成果信息等相关数据库，为企业开展技术研发和技术产业化提供基础的信息支撑。

——国际信息资源库。链接共享到国际相关资源数据库，建立信息共享、信息资源链接和信息资源服务等平台。

——依托中心成立科技信息研究所。为企业提供知识产权图谱和产业—技术发展图谱分析。预测产业技术发展趋势，为企业提供技术布局和研发布局的建议。

2. 图书馆之城省会城市全覆盖

实施"图书馆之城"省会城市全覆盖计划。将省会城市打造成区域性的图书信息中心，为城市创新发展提供科技文化基础设施。

——建设标志性图书馆。每个城市均建设有标志性的城市图书馆，市级公共图书馆每千人建筑面积应有 10 平方米以上，年人均入藏纸质信息资源应当不少于 0.06 册（件）。

——实施街镇图书馆专业化改造。在常住人口 10 万人以上的镇设立面积不少于 1000 平方米（阅览室面积不得少于 600 平方米）的公共图书馆分馆，其中馆藏纸质信息资源不少于 3 万册 / 件（藏书空间不少于 6 万册 / 件），报刊不少于 200 种；在常住人口少于 10 万人的镇（街道）设立面积不少于 500 平方米（阅览室面积不得少于 300 平方米）的公共图书馆分馆，其中馆藏纸质信息资源不少于 1.5 万册 / 件（藏书空间不少于 3 万册 / 件），报刊不少于 100 种。镇（街道）分馆年均新增入藏纸质信息资源不得少于 2000 册 / 件。

——设置移动图书馆服务点。因地制宜推进村（社区）图书室或服务网点建设，在学校、企业、地铁站、火车站、汽车站、航空港等人口密集区域设立图书室或者服务网点。设置城市街区 24 小时自助图书馆，在地铁沿线和城市街区等人口密集区域为居民提供 24 小时自助服务。与社会相关机构合作，建立图书馆服务点。

——推进公共图书馆公益服务项目。秉持公共图书馆基本服务的公益和免费原则，开展免押金办证服务，为公众提供外借、阅览、咨询、政府公开信息的查询等服务和举办讲座、展览、培训、阅读推广等活动。

第五章
试验发展创新市场的构建与实施

试验发展创新市场的构建应注重以下四点：培育具有国际竞争力的创新型企业，发展高新技术示范城市；发展数据驱动的科技金融，实施数据驱动科技金融平台城市全覆盖，扩大流动资产科技金融示范试点；实施最严格的知识产权保护，制定高价值专利培育体系，建立知识产权发展和保护平台；建设数字化技术交易市场，构建全国性技术大数据系统，培育服务领域专业化的技术转移平台。

（一）培育具有国际竞争力的创新型企业

1. 国际高新技术企业认定

认定国际高新技术企业，鼓励企业开展 PCT（专利合作条约）专利申请，提升高新技术企业的国际竞争力。鼓励企业参与研发知识产权，公司成立满两年以上，在知识产权数量上，获得国际注册和认可的实用专利或软件著作权不少于 10 件，PCT 发明授权不少于 2 件。科技成果转化，研发人员占比不低于 10%，缴纳社保的人员在 10 人以上。具有企业研发部门及研发场地，场地面积不小于 100 平方米。企业具有高增长性，销售收入年增长率超过 25%。制度体系要全面、精细。

给予国际高新技术企业税收优惠。加大国家高新技术企业培育力度。国际高新技术企业认定，对于拥有自主研发机构、拥有高质量 PCT 专利、创新产品占比超过 70% 的企业，给予税收 12.5% 优惠。

2. 发展高新技术示范城市

设立高新技术示范城市和培育城市。将拥有 1 万家以上国家高新技术企业的城市，专利数量超过 10 万件，研发人员超过 20 万人的城市，认定为高新技术示范城市。将拥有 3000—10000 家国家高新技术企业的城市，专利数量超过 3 万件，研发人员超过 10 万人的城市，认定为高新技术培育城市。以示范城市建设带动高新技术产业的发展。

（二）发展数据驱动的科技金融

1. 数据驱动科技金融平台全覆盖

在投贷联动、知识产权质押、股权众筹以及资本市场等方面，加大探索力度，逐步形成支持科技创新的金融创新机制。稳步推进金融科技与科技金融的联动发展，将区块链等在科技金融领域率先应用。加大科技创新对外开放力度，瞄准世界级科技创新资本市场，逐步吸引全球科技创新创业企业来华融资和发展，将若干科创中心城市打造成世界级的创新资源配置枢纽。

推广数据驱动的科技金融平台。建立银行跟贷支持科技型中小企业的风险缓释资金池，建立基于大数据分析的"银行＋征信＋担保"的中小企业信用贷款新模式，建立以企业创新能力为核心指标的科技型中小企业融资评价体系，开发银行与企业风险共担的仪器设备信用贷。

应尽快制定有关规则，利用大数据技术，挖掘政府数据对中小微企业融资信用的有效评价模型，开放政府在工商、公安、征信、税收、社保等领域的脱敏数据给予科技金融平台型企业，提高数据服务创业融资的能力。建议借鉴深圳市南山区科创局的科技金融在线平台，在公共平台的基础上，结合银行、担保等金融机构的业务，实现政府数据、银行数据、企业数据的贯通，通过大数据征信评估为中小微企业建立债权融资的资本市场。集中政府性金融资源，结合平台建立信用担保制度。

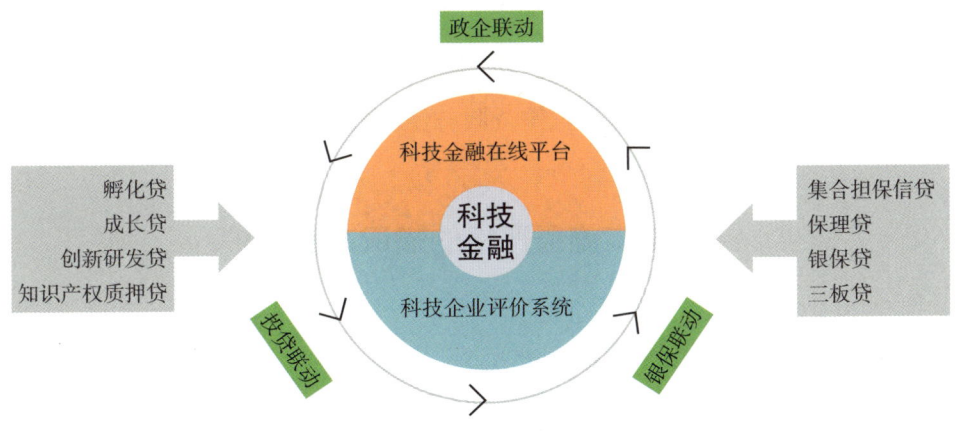

图5-1　深圳市南山区科技金融平台

注：南山区是深圳"大众创业、万众创新"和科技金融发展的代表区。南山区构建了以"一个平台、一个系统、三个联动、八项产品"为特征的科技金融生态体系，有效推动了科技创新，促进了产业转型升级。"一个平台"是指以南山科技金融在线平台为依托，形成汇集企业、银行、保险、担保等多元主体的生态圈，实现资金供需方的无缝对接。"一个系统"是指以科技企业创新能力综合评价指标系统为基础，构建融合"创新能力—管理能力—外部评价—财务指标"四位一体的评价体系，遴选出高成长潜力企业，提高科技金融效率。更多详情参见《深圳市南山区科技金融发展白皮书》。

2. 扩大流动资产科技金融示范试点

推广动产担保统一登记试点工作。联合当地人民银行征信中心、商业银行、担保公司等，开展动产科技金融试点。支持当地企业在人民银行征信中心动产融资统一登记公示系统中，分别完成生产设备、原材料、半成品、产品等类别的动产抵押登记业务。

首批推广示范试点企业范围。总资产在3亿元以下、营业收入在1亿元以下的制造业、商业（批发与零售）、房地产业、交通运输业、建筑业、信息传输计算机服务和软件业、住宿和餐饮业以及服务业领域的中小企业都可以申请进行资信评级试点。其中总资产在1亿元以下、营业收入在5000万元以下的中小企业，是评级试点工作的重点。

通过为市场主体提供统一、便捷、高效的动产抵押登记、变更、查询、注销等服务，有助于解决各项动产担保权益登记系统分散、登记规则不统一的问题，有助于有效提升金融信贷服务便利性和可获得性。

（三）实施最严格的知识产权保护

1. 制定高价值专利培育体系

制定高价值专利培育政策。构建政府强有力的保障体系，奖励高价值专利培育企业。除了强化技术预见性以实现高水平创造，确保研发投入在产业关键技术上之外，还应降低专利培育成本，包括制定高价值专利、撰写高水平的专利申请文件等成本补偿制度。建立代理质量公开制度、代理质量监督制度、代理责任追究制度以及建立知识产权价值评估体系。

构建知识产权价值评估体系。一是将知识产权产业化实现的许可合同数、经济效益作为评估知识产权价值的重要经济效益指标。二是对于高校等科研单位而言，改进现行的考核评价体系，除了强调发表的论文和专利的数量，还要注重发表论文和专利产生的经济效益以及促进社会发展等方面，确立与实际挂钩的考核评价体系。三是建立专业的知识产权评估机构，提供客观的知识产权价值评估服务，针对不同的产业制定不同的专利价值的评估体系，才能为知识产权的流转交易与质押融资提供准确的价值计量基础。

建设知识产权共享平台。建立专利信息应用机制，实现全球 103 个国家以及 1.2 亿个专利数据资源在全国各个地区知识产权共享中心落地存储和同步更新，面向各个地区共享中心开放数据资源，并推出配套服务。加快探索和推动知识产权大数据应用，建设知识产权共享平台。在国家专利信息服务中心以及各个地方的信息分中心基础上，依托国家专利导航系统，建立粤港澳大湾区共享平台，开展竞争对手、技术动态等大数据的应用，解决大部分企业专利利用率不高的问题。出台政策支持专利信息人才培育，为市场上需要专利信息的企业提供培训，为企业培训提供专利信息应用人才，缓解企业运营专利数据人才瓶颈。建设打击侵权假冒的执法信息平台。全国检察机关注重加强与公安、法院等协作配合，促进规范高效办案，完善粤港澳大湾区打击侵权假冒的执法司法信息共享平台。

2. 建立知识产权保护平台

加强跨境知识产权保护。更大力度加强国际合作，健全与国内外权利人沟通渠道，加强海外维权援助服务，健全协调和信息获取机制。中科院科技战略咨询研究院研究员宋河发分析，"同保护"是对各类主体和个人实行平等的知识产权保护，不因诉争主体的性质、类型、来源、大小而区别对待、歧视对待；也是对内外资企业，大中小企业，国有、集体、民营企业，高校科研机构，非营利组织等市场主体和个人知识产权权益一视同仁的保护。

设立海外知识产权维权中心。在与我国企业开展贸易、合作等经营活动最密集的欧美日韩等地设立海外知识产权维权中心，为当地的中国企业提供知识产权服务。

（四）推动技术交易市场数字化

1.建设数字化技术交易市场

试点构建粤港澳大湾区技术交易网络平台。一是运用"互联网＋"配合国家技术交易网络平台的构建，积极推动技术产权交易平台的建设，全面提升技术创新相关要素的流通速度和资源配置效率。二是推进大湾区技术转移一体化建设。以广州、深圳为核心，广泛链接省内已有的技术转移示范机构、创新驿站、区域技术转移和成果转化服务机构以及区域性、行业性技术转移服务平台，有效有序对接省内、国内乃至国际的科技资源。三是合理引导科技项目与市场需求对接。依托平台积极发展科技服务业，集聚和吸引产业技术创新资源，对接利用国外资源，开展国际技术转移，鼓励地方统筹区域技术转移服务平台资源，加强区域内科技资源共享和科技服务协同。四是搭建新兴产业技术产权交易平台。依托现有的产权交易平台搭建专门的新兴产业技术产权交易平台，提升重点行业和新兴产业的新技术产权交易、流通效率。搭建以技术交易和技术信息整合为拳头功能的网络交易平台，通过线上连接的方式嵌入广东省各地现有的技术产权交易平台，以服务集合体的形式丰富各技术产权交易平台服务内容，增加成交额和交易成功率。

完善粤港澳大湾区国际技术交易平台。在香港、澳门或深圳，建立面向全球的技术交易平台，引进国际资本、国际知名知识产权机构、国际转移转化中心等，共同建设粤港澳大湾区国际技术交易平台，为大湾区企业国际化提供必要的知识产权服务和转移转化服务。完善平台建设的法律与政策。对接英国、日本、美国的发明开发法或技术交易相关法律法规，完善交易的标准、规则和规范。以区块链技术优化平台建设，确保企业的技术安全和信息安全。建立专业化、全程化、综合性的服务体系。对标美国的国家技术转移中心、英国的技术集团、德国的创新市场、日本的技术交易所以及韩国的技术交易所，融科技、信息、人才、金融等服务于一体，为创新技术和企业提供从技术开发、认定到融资、项目开发等一系列的服务，以期达到科技成果转化的高效、低成本与便捷性。

2. 建立全国性技术大数据系统

探索建立全国性技术大数据系统。将大数据系统对接国际、国内各大专利检索、技术成果等技术平台，形成数据驱动的评估体系。建设技术交易测算系统。鼓励现有的技术交易平台以技术成果交易价格数据库为依托，汇集交易价格数据，以数据分析结果作为技术成果价值评估的定价参考依据。支持对于每项具体技术，通过系统搜寻相关技术领域专家，由众多专家通过系统对技术价格进行评估。

利用大数据做好供需对接分析。探索建立技术市场数据中心，深度挖掘技术供需和配置关系，开展技术热点、价格预测和技术流向等分析研究，探索建立技术交易信息增值服务模式。

案例：国际知名综合性网络交易平台

全面服务的综合性平台不仅拥有较全的技术信息，而且能提供全面的技术交易服务和增值服务。美国 Yet2、英国技术集团 BTG、德国史太白基金会（STW）等是这类综合性平台的典型代表。（见表 5-1）

在 Yet2 这类综合性平台上，技术输出者能够发布技术消息，并能实现对市场中已发布的技术难题信息进行查询。当查询到技术输出者专长领域内的技术难题信息时，技术输出者可以将对难题的解决构想按照规定的格式发送给需求者，以供技术需求者对其进行评估和选择。

同样，技术需求者可以发布难题信息，并能对市场中已发布的技术成果信息进行查询。如果需求者对某一项技术成果感兴趣，则可以将自己对该技术的具体应用说明按照规定的格式发送给输出者，输出者可以对该应用说明进行评估以决定是否进行许可或转让。在需求者发送应用说明后，输出者即可获得需求者的联系方式并可与之联系或协商。

为技术输出方寻找一个买家，或者为技术需求方寻找适当的解决技术，只是综合性平台提供的一小部分功能。这类平台已经成为一个强有力的为技术转移提供服务和产品的中心，而不仅仅是一个网站。它通过评估客户 IP 的投资组合为其提供咨询服务，并为其选出最适合的对外许可技术；它可以帮助客户鉴别出其技术需求，并为其找到满足这些技术需求的解决办法；它还可以帮助客户为其技术成果的交易做好前期准备，并在整个交易决策的过程中提供帮助。

Yet2 的服务可以总结为技术许可服务、技术获取服务以及会员服务三大类，每项服务又由若干项子服务组成。这些服务为技术双方合理有效地发布技术成果或技术难题提供了保证，也为技术交易的成功达成奠定了基础。

表5-1　国际知名综合性网络交易平台

名称	平台简介	核心优势	核心业务	建设运营模式	盈利模式
Yet2.com (1999)	虚拟技术交易平台的先驱，号称目前全球最大的技术交易市场的平台	1. 全球最大的用户人群：拥有最全面的技术供需信息； 2. 专业大的技术专家团队：全球大多数核心技术企业联合形成合作网络； 3. 集聚了许多风险投资基金；	1. 有针对性的技术搜索服务； 2. 战略交易流程服务：技术侦查、筛选、推荐； 3. 开放门户创新管理服务：技术需求整理、筛选、解决方案； 4. 专业服务：针对技术定位、销售目标等提供咨询服务； 5. 专利交易服务	1. 市场化投建； 2. 线下线上运营相结合：线上发布、汇集科技资源信息；线下提供深度服务、包括技术咨询、求甄别、技术发展业务发展服务等	1. 信息发布费：每条供需信息按1000美元收费，主要向大企业收费； 2. 交易费：每笔交易收取15%，不低于10000美元； 3. 增值服务费：如咨询、投资方案设计费等
英国技术集团BTG	提供技术转移过程中的专业化的垂直服务平台	1. 从源头控制技术交易质量：主动寻找技术成果； 2. 强大的专业团队及丰富的项目管理经验； 3. 建立与客户利益共享、风险共担的保障机制	提供主动寻找、筛选和获得技术，评估技术成果，进行专利保护、协助进行商业化开发，市场包装、转让技术等一条龙专业服务	1. 英国政府授权建设、市场化运营； 2. 以线下服务为主	技术产业化的利润分配
德国史太白基金会STW	德国最大的技术交易平台，史太白基金会为非营利性技术转移机构	1. 紧紧依靠高校特别是应用科学大大学的教授开展工作； 2. 既作为公司开放式管理，又以非营利性质享受国家的免税待遇	1. 提供咨询、研究与开发、培训、评估及提出专家报告等全方位服务； 2. 对国内和国际的市场机遇、人力资源开发、市场销售基至公司管理的现代化，不论是所需要的信息、开发产品、优化加工，还是营销策略、理念、分析，均给予解答	1. 集中化与分散化相结合的管理创新模式； 2. 面向可持续产出的技术转移模式	通过咨询、研究开发、培训、评估和专家报告等取得收入

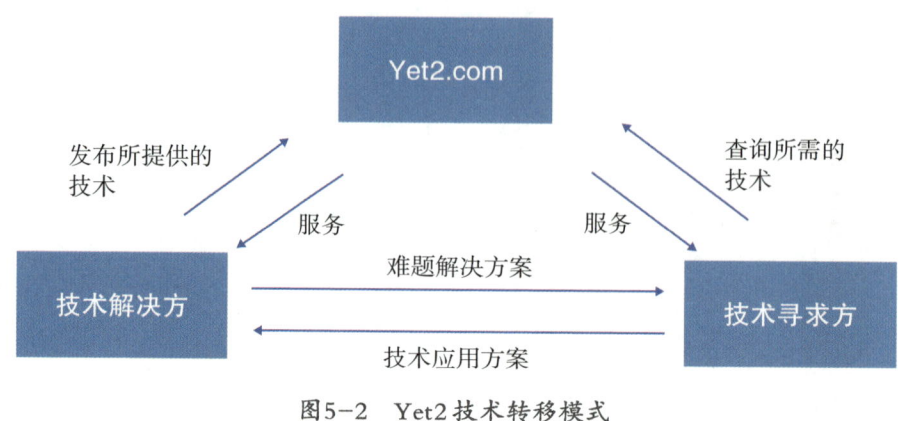

图5-2　Yet2技术转移模式

案例：服务领域专业化平台

服务领域专业化平台可分为：解决技术成果信息难题的来自美国的 InnoCentive（创新中心），主要为大学研究成果转化的 UTEK 平台，主要为中小企业服务的欧洲创新转移中心 IRC。

InnoCentive 是解决技术成果难题的公司，主要集中在化学和生物学领域。InnoCentive 的市场主体主要有两类，各公司与 InnoCentive 签约成为技术"寻求者"以发布研发难题。全球科学家注册为"解决者"，以查看各种难题并上网递交解决方案。首先，解决者在接受一份难题并接受解决者协议后，就可进入 InnoCentive 提供的安全且保密的工程室。其次，在工程室，解决者可以查看难题细节、提交解决方案以及向 InnoCentive 的科学团队询问相关技术问题。最后，寻求者公司审阅递交的解决方案，并选择最佳解决方案。

针对校园成果利用率不高的情况，UTEK 主要业务是将那些具备潜在商业应用价值的校园成果转让给那些努力寻求产品差异化的公司，帮助其在市场竞争中取得优势。UTEK 的 U2B 过程可以表述为：首先，UTEK 找到合适的基于技术的公司，并与它们建立战略联盟，在此基础上，通过评估、鉴别，将那些具有潜在应用价值的且适合这些公司发展的技术成果以合理的价格从大学或实验室买入，再将这些技术以股权入资的形式投入这些公司。UTEK 的这种特有的消除技术库存、实现技术实时转移的模式使得公司在短时间内就获得了迅速的发展。由于拥有丰富的大学和实验室资源、联络紧密的全球性专家网络，以及市场内部的专业咨询委员会，UTEK 知道每一项技术应该去哪里寻找及如何寻找，并能够对其做出合理的评估。

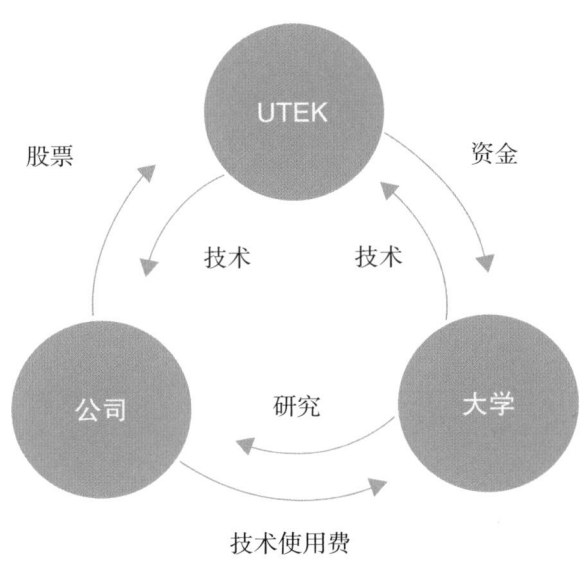

图5-3　UTEK的U2B模式

中篇

创新市场的深圳样本

本篇是"创新市场的深圳样本"篇。深圳是梦想之城，来到深圳的人都怀揣无数梦想；深圳是创新之城，深圳本身就是创新的产物。2018 年，全球城市经济竞争力排名，深圳进入全球前五名，位居纽约、洛杉矶、新加坡和伦敦之后，其崛起及其城市竞争力的提升，正是创新引领城市发展之路的结果。深圳在制度、观念以及产业上的创新及其所取得的巨大成果，使得深圳已在全国乃至全球树立起以创新为标识的城市形象，成为世界城市史中"创新引领城市"的典型代表，被誉为"深谷""硅洲"（Silicon Delta），不仅引领中国创新发展，在世界创新中也发挥着不可替代的作用。因此，以深圳创新市场为研究样本，理性思考其双创实践引领的创新领域的市场经济变革，总结其引致的新的文化增量，将进一步增强中国创新自觉、自信、自强，推动创新要素的自由流动和优化组合，为全球创新体系提供中国模式和来自中国的有可能被借鉴的经验。

第六章从创新市场机制、创新市场要素、创新市场环境、创新市场空间、创新市场资源等方面概括总结深圳创新市场（双创）的特征。

第七章总结深圳创新市场率先培育期、体系建设期、规模与外延拓展期等三阶段过程，发掘深圳创新市场培育主体确权、合约创新、法治环境、政府力量等四方面经验，分析深圳创新市场面临的挑战。

第八章探讨从培育更有活力的创新主体队伍，形成更有效率的市场激励机制，构建更加完善的创新要素市场，打造更加适宜创新的制度环境等四个方面发展和完善深圳创新市场。

第六章
深圳创新市场的五大特征

　　双创的发展遵循螺旋式上升的逻辑路线，双创建构新的经济结构、重塑经济质量的过程正在持续发酵。双创正在从政府推动转入市场主导，正在从政策驱动转为价值引领，正在从本土创新走向全球创新，正在从以数量为主转向质量优先。

　　从创新市场构建和演进的角度看，深圳创新市场机制新型化，数据、激励、服务驱动市场化；创新市场要素国际化，国际人才、资本、平台推动技术、管理、信息国际化；创新市场环境法治化，创新立法，严格知识产权保护；创新市场空间区域化，创新资源配置范围趋于区域一体化；创新市场资源深港特色化，深港创新迈上新台阶。

（一）创新市场机制新型化

1. 新型科技金融：数据驱动市场化

　　2017 年是中国的科技金融元年。作为全国首批科技与金融结合试点城市之一，深圳市早在 2012 年就率先推出了"深圳市科技金融联盟",设立联盟工作站 46 个,逐步针对科技企业未来风险的不确定性,构建了多层次、多元化、全链条的科技金融体系。2014 年,深圳开始将智能化大数据科技金融作为探索的重点方向,构建数据驱动的市场化发展的科技金融"深圳模式",其典型代表就是南山区科技金融体系。

作为市场信号的数据甄别体系。创新型科技企业中较大比例为中小微企业,因资产轻、变化快、信息不对称等问题普遍面临"融资贵、融资难"困境。针对这一问题,南山区于 2008 年启动"科技金融扶持计划",开始了一项由政府主导构建科技金融市场的尝试。依托"南山科技金融在线平台",不仅让政务上平台,还形成了科技金融供需主体上平台,搭建中小科技企业成长性评价系统,对企业进行精准分层,形成了科技金融供给与科技金融需求的有效对接交易。2008 年,南山区科技金融平台资助企业数量仅 7 家,2017 年增至 713 家。2017 年,银行累计发放贷款 370 笔,其中超半数(203 笔)贷款为无抵押无担保贷款,显著降低了中小科技企业融资门槛。

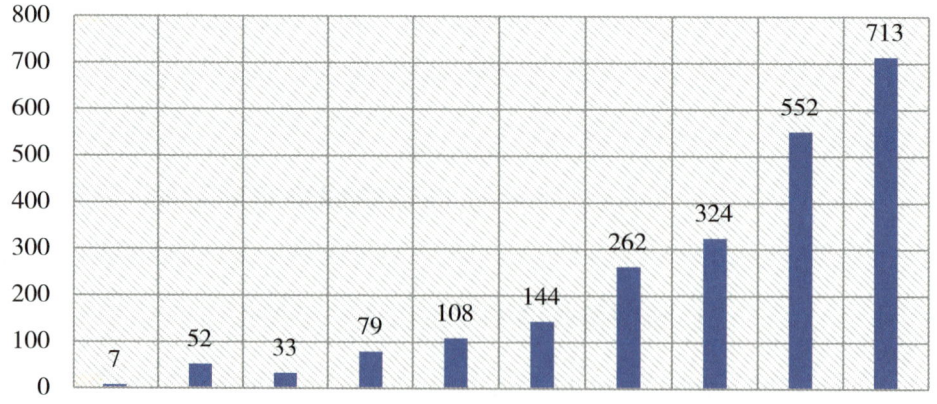

图6-1　南山区科技金融支持企业数量(单位:家)

交易市场化依赖于数据驱动的产品设计。南山区已形成"1138"科技金融体系，即"一个平台、一个系统、三个联动、八项产品"的科技金融生态系统。其中，"政企、银保、投贷联动"科技金融生态圈，进一步激活了区域科技金融氛围；"孵化贷""成长贷""三板贷""集合担保信贷""知识产权质押贷""研发贷""科技保理贷""银保贷"八项科技金融产品特点鲜明，全方位、精准地支撑了科技企业融资需求。南山区构建数据驱动型科技金融体系，形成了基于数据分析的中小科技企业画像，大大提高了科技金融市场活力和政府支持的精准性。

2. 新型研发机构：激励驱动市场化

新型研发机构是一种投管分离、独立核算、自主经营、自负盈亏的新型法人组织，是创新市场的重要主体之一。深圳市一直以来存在着高校院所、科技人才、创新平台等"先天不足"，导致了应用基础研究源头创新不足、高水平学术交流载体不足、承接国家重大技术项目并组织开展重大关键技术攻关能力不足等"短板"。近年来，深圳市围绕科研体制机制改革，以市场化发展为导向，探索提供系统性的政策支持，培育出了一批新型研发机构。主要类型有两种：一种是"国有新制"模式，如中科院深圳先进技术研究院、深圳清华大学研究院等；一种是"民办官助"的模式，如华大基因研究院、光启高等理工研究院等。[①]截至 2017 年底，深圳市省级新型研发机构累计 41 家。[②]

分配市场化是新型研究机构成功的关键。新型研究机构面对市场自我

---

① 威海市科学技术局. 关于探索建立新型研究机构体系的建议[OL]. 威海市科学技术局党务公开网, [2017-12-07]. http://www.whstc.gov.cn/art/2017/12/7/art_21646_966375.html.

② 截至2017年底，深圳市新型研发机构93家，其中省级新型研发机构41家。

谋生，多数与创新资本紧密结合，形成了"三发联动"（科学发现、技术发明、产业发展）模式，有效缝合了经济、科技"两张皮"，成为深圳创新驱动的生力军。新型研发机构通过制度和机制设计，有效地将研发人员的成果与市场连接起来，并通过市场化对技术、资本、市场的投入给予报酬，形成创新共同体。

中科院深圳先进技术研究院探索出产业与资本紧密结合的创新发展之路，注资成立两家投资管理有限公司，拥有一只天使基金（中科育成）和三只风投基金（中科道富、中科昂森、中科融信）。近五年申请专利2858件，发明专利占86%。至2017年底，与地方企业累计共建实验室20多个，育成企业超过450家，持股168家。深圳清华大学研究院累计孵化高新技术企业超过1500家，投资和创办180多家高新技术企业，培育了20家上市公司。

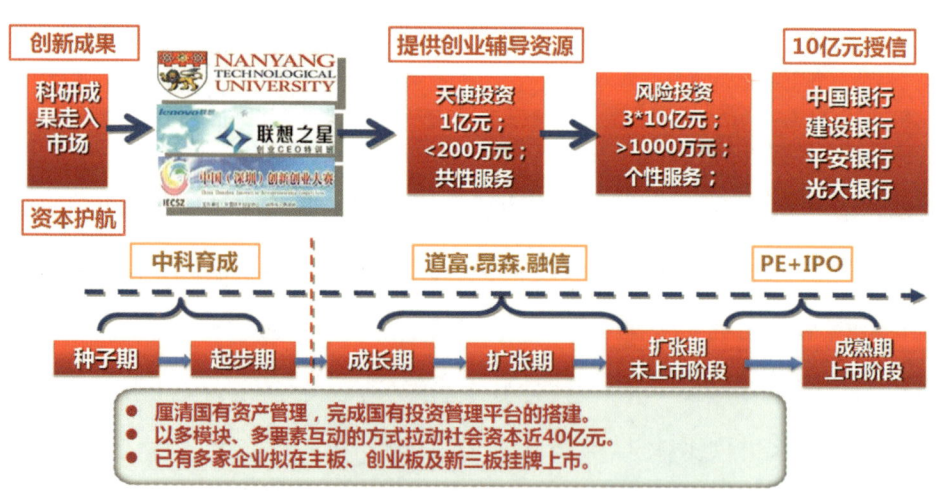

图6-2　中科院深圳先进技术研究院基金模式

注：资料来源于深圳先进技术研究院网站。

3. 新型孵化器：服务驱动市场化

科技部火炬中心孵化器管理处数据显示，2017 年我国孵化器规模跃居世界首位。截至 2017 年底，深圳市有科技企业孵化器 318 家。深圳在经历了国家加大扶持和市场生存检验的浪潮之后，在行业洗牌中迎来质量变革，从依赖于政府输血的孵化器中成长出一批专业化、垂直化、面向市场自负盈亏的孵化器，预示着孵化器进入市场化时代。柴火空间、南极圈、弈投孵化器等孵化器探索出了投资加速型、产业链服务型、虚拟平台孵化型等市场共创共享共赢的模式。

服务降低市场的不确定性。以弈投孵化器为例。弈投孵化器制定了省级孵化加速行业标准，搭建了技术孵化、成长加速、基金领投的服务体系，建立了国际技术孵化和国内落地业务体系，从孵化开始就注重孵化企业的国际化理念，目前已孵化海外项目 128 个，在孵企业 500 多家。时任科技部部长万钢指出"弈投孵化器这种模式非常聪明，这种理念也与建设国家自主创新示范区的计划高度吻合，并且已走在市场前面"。

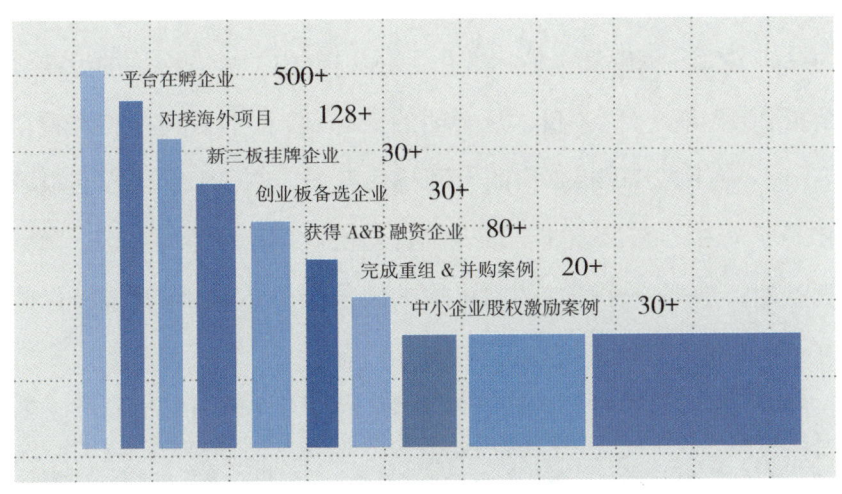

图6-3　弈投孵化器孵化成果

注：资料来源于弈投孵化器网站。

（二）创新市场要素国际化

1. 国际人才推动技术国际化

全球人才共创全球技术。深圳推进"十大行动计划"，设立了 5 家由诺贝尔物理学奖、化学奖获得者领衔的科学家实验室，首批 7 家深圳市海外创新中心正式授牌。[①] 苹果、微软、高通、英特尔、三星等跨国公司在深设立研发机构、技术转移机构和科技服务机构。建立深圳—密歇根贸易、投资和创新合作中心。截至 2017 年底，深圳累计引进"孔雀计划"创新团队 116 个，累计确认海外高层次人才 2954 名。同时，加大创新人才培养力度，面向全球引进优质教育资源，推进高等教育开放式跨越发展，深圳北理莫斯科大学招收首批本科生。

土耳其教授让中国 5G 标准走向国际。2018 年，华为短码方案成为全球 5G 技术标准之一。编码和调制是无线通信技术中最核心的部分，被誉为通信技术的皇冠。在 5G eMBB 场景下，华为主导的 Polar 码拿下了控制信道的编码方案。据欧洲电信标准化协会（ETSI）官方网站的近期检索结果，截至 2018 年 6 月 14 日，从声明的三家 5G 标准专利持有者看，华为以 1481 项（占比 28.90%）声明专利排名第一，在 5G 新核心网领域，华为以 214 项（占比 77.26%）声明专利排名榜首。带领华为在这一领域做出国际贡献的，是来自土耳其的阿里坎教授，他于 2008 年发现极化码，并

[①] 格拉布斯研究院、中村修二激光照明实验室、科比尔卡创新药物开发研究院、瓦谢尔计算生物研究院及深圳盖姆石墨烯研究中心等 5 家诺奖实验室挂牌成立。美国旧金山海外创新中心、美国波士顿海外创新中心、美国西雅图海外创新中心、英国伦敦海外创新中心、法国伊夫林海外创新中心、加拿大多伦多海外创新中心、以色列特拉维夫—海法海外创新中心等首批 7 家深圳市海外创新中心正式授牌。

带领华为将其引入应用。2018 年 7 月，华为在深圳总部向探索者致敬，为
Polar 码之父颁奖。

2. 国际资本驱动管理国际化

深圳是中国全球化的"窗口"，在全球经济一体化中最早对接国际商
品市场和要素市场，面对国际企业竞争。全球化的创新活动，倒逼企业进
行组织变革，尤其是管理的国际化。

打造创新利益共同体。2017 年底，新闻媒体报道：深南电路员工人均
持有股份市值高达千万元，再次引爆市场。2010 年开始，深南电路启动员
工持股之路，在上市之前应投资方要求，成立了三个有限合伙企业员工持
股平台，员工持股比例 7.01%。为了留住核心技术人才，员工持股计划已
经成为融资的基本条件，投资人往往要求建立公司员工持股平台（有限合
伙），作为期权池，让参与创新的关键员工成为"合伙人"。

组织模式转型赋能新经济。高瓴资本是知名的长线投资资本，它的投
资往往意味着引领国际的商业模式，以及为模式而推动的长期组织变革。
2017 年，高瓴资本和合作伙伴以 531 亿港币收购和投资了百丽鞋业，百丽
鞋业从香港私有化退市，成为当年香港最大的并购案。百丽鞋业坐落在深
圳市龙华区大浪时尚小镇，高瓴资本正在用互联网思维改造百丽，具体表
现在两个方面：一是开发终端赋能工具，将百丽 3 亿—4 亿名用户的使用
喜好与设计、库存等联动起来，大幅度提高效率；二是重新定义店长与店员，
变革人力资源管理体系，将店面销售变为用户界面，关注用户体验，推动
销售员成为专业的时尚顾问。高瓴资本通过流程变革实现百丽发展目标、
任务，激励改善组织整体绩效，以适应科技化、定制化的时尚竞争。

3. 国际平台带动信息国际化

前海成为深圳依托香港连接世界的连接器。"依托香港，服务内地，面向世界"已经成为外界认识前海创新模式最精练的标签，深港双城将在资本、法制、人才、信息等多领域实现互通互换。根据最新发布的规划，前海将打造"城市新中心"。截至 2018 年第一季度，前海累计注册港企 8031 家，注册资本 8937.26 亿元，汇丰前海证券、东亚前海证券、港交所前海联合交易中心等标志性港企落户。2018 年第一季度注册港企实现增加值占片区的 20.8%，完成固定资产投资占 30.17%，实际利用港资占 86.63%，港企作为前海经济支柱的作用持续显现。香港特区政府行政长官林郑月娥曾提出香港可以成为中国企业走出去的集资融资平台、商贸物流平台、高端专业服务平台、多元旅游平台和新兴产业平台，是中国连接世界的连接器。前海作为与香港联动最紧密的区域，未来将成为企业国际化（引进来和走出去）的信息平台与推动平台。

海外创新中心正在成为深圳海外"新触角"。本着着眼全球，深圳加大开放创新布局力度，支持企业和机构在美国、欧洲、加拿大等创新资源高度密集地区，规划建设 10 个海外创新中心，构建国际协同创新平台，聚集全球创新能量。深圳首批 7 个海外创新中心将分别建设在美国旧金山湾区、西雅图、波士顿，英国伦敦，法国伊夫林省，加拿大多伦多以及以色列特拉维夫和海法。作为发现项目、集聚创新资源、高端人才引进、强化资源链接、扩大深圳科技影响的平台，海外创新中心将全球创新信息与中国创新信息互联互动，打造没有边界的科技生态圈。

（三）创新市场环境法治化

1. 立法助推双创行稳致远

良好的营商环境的本质是法治化。2018 年 1 月 12 日《深圳经济特区国家自主创新示范区条例》（以下简称《条例》）经深圳市第六届人大常委会第二十二次会议表决通过。在国家和广东省尚未针对国家自主创新示范区建设发展制定上位法的情况下，深圳市率先立法，为国家自主创新示范区立法工作进行探索。《条例》在科技创新、产业创新、金融创新、管理和服务创新、空间资源配置、社会环境等六个方面做了制度安排创新，并在拓宽财政科技资金投入渠道、知识产权保护与管理、政府部门登记许可类信息共享、科技项目评审和监督、简化建设项目环评等五个方面进行创新变通，进行重大探索。

立法推动创新活动的交易成本下降。例如：对于单独购买科研仪器设备等不再需要包装成科研项目，可以单独就科研领军人才培养和引进、大型科学仪器设施的购置和建设给予财政性资金资助。对于领军人才等组建科研团队开展科研项目研发的，由科研团队负责人申请资助，打破了只能依托所在单位申请和管理的约束。对于知识产权侵权行为实行零容忍，停止资助并责令退回资助资金。建立信息共享机制，对于企业向多部门申请资助的情况，无须重复提交相同资料。科技项目评审采取跨部门、跨地区的专家评审，引入国际和国内相关领域人才作为评审专家，提高专家组的专业性、独立性和权威性。对于已进行环境影响评价的规划中的具体建设项目，适度简化项目环境影响评价内容。

2. 实施最严格的知识产权保护

树立保护知识产权就是保护创新的理念。2017 年，深圳市印发《深圳市知识产权综合管理改革试点工作方案》，提出三个方面 19 项试点任务；与国家知识产权局共同签署《国家知识产权局　深圳市人民政府知识产权合作框架协议》，提出 20 项工作任务，共创知识产权强国建设高地；出台《深圳市新形势下进一步加强知识产权保护的工作方案》，提出八个方面 36 条具体措施，使深圳市的知识产权工作得到进一步加强。2017 年 3 月 29 日，国家知识产权培训（广东）基地落户深圳，促进深圳、广东乃至粤港澳大湾区加快知识产权人才培养、推动创新驱动发展。加快制定《深圳经济特区知识产权保护条例》，建设中国（深圳）知识产权保护中心、中国（南方）知识产权运营中心等，累计建立重点产业专利联盟 17 家，引进国际化高端知识产权服务机构 7 家。

成立知识产权法庭。2017 年，深圳市新收知识产权（民事、刑事、行政）案件高达 28027 件。2017 年 12 月，成立知识产权法庭，落户在中国特色社会主义法治示范区前海。深化和完善"三合一"审判机制的"深圳模式"，即对知识产权民事、刑事、行政案件统一交由知识产权法庭办理。实施严格知识产权保护，酌情提高损害赔偿标准，充分体现知识产权市场价值，着力解决侵权成本低、维权成本高的实践难题。推行繁简分流审判机制改革，推行诉前调解机制改革，探索庭审制度改革，提高案件处理效率。推行人民陪审员制度，扩大知识产权保护参与度和影响力。

3. 法治示范区联通国际规则

商事法律规则判例的国际化。前海作为中国特色社会主义法治示范区，不断深化涉外涉港澳台审判机制改革。前海法院发布《涉外涉港澳台案件审判机制改革纲要及工作指引》，成立"一带一路"诉讼调解中心，加强国际区际司法交流。适用香港法律审结经济纠纷案件，实现前海适用香港法律的重大突破。当事人选择适用香港法案件 30 件。

建立了"行政＋司法＋仲裁"的国际化知识产权治理模式。2017 年12 月，原来的华南国际经济贸易仲裁委员会和原来的深圳仲裁委员会合并为深圳国际仲裁院，成为国内仲裁机构合并的首例。建立了全国唯一一个以国际化理事会为核心的法人治理机构。11 名理事有超过三分之一来自香港和海外，其仲裁员国际化程度不断提高，现有来自 50 个国家和地区的境外仲裁员 353 人。陆续与中非联合仲裁中心、世界银行国际争端解决中心、世贸组织上诉机构、联合国贸法会、国际商会仲裁院等国际组织建立了不同形式的合作关系。

（四）创新市场空间区域化

1. 广深港澳创新走廊新格局

构建基础研究，强化辐射能力。2017 年《广深科技创新走廊规划》发布，提出打造中国"硅谷"，建设全球科技产业技术创新策源地、全国科技体制改革先行区、粤港澳大湾区国际科技创新中心的核心承载区，到 2030 年建成具有国际影响力的科技产业创新中心，到 2050 年建成国际一流的科技产业创新中心。深圳作为"双引擎"之一，拥有深圳空港新城、深圳高新区、深圳坂雪岗科技城、深圳国际生物谷"四大核心"创新平台，以及深圳湾超级总部基地等 15 个创新节点。深圳加快基础研究基础设施建设，创建综合性国家科学中心，打造大科学装置群，建设高水平大学和科研院所、国家实验室体系等，持续补源头创新之短板。

创新网络升级，强化协同能力。2018 年 8 月 15 日，中共中央政治局常委、国务院副总理、粤港澳大湾区建设领导小组组长韩正在北京人民大会堂主持召开粤港澳大湾区建设领导小组全体会议。他强调积极吸引和对接全球创新资源，建设"广州—深圳—香港—澳门"科技创新走廊，打造大湾区国际科技创新中心。中央支持香港建设国际创新科技中心，在香港建立中国科学院院属研究机构，支持澳门建设中医药科技产业发展平台。在广深科技创新走廊基础上，更强调"四核"协同，创新网络进一步向港澳延伸。

2. 深汕合作区创新的新模式

在创新协同及管理创新两方面实现新模式探索。2017 年，《关于深汕特别合作区体制机制调整方案的批复》提出深汕特别合作区调整为深圳全面主导，正式改为深圳市委、市政府派出机构。在"飞地经济"模式下，深圳并没有走粗放式发展路线，企业的产业布局表明，深圳将在这里探索集约经济和绿色经济引领的新发展模式。在这片 486 平方公里的土地上，"深圳总部 + 深汕基地""研发 + 生产"成为深汕特别合作区的发展模式。深汕特别合作区已引进了腾讯云计算数据中心、华为（深汕）云计算中心、华润等大数据产业项目，截至 2017 年底，来自深圳的项目约占 88%。一个国际化的产业创新新生态正在逐步形成。

3.湾区龙头企业的新布局

多节点分布的合作创新布局正在形成。从2016年粤港澳大湾区中各城市间的发明专利联合申请情况可以明显看出，深圳和广州"双引擎"作用显著，成为连接其他城市创新的枢纽城市。香港除了与广州、深圳、佛山有合作创新之外，几乎与湾区其他城市没有显著合作关系。

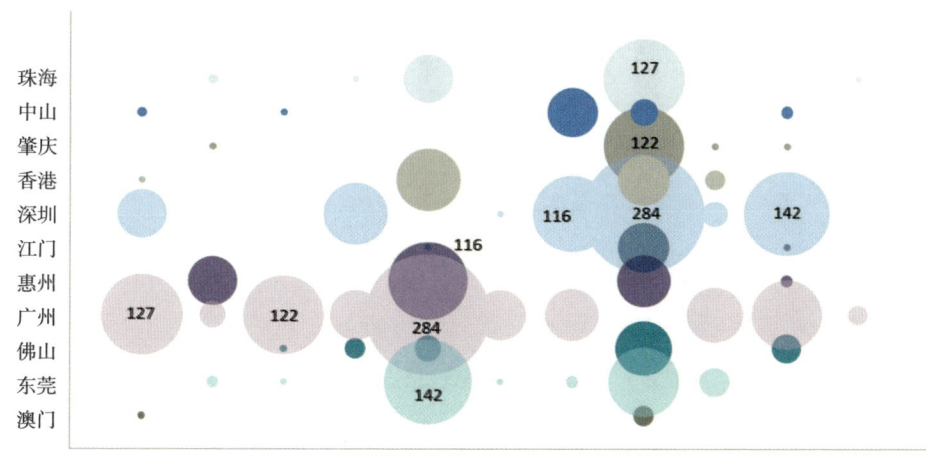

图6-4　大湾区各市发明专利联合申请数量构成（2016年）
注：数据来源于国家知识产权局。

湾区上市企业资源配置呈新布局。湾区城市上市公司数据显示，深圳上市公司创新强度排名在珠海和香港之后，仅列第三位。在研发强度高于4%的城市中，高研发强度地区的上市公司单位资产收益能力强于低研发强度地区的上市公司。11个城市中上市公司研发强度超过4%的城市占一半以上，这意味着，地区的创新分工形态正在逐步形成，水平型创新合作将有望成为区域创新一体化的主要方式。

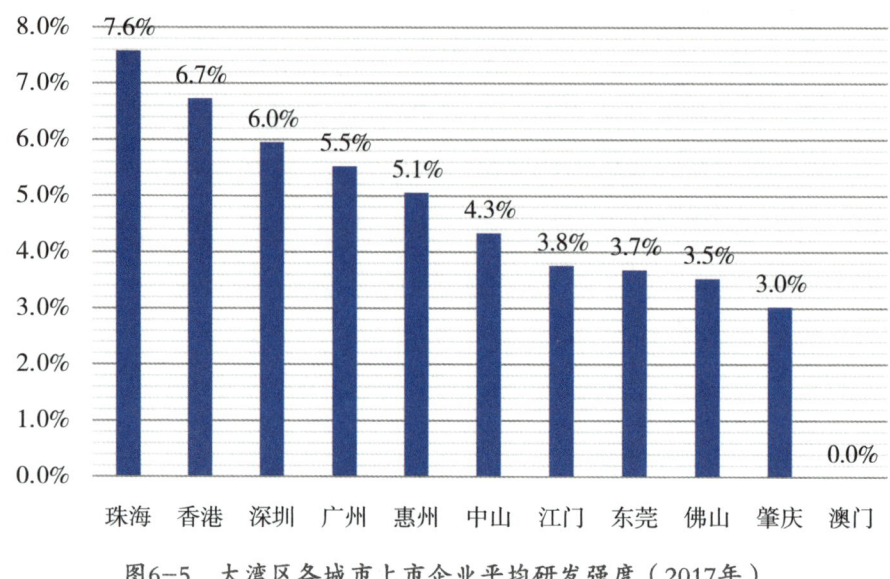

图6-5　大湾区各城市上市企业平均研发强度（2017年）

注：数据来源于WIND资讯金融终端，本书测算整理。

（五）创新市场资源深港特色化

1. 共建落马洲科技创新中心

2017 年伊始，深港签署《关于港深推进落马洲河套地区共同发展的合作备忘录》。深圳、香港两地将在落马洲河套地区共同建设香港最大的科技创新园区——"港深创新及科技园"，引导和聚集国内外优质高新技术企业、研发机构、高等院校进驻园区，推动"港深创新及科技园"成为科技创新的高端新引擎、深港合作的战略新支点，共同建设具有国际竞争力的"深港创新圈"。港深双方合力打造深港创新走廊，着力拓展河套地区周边配套区域，北连深圳南山科技园，南连古洞北科研发展区和香港科技园。加快深港科技合作，目前累计联合资助深港合作项目 77 项，双方共投入资金超过 4 亿元。

2. 深港科技创新单边资助制度

《深圳市"深港创新圈"计划项目管理办法（试行）》（深科技创新规〔2018〕3号）提出加快推动粤港澳大湾区产学研融合，鼓励香港高校和科研机构参与相关科技计划。且新增类别允许资助资金跨境使用，以促进科研资金便利流动，推动粤港澳大湾区产学研融合。"深港创新圈"计划项目包括四类：深港联合资助项目（A类）、深圳单方资助的深港合作项目（B类）、深圳单方资助的委托研发项目（C类）、深圳单方资助的香港研发项目（D类）。其中，B类、C类、D类均为新增项目。

新增类别允许资助资金跨境使用。其中，B类项目由深圳申请单位提出申请，香港申请单位作为合作单位，深圳市财政资助资金可依据立项合同在深港两地开支。C类项目由深圳市科技创新委员会向深圳市政府部门、高校、科研机构和企业公开征集并评核确定委托研发课题，并向香港申请单位发布，由香港申请单位申请承担。D类项目由香港申请单位独立提出申请。深圳市财政资助资金直接拨付至香港申请单位账户，可依据立项合同在深港两地开支。[①]

知识产权和科技成果可归香港课题提出方所有。在资产及知识产权归属上，C类项目和D类项目科技成果、知识产权、设备购置产权和收益均归香港申请提出方或香港申请单位所有，同时要求须授权深圳市政府部门和非营利机构无偿使用，并承诺相关科技成果优先在深圳市产业化。

---

① 王丰. "深港创新圈"计划项目管理办法出台[OL]. 新华网, [2018-07-10]. http://www.xinhuanet.com/2018-07/10/c_1123105444.htm.

3. 创新深港人才交流与执业制度

建立了深港人才常态交流机制。前海与香港特别行政区政府发展局、香港高校等合作，实施了"深港（前海）公职人员交流计划"和"香港大学生前海实习计划"，先后安排 3 名香港公务员、2 名前海干部双向交流，安排 600 多名香港大学生在前海实习。聘请 20 多名香港知名人士担任前海人才顾问和前海规划建设、金融等咨询委员会的委员。

创新深港职业资格准入制度。一是降低港澳专业人士执业门槛。通过资格认可、考试互免、合伙联营、港资工程项目试点等特殊机制安排，先后制定香港会计师、注册税务师、社工、房屋经理，以及香港建筑、结构、屋宇装备、工料测量、园境、建筑测量等专业人士在前海执业的办法措施，降低准入门槛，让香港专业人士能进来。前海管理局与香港特别行政区政府发展局共同签订《在前海试行香港工程建设模式合作安排》，并在CEPA（《内地与香港关于建立更紧密经贸关系的安排》）框架下不断扩大业务范围和合作领域，已有137家香港工程企业纳入前海专业机构名册，建设领域专业人士经备案后可在前海执业从业。

"市场""规则""开放"是深圳双创新趋势的关键词，其中最重要的是主导生产关系的市场规则的建立与完善。经历了创新者培养、创新行为互动，旧有规则不断被挑战，代表新规则需求的市场力量不断壮大，对规范生产关系的诉求更加强烈。以知识产权相关规则及其配套基础设施的完善为代表的制度体系建设，正在成为双创的核心内容，也将引导创新活动的内容、方向与质量。深圳双创实践引领一场在创新领域的从"计划经济"向"市场经济"的变革，由此引致的新的文化增量，将进一步增强中国创新自觉、自信、自强，推动创新要素的自由流动、组合，为全球创新体系和格局的变革提供来自中国的经验。

第七章
深圳创新市场培育经验与挑战

深圳始终是市场道路的坚定支持者和践行者，经过40年的不懈实践，探索出了一条符合经济规律的创新市场发展路径。通过考察深圳创新市场培育和发展过程，我们认为，深圳依然处于创新市场发展的初级阶段，深圳创新市场呈现出以试验发展创新市场和应用研究创新市场为主体，以基础研究创新市场为辅的多层次创新市场，初步构建了支撑创新市场发展的创新要素市场体系，并正在不断与国际创新市场接轨。

整体来讲，深圳"创新市场"发展经历了三个阶段，即率先培育期、体系建设期、规模与外延拓展期。第一阶段：率先培育了以企业为主体的试验发展创新市场。在发展的初期，深圳的民营企业作为创新市场的需求者，不断引进和学习国外技术，培养了一批具有独立知识产权的科技企业和国家高新技术企业，真正意义上的创新市场主体的出现促进了试验发展创新市场的建立，并引发了对应用研究创新市场的强烈需求。第二阶段：初步建成了以试验发展创新市场和应用研究创新市场为主体，以基础研究创新市场为辅的创新市场格局（及体系）。

通过引进高校研究院、重点实验室，鼓励企业建立企业技术中心、工程中心等，逐步将新知识、新技术的交易重点引到发明专利为主的创新产品，应用研究创新市场供需双方快速增加，意味着以应用研究为主体的创新市场正式形成，同时培养出了对基础研究具有强大需求的市场主体。第三阶段：应用研究创新市场和基础研究创新市场的规模进一步扩大，逐步融入国际创新市场。通过建高校、国家级实验室、大科学装置群等方式，基础研究创新市场进入发展期，新经济在地区生产总值中的比重持续提升，国内供给难以满足发展需求，创新合作国际化和创新要素资源配置国际化的趋势更趋明显。深圳走出了一条创新需求国际化—创新要素资源配置国际化—创新供给国际化的路径。正在逐步形成"中国在创新""创新到中国""中国创新在全球"的发展趋势与拓展路径。

　　试验发展引致的"应用研究创新市场"和"基础研究创新市场"的快速发展，是深圳"创新市场"发展的路径特色。以企业为主的"试验发展创新市场"的发展，持续推高投资的边际回报率，引致了对应用研究和基础研究成果的需求。数据显示2010年之后，深圳应用研究进入快速增长期，研发经费从2009年的2.9亿元快速增长到2016年的82.9亿元。市场上对发明专利的需求大幅增加，发明专利授权量从2009年的8132件攀升至2016年的17666件，约增长1倍。深圳在"应用研究创新市场"上占据了国内"创新市场"的优势地位，万人发明专利申请量在全国排名第二。但深圳在"基础研究创新市场"上处于弱势。基础研究的比重仅为2.89%，低于美国创新城市15%—19%的平均比重。深圳在参与国际"创新市场"上走在全国前列，但参与的广度和深度依然不足。虽然已经形成了几个领域的国际领先优势，但是参与的企业仅仅是以龙头企业为主，后续的梯队没有建立。国内"创新市场"与国际"创新市场"体制并未接轨。

　　深圳在"创新市场"培育方面的经验，可归纳为以下四个方面，即主体确权、合约创新、法治环境、政府力量。主体确权，赋予市场交易以完全主体；合约创新，促成创新资源最有效的配置；法治环境，保障新"创新市场"的有序运行；政府力量，为"创新市场"的发展完善提供了制度——文化环境保障，从而降低了交易成本，提高了创新的制度绩效与社会价值认同。

（一）确权：市场不能没有独立的主体

市场主体、市场和宏观调控是市场经济不可或缺的三个方面。对商品市场来说，企业就是市场主体，但对于创新市场来讲，市场主体不仅包含企业，还有高校、科研院所乃至政府等。然而，商品市场的企业主体并不天然是创新市场的主体，因为只有以激励知识产权创造为基础，才能致力于知识产权运用、保护、管理和服务，使知识产权创造社会价值和经济效益，否则一切都无从谈起。没有自由的创新市场主体，就不可能建立创新市场制度。因此，创新市场的产生首先需要具有知识产权的创新型企业的独立存在。深圳的经验显示，培育"创新市场"的首要任务，是培育知识产权清晰、激励兼容、权责明确、管理科学的"创新市场"主体。

1. 确立民企创新主体身份（20 世纪 90 年代）

深圳民营企业创新主体身份确立经历了四个阶段，分别是在法律上确立其市场主体身份，在高新产业（新技术新知识应用）上确立其主体地位，在企业技术中心建设（新技术新知识生产）上确立其主体能力，在高新技术企业设立（新技术新知识交易）上确立其市场主体身份。

(1)确立民营企业法定市场地位

1988 年中国修改宪法，规定"国家允许私营经济在法律规定的范围内存在和发展。私营经济是社会主义公有制经济的补充。国家保护私营经济的合法权利和利益，对私营经济实行引导、监督和管理"，在法律上确立了民营经济的地位。但到了 1992 年邓小平南方谈话时民营经济依然非常脆弱。一直到 1997 年党的十五大确立了非公有制经济是中国社会主义市场经济的重要组成部分，民营经济才进入了重要发展时期。1999 年我国宪法修订提出"非公有制经济是社会主义市场经济的重要组成部分"，"国家保护个体经济、私营经济的合法权利和利益"。

深圳市比国家更早确立民营企业在创新上的自主地位。1987 年和 1991 年深圳市分别颁布了《深圳市科学技术进步奖励暂行办法》（深府〔1987〕206 号）和《关于依靠科技进步推动经济发展的决定》（深发〔1991〕24 号），鼓励企业建立以企业为主体、科研生产一体化的科技发展体系，促进和鼓励企业将科技成果商品化，加强引进技术消化吸收。

(2)高新产业上确立民营企业需求主体地位

高新技术产业快速发展，1999 年，深圳高新技术产品产值达到 819.8 亿元，占全市工业总产值的 40.5%，成为深圳经济的第一增长点。崛起了一批如华为、中兴、比亚迪等具有相当规模的高新技术企业及配套产业群。

到 2005 年底，深圳高新技术产业实现产品产值 4900 亿元，高新技术产品产值占全市规模以上工业总产值的 50% 以上，其中自主知识产权产品产值达 2842 亿元，占高新技术产品产值的比重达 56%，专利申请量突破 2 万件。

到 2017 年底，深圳现代服务业增加值占深圳地区生产总值的 41.5%，高新技术制造业增加值占深圳地区生产总值的 23.6%，高新技术产业增加值占深圳地区生产总值的 32.8%，新兴产业增加值占深圳地区生产总值的 40.9%。规模以上股份制企业增加值 4859 亿元，占规模以上工业增加值的 60%。

(3)建立企业技术中心确立生产主体身份

1995 年深圳市发布《关于推动科学技术进步的决定》，明确推动企业的科技进步是关键，支持企业建立研发机构，强化企业开发新产品、新技术的能力。1996 年，首批国家级企业技术中心包括了华为、中兴和华强集团三家企业技术中心。1997 年颁发的《深圳市高新技术产业园区发展规划纲要》（深府〔1997〕154 号）明确高新园为企业运行机制的试验区、科技成果转化区、国内国际经济技术的合作区，鼓励企业建立以企业为主的技术中心。企业工程中心和企业技术中心应运而生，截至 2017 年，深圳市成立企业技术中心 235 家。

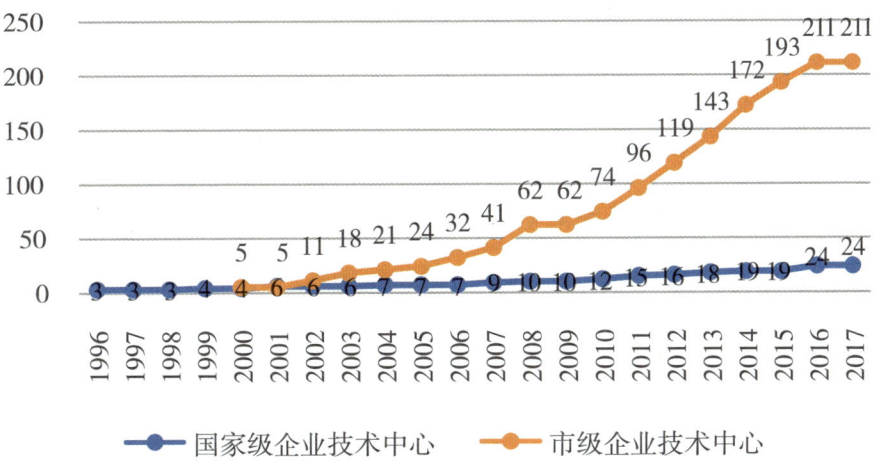

图7-1 1996—2017年深圳市企业技术中心发展情况（单位：家）

注：根据深圳市科创委网站公布数据整理。

深圳市 2009 年开始设立工程实验室，截至 2017 年底，成立 461 家，69% 为依托企业建立的工程实验室。企业研发能力和自主创新能力得到大幅度提升，研祥科技、铁汉生态、翰宇药业等大数据、生态环保、生物医药新兴产业企业获得了发展契机。

表7-1   2009—2017年成立工程实验室最多的企业

企业名称	工程实验室数量／家
深圳市易尚展示股份有限公司	8
研祥智能科技股份有限公司	8
深圳科士达科技股份有限公司	7
深圳市铁汉生态环境股份有限公司	7
深圳市英威腾电气股份有限公司	7
中兴通讯股份有限公司	7
深圳翰宇药业股份有限公司	6
深圳市建筑设计研究总院有限公司	6
深圳市晶台股份有限公司	6
深圳市美盈森环保科技股份有限公司	6
深圳市熊韬电源科技股份有限公司	6
深圳市振邦智能科技有限公司	6

注：根据深圳市科创委网站公布数据整理。

(4)设立高新技术企业支持其确立交易主体身份

国务院《关于批准国家高新技术产业开发区和有关政策法规的通知》（国发〔1991〕19号）批准《国家高新技术产业开发区高新技术企业认定条件和办法》，开始认定国家高新技术企业，并于 1996 年扩展到非高新区范围，其后多次修订认定标准。深圳国家高新技术企业数量在副省级城市中排名首位，在全国大城市中排名第二，低于北京。

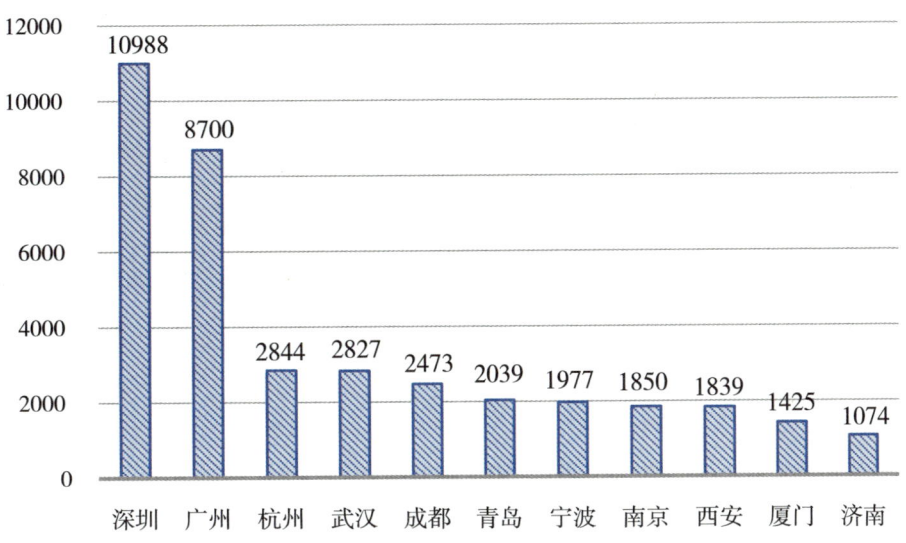

图7-2　2017年主要副省级城市国家高新技术企业数量情况（单位：家）

　　高新技术企业申请的条件不仅要求企业具有新技术的生产能力，而且要有新知识和新技术的所有权，也就是企业必须拥有核心自主知识产权，企业通过自主研发、并购、受赠、受让等方式，获得对其主要产品（或服务）知识产权的所有权。明确所有权，为交易提供了可能，从而使企业真正成为创新市场的主体。

　　自1996年和2000年分别对国家高新企业认定范围和条件做出调整后，全国的企业获得了认定的机会，极大促进了专利的产生。深圳在全国率先抓住了高新技术企业发展的机会，并依托国家高新技术企业认定，加快推动企业进入创新市场。从专利数据来看，深圳市专利数量在2000年前后开始加速增长，呈几何增长态势。深圳市专利质量提升起步于2002年，此前发明专利授权徘徊在个位数和两位数，2002年之后，深圳发明专利授权量跃升至276项，并进入快速增长期。企业作为应用研究创新市场的主体身份更加明确。

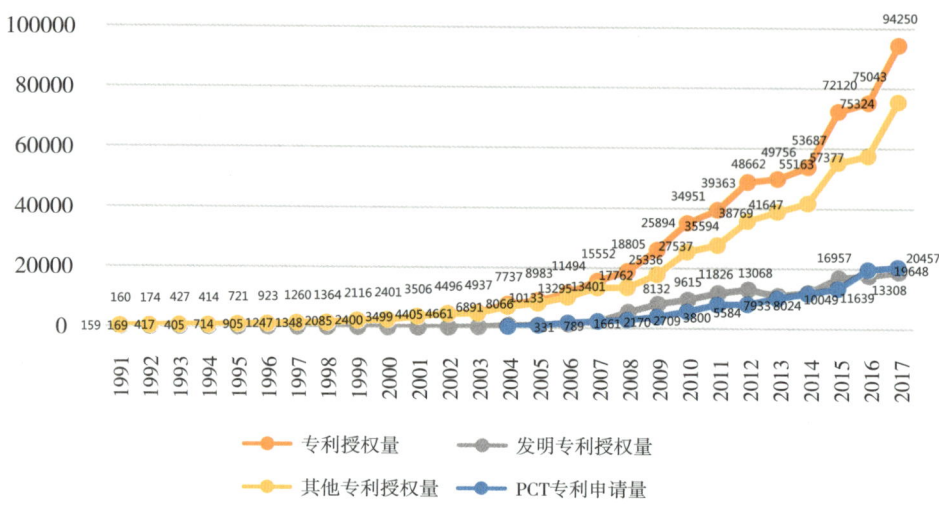

图7-3 1991—2017年深圳市各类专利授权量和申请量（单位：件）

在2006年召开的全国科技大会上，建设创新型国家被提升为国家发展战略。同期，深圳在双创过程中形成了"4个90%"的突出现象：90%以上的研发人员集中在企业，90%以上的研发资金来源于企业，90%以上的职务发明专利生产于企业，90%以上的研发机构设立在企业。这"4个90%"集中反映了深圳企业在创新市场中的主体地位，可以说这是深圳双创中最有特色的地方。

图7-4 深圳创新的"4个90%"现象

如今，企业已经逐渐向基础研究创新市场主体身份攀升。深圳拥有19.5万家科技类企业，为国家级高新技术企业的诞生提供了强大支撑和源头活水。自2010年以来，深圳连年斩获国家技术发明奖一等奖、科技进步奖特等奖等国家科技奖项达到99项。19个获奖单位，企业就占了13个，占68%，企业在深圳创新市场中的主体地位进一步凸显。

2. 确立科研院所创新主体身份（21世纪00年代）

科研院所短缺是以企业为主发展起来的试验发展市场向应用研究市场升级所面临的第一个挑战。深圳采取引入科研院所建设虚拟大学园、建设重点实验室、发展新型研发机构等方式，填补了深圳在应用研究创新市场和基础研究创新市场主体的不足。

（1）引入科研院所建设虚拟大学园

1999年，深圳成立虚拟大学园，建成了中国第一个集成国内外院校资源，按照一园多校、市校共建模式建设的创新型产学研结合示范基地，集聚了60所国内外知名院校，包括清华大学、北京大学等44所中国内地院校，香港大学、香港中文大学等6所香港院校，佐治亚理工学院等7所国外院校以及中国科学院、中国工程院院士活动基地、中国社科院研究生院等，建立拥有事业单位建制、独立法人资格的成员院校深圳研究院47家。

应用研究创新市场的建立，促使企业通过多种方式，与国内外高等院校和科研机构建立市场化协作关系，通过成果转让、委托开发、联合开发、共建技术研发机构等形式进行产学研合作。虚拟大学园在深圳设立研发机构262家，获批市级以上重点实验室、工程实验室等创新载体70家；承担国家级科技项目 1095 项、省部级项目 223 项、市级项目 1316 项，获得专利 1179 项，软件著作权 243 项，发表论文 1912 篇，转化成果 1744 项。

（2）建设重点实验室确立生产能力

自 1997 年以来，深圳市开始布局重点实验室，包括市级重点实验室、省级重点实验室和国家级重点实验室，形成梯队发展模式，以满足不断增长的高新企业对应用研究产业化的需求。截至 2017 年，深圳市拥有的市级、省级、国家级重点实验室分别为 222 个、33 个和 16 个。

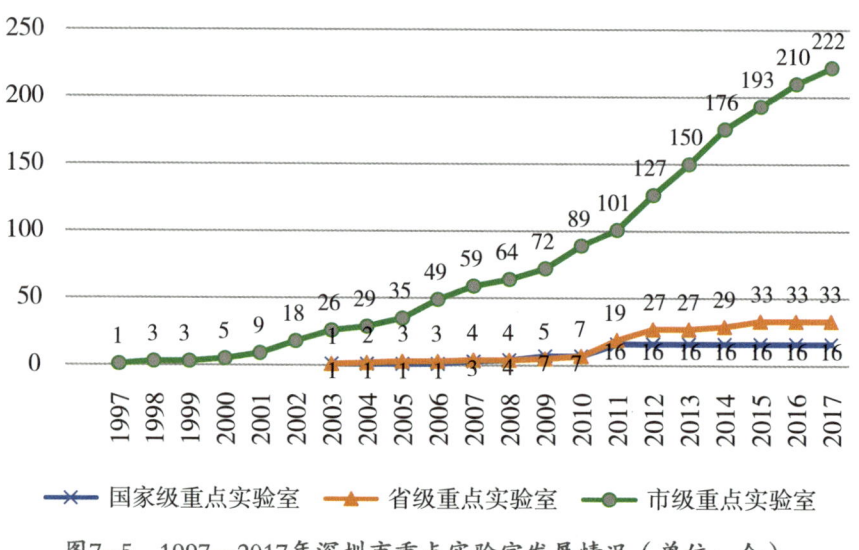

图7-5   1997—2017年深圳市重点实验室发展情况（单位：个）

注：根据深圳市科创委网站公布数据整理。

2011 年之后，深圳市在国家级重点实验室和省级重点实验室方面几乎没有重大突破。市级重点实验室主要集中在大学、科研院所和医院。深圳清华大学研究院和深港产学研基地等第一批引入的科研院所成为重点实验室依托的主要单位。

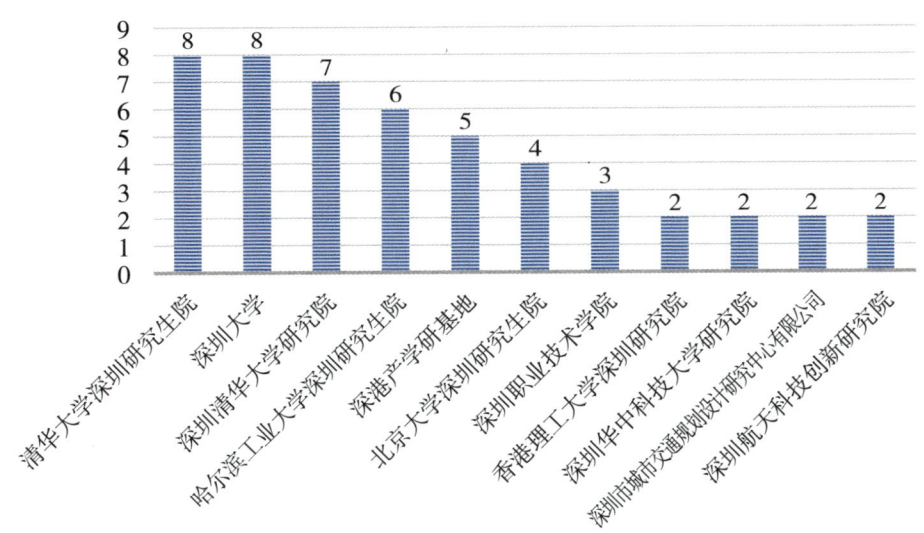

图7-6 1997—2006年重点实验室主要依托单位情况（单位：个）

注：根据深圳市科创委网站公布数据整理。

（3）发展新型研发机构推向市场

新型研发机构是开展产业关键技术研发、加速科技成果转化的新型机构，逐渐超越了传统的科研院所范畴，有"四不像"之称。已经形成了高校院所成立的新型研发机构和企业发起的"民办官助"新型研发机构两种。

深圳累计培育了41家集科学发现、技术发明、产业发展"三发"一体化发展的省级新型研发机构，这些机构以其突出的创新能力和巨大的增长潜力，成为引领源头创新和新兴产业发展的重要力量。其中，华大基因研究院脱胎于传统科技体制，已建成全球最大的基因测序及分析中心，累计在《自然》《科学》等国际权威期刊上发表文章2000余篇，申请国内外发明专利1400多件，已获得授权的发明专利400余件；光启研究院由我国归国留学生创办，拥有遍布世界五大洲18个国家与地区超过2800人的创新组织，成立以来累计申请专利超过3800件，迅速在超材料基础研究领域跻身世界前沿；深圳先进技术研究院集聚海内外高层次人才 2200 多人，累计培育企业超过 450 家，探索出产业与资本紧密结合的创新发展之路；深圳清华大学研究院累计孵化高新技术企业超过 1500 家，投资和创办 180 多家高新技术企业，培育了 20 家上市公司，为新兴产业快速发展发挥了重要孵化推动作用。

3. 确立高校创新主体身份（21 世纪 10 年代）

在全球创新创业最密集的地区"硅谷"，没有人会否认高校是创新市场最具活力的主体之一，是基础研究市场的主角。深圳通过持续的体制机制创新，确立大学科研人员专利使用权和收益权，引入中外合作办学的国际高校，推动高水平大学和学科建设，不断确立高校在创新市场的主体地位、增强市场供给能力、提高市场竞争性，推动了基础创新市场的发展。

（1）确立大学科研人员专利使用权和收益权

1999 年发布的《中共中央、国务院关于加强技术创新，发展高科技，实现产业化的决定》明确指出："高等学校要充分发挥自身人才、技术、信息等方面的优势，鼓励教师和科研人员进入高新技术产业开发区从事科技成果商品化、产业化工作。支持发展高等学校科技园区，培育一批知识和智力密集、具有市场竞争优势的高新技术企业和企业集团，使产学研更加紧密地结合。"截至 2017 年，重点实验室数量排名前三的依托单位都是高校。

2015 年以来，中共中央、国务院《关于深化体制机制改革加快实施创新驱动发展战略的若干意见》、国务院发布《实施〈中华人民共和国促进科技成果转化法〉若干规定》、中共中央办公厅、国务院办公厅印发《关于实行以增加知识价值为导向分配政策的若干意见》，明确高校院所职务发明知识产权归属和利益分享制度改革，支持职务科技成果混合所有制改革，激励科技人员创新创业，促进知识产权转化转移。

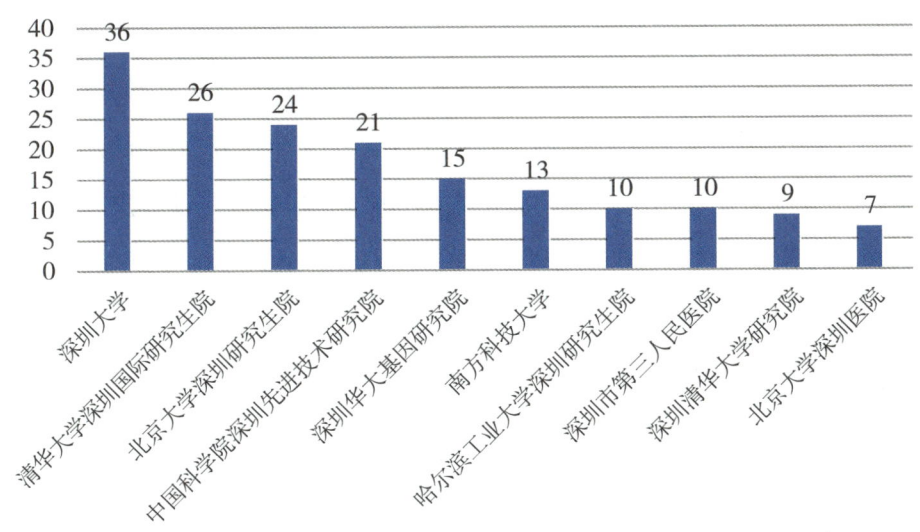

图7-7　2017年深圳市重点实验室十大依托单位（单位：个）

注：根据深圳市科创委网站公布数据整理。

（2）中外合作办学引入国际高校

2010年以来，深圳市加大国际高校引进力度。2012年以来，深圳市累计建成7所大学：南方科技大学、香港中文大学（深圳）、哈尔滨工业大学（深圳）、深圳北理莫斯科大学、中山大学（深圳）、深圳技术大学、清华大学深圳国际研究生院。2019年底，深圳有高校单位14个，在校学生14.95万人。全市高校全职两院院士总量达28人，已成为深圳市高层次人才最集中区域。2019年初，深圳全市全职两院院士41人，其中本土产生1名中国科学院院士、3名中国工程院院士。根据深圳市委、市政府发布的《关于加快高等教育发展的若干意见》，力争到2025年，深圳高校数量达20所左右，全日制在校生达25万人，成为中国高等教育强市。

(3)推动高水平大学和学科建设

深圳鼓励高校积极参与世界一流大学和广东省高水平大学建设。2017年深圳高校科研经费合计约25亿元，哈工大（深圳）牵头建设深圳唯一一个广东省实验室——网络空间科学与技术广东省实验室，已启动建设的5个诺贝尔奖科学家实验室中，深圳高校牵头建设4个。2018年1月，以北京大学深圳研究生院与清华大学深圳研究生院为依托单位的省部共建肿瘤化学基因组学国家重点实验室正式获批，深圳高校国家重点实验室实现零的突破。

截至2018年，深圳大学有六个学科进入ESI（基本科学指标数据库）全球排名前1%。2015年9月深圳大学工程学科进入ESI全球排名前1%，接下来的时间里，深圳大学先后有临床医学学科、材料科学学科、生物学与生物化学学科、化学学科、计算机科学学科、工程学科等六个学科进入ESI全球排名前1%学科行列。

2017年，由19家深圳高校、科研机构及企业主持或参与完成的15个项目获得国家科技奖，其中技术发明奖7项，占该奖项授奖总数的10.6%，是深圳建市以来在该奖项取得的最好成绩。

到全世界去寻找科学家。深圳进一步加大了基础研究布局，开始实施"十大行动计划"，包括布局十个重大科技基础设施、设立十大基础研究机构、组建十大诺贝尔奖科学家实验室等。

4. 确立国际创新主体身份（未来）

深圳长期以来作为国际创新市场的需求者，正在向国际创新市场的供给者和创新市场资源配置者转变。深圳走出了一条创新需求国际化—创新要素资源配置国际化—创新供给国际化的路径。

（1）创新要素资源配置国际化

创新人才国际化配置。大力实施引进海外高层次人才的"孔雀计划"，设立"千人计划"创业园、"孔雀计划"产业园和市人才研修院，举办国际人才交流大会，集聚海内外各类创新型人才。累计引进"孔雀计划"创新团队 116 个。

创新资本国际化配置。前海试点跨境双向股权投资。截至 2017 年末，前海已设立外商投资股权投资企业试点（QFLP）管理企业 124 家，认缴规模超过 328 亿元人民币；设立合格境内投资者境外投资试点（QDIE）企业 41 家，其中首批 8 家获批额度 9.61 亿美元，成立基金 25 只，规模 8.8 亿美元。

（2）PCT 国际专利供给国际化

PCT 国际专利意味着深圳参与国际市场的半径。根据深圳市知识产权局报告中关于国际专利的数据显示，深圳在国际创新上还处于早期阶段，且国际专利分布以欧美为主、大型企业为主、通信行业为主。

① PCT 国际专利公开量排名全球城市第二

2017 年，我国 PCT 国际专利申请量达到 48882 件[①]，同比增长 13.4%，超越日本，成为全球申请量第二的国家，仅次于美国的 56624 件。深圳所获得的国际专利，已超过了法国或英国一个国家所获得的国际专利数量。[②]

2017 年，在几个重点的国际创新城市和地区（国家）东京、硅谷、纽

---

① 数据来源：WIPO, http://www.wipo.int/pressroom/zh/articles/2018/article_0002.html.

② 杜艳, 曲广宁, 张东方. 深圳国家级高新技术企业总数将突破1万家[OL]. 人民网, [2017-11-07]. http://sz.people.com.cn/n2/2017/1107/c202846-30894901.html.

约、以色列当中，深圳的 PCT 国际专利公开量仅次于日本东京，大幅领先硅谷[①]，深圳公开量的增长率最高。

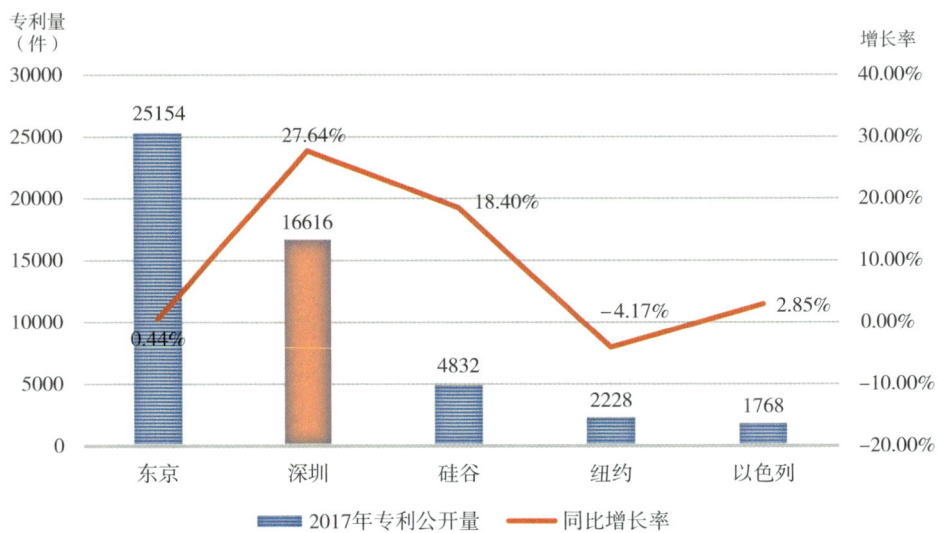

图7-8   2017年国际创新城市和地区（国家）PCT国际专利公开量对比

注：数据来源于国家知识产权局深圳专利代办处。

②主要进入欧美国际创新市场

2017 年，深圳的 PCT 国际专利公开量为 16616 件，同比增长 27.64%。除了 PCT 以外，深圳的境外发明专利公开量为 16573 件，排名靠前的境外地区分别是欧洲、美国、印度、日本；增长率较高的是欧洲与日本。

---

① 硅谷不是一个行政区划地名，在地图上一般不做标注。在地理上，硅谷起先仅包含圣塔克拉山谷（Santa Clara Valley），主要位于旧金山湾区南部圣塔克拉拉县（Santa Clara County），包含从该县下属的帕罗奥多市（Palo Alto）到县府圣何塞市（San Jose）一段长约25英里的谷地；之后逐渐扩展到包含圣塔克拉拉县（Santa Clara County）、西南旧金山湾区圣马特奥县（San Mateo County）的部分城市（比如门洛帕克）以及东旧金山湾区阿拉米达县（Alameda County）的部分城市，比如费利蒙等地。

表7-2　2017年深圳境外国家（地区）发明专利公开量

境外专利地区	发明专利公开量/件	同比增长率
PCT	16616	27.64%
欧洲	5808	24.88%
美国	5753	3.94%
印度	1113	−33.15%
日本	995	54.74%
中国台湾	442	−13.62%
德国	269	0.75%
中国香港	231	−13.16%
加拿大	150	−42.53%
韩国	126	−78.61%

注：数据来源于欧洲专利局专利数据库、TechGlory专利数据库。

③部分领域已具有国际创新市场影响力

2017年，深圳的5G技术、石墨烯技术、机器人技术、区块链技术PCT专利的公开量在全国主要城市中居第一名，甚至领先硅谷、东京、纽约、以色列等国际创新城市和地区（国家），具有全球引领力。

表7-3　深圳市在全球主要城市和地区（国家）主要新技术领域PCT专利对比

城市（国家）	5G通信技术PCT国际专利公开量/件	石墨烯技术PCT国际专利公开量/件	机器人技术PCT国际专利公开量/件	区块链技术PCT国际专利公开量/件
深圳	56	110	130	36
硅谷	16	13	46	37
东京	6	28	129	11
以色列	0	14	25	1
纽约	0	15	13	22

注：数据来源于欧洲专利局专利数据库、TechGlory专利数据库。

④深圳 PCT 专利公开量居全国城市首位

2017 年，深圳的 PCT 国际专利申请量达 20457 件[1]，占全国申请总量的 43.07%。深圳 PCT 国际专利公开量 16616 件，居全国主要城市首位，是第二名北京的 2 倍以上。

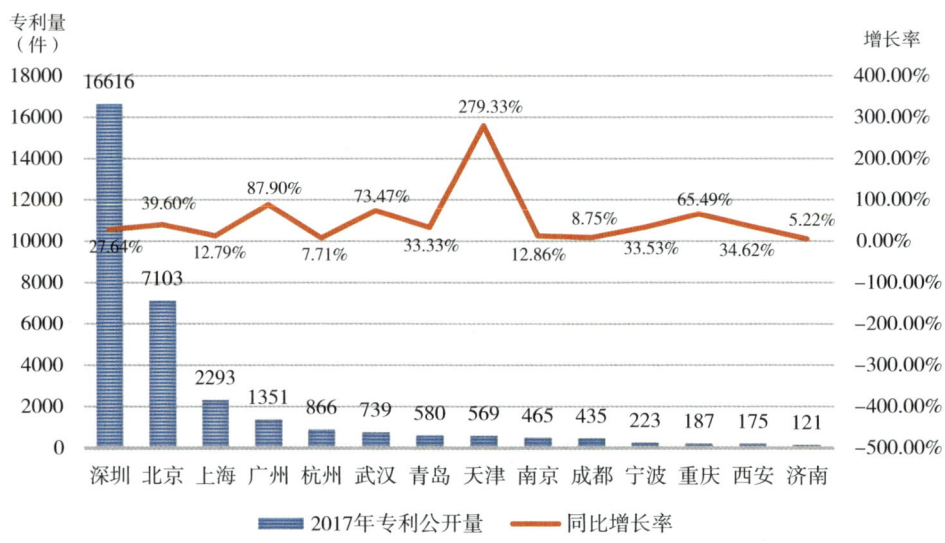

图7-9   2017年PCT国际专利公开量全国主要城市对比

注：数据来源于欧洲专利局专利数据库、TechGlory专利数据库。

（二）合约：让创新资源最有效地配置

市场之所以能有效配置资源，是因为市场信号机制——价格——能够灵敏反映各种创新资源的稀缺程度。有效的信息系统，是价格确定的基本条件。而信息系统建立的前提是让市场进出无障碍、让资源在供需之间流动起来，让交易可以发生。

---

[1] 数据来源：国家知识产权局深圳专利代办处。

根据阿罗悖论，信息很难成为交易的商品。就是说，如果供给者不提供信息的内容，则无法定价；如果提供给需求者信息的内容，对方可能不再购买。[①]给信息界定所有权，是破解阿罗悖论的方式，"以专利换股权"，就是一种具体的交易和定价方式。张五常知名的合约理论表明，将新知识、新技术与其他产品绑定销售，用容易度量的产品来度量不易度量的知识产品，有助于理解新知识和新技术的交易。

用合约理解新知识和新技术的交易。如何解释创新市场价格发现和甄别功能，用"结构化产品"的思维理解知识产品是有益的，该类产品结合了固定收益商品与知识生产品，具备双重属性，通过商品在市场的真实交易来确定知识的定价。股权嵌入型结构化知识产品，如华为的员工持股计划，是知识创造与股权结合的典范。信用嵌入型结构化知识产品，是风险资本与新知识结合的样本。商品嵌入型结构化知识产品，是知识嵌入高新产品捆绑销售的样本。

1. 股权嵌入型结构化知识产品（20 世纪 90 年代）

新技术和新知识如何进行定价和分配，新知识作为中间产品以股权方式嵌入最终产品中，是解决定价和分配问题的一种有效方式。早在 1998 年深圳市就出台了《深圳经济特区科技投入条例》和《深圳经济特区技术成果入股管理办法》。如华为的员工持股计划、内部创业计划等，都是知识创造与股权结合的典范。通过产品在市场的销售来检验、来发现价格。但这种传导机制也存在链条长的缺陷。

2017 年在全国科技创新大会召开后，作为中国科创重镇的深圳率先在

① 吴欣望，朱全涛. 专利经济学：基于创新市场理论的阐释[M]. 北京：知识产权出版社，2015.

全国推出了落实科创体制改革精神的地方细则。根据新政策，深圳明确规定，政府所属科研机构的科技成果使用、处置和收益权将下放到项目承担单位，科研人员成果转化收益比例也将提高到 70% 以上。

赋予了新知识入股合约的法律地位。2018 年，《深圳经济特区国家自主创新示范区条例》明确了高等院校、科研院所以及科研人员以知识产权设立公司或者入股公司的，可以分别独立持股，并按照约定的股权分配比例办理公司登记或者股权登记手续。

2. 信用嵌入型结构化知识产品（21 世纪 00 年代）

2000 年之后，随着创业板、中小板等资本市场的兴起，股权投资基金的发展加快，形成对新技术和新知识的一种需求力量。将知识产权、个人信用与资本市场结合，变消费者交易定价为资本者投资定价。市场契约是信用嵌入的核心。

初创的公司与风险资本结合，初创公司拥有新技术和新模式，是创新市场的供给者，风险资本则是需求者。创业者将新技术和新模式与股权结合。一般来讲，初创团队所占的比例都在 60% 以上，以确保其有效激励。脸书的创始人马克·扎克伯格和微软的创始人比尔·盖茨就是通过这种方式获得成功。

新技术嵌入的产品通过在市场的检验，来发现价格，但这种传导机制时间同样较长，往往几年之后通过上市等渠道退出才能获得回报。市场的预测和预期的垄断利润成为市场价格发现的关键。

腾讯是这一时期通过资本融资获得成长的典型。2000 年，幼小的腾讯差一点因为创新市场的不成熟（几乎找不到需求方）而夭折。在与新浪、搜狐、联想等洽谈收购无果后，腾讯获得了 IDG（美国国际数据集团）和香港盈科公司各 110 万美元的投资，从此成就了 QQ 传奇。腾讯的核心技术折算成股权在市场中进行交易，并获得成长所需的资本，与资本方共享未来成长收益。

3. 商品嵌入型结构化知识产品（21 世纪 10 年代）

标准授权、知识产权联盟、交叉许可、许可转让等，大都将知识产权与特定商品绑定，从而解决差异化创新市场的定价和交易问题。

以华为 5G 专利收费为例，专利所有权保留在华为等专利所有者手中，但需求企业在每一个最终产品中向华为支付专利使用费。5G 专利收费的厂商，以高通为例，之前公布的细节是这样的，单模 5G 手机专利收费 4%，多模 5G 手机（包含 3G/4G/5G 网络）专利收费是 5%，那么假设一款 4000 元的 5G 手机，采用了高通这两种不同的方案后，分别要交付的专利费是 160 元和 200 元。只要厂商用到华为的专利，那么就是统一的专利使用收费标准，费用标准设定在 4%，也就是 1000 元的产品要交付华为专利费 4%。所以一款 5000 元的 5G 手机，华为专利的收费就是 200 元。

（三）市场环境：创新市场的宏观调控

我们在引言中"创新市场内涵"部分分析过，创新的部分公共物品属性；创新不完全竞争带来的供给不足和生产风险；创新外部性，搭便车行为，如盗用风险；信息不对称，存在资本与信息分离现象等导致创新市场失灵，因此需要宏观调控。

政府调节市场，市场引导企业。创新市场宏观调控的核心是实现社会公平和保证竞争秩序（效率）。在创新市场上，需求管理与供给管理，两手都要硬。国际市场层面侧重需求管理，国内市场层面侧重供给管理。"放管服"是推动国内创新市场供给管理的重要手段（产业结构政策、产业组织政策）。制度开放是推动国际创新市场需求管理的重要手段（财政税收政策、货币政策、收入政策）。

1. 市场规则：统一市场的前置条件

市场分割的原因往往是市场规则不一致。如高校体制下的创新市场规则，与企业创新市场规则差异较大。传统创新市场与现代创新市场，传统的封闭创新规则与现代的开放创新规则截然不同，国内的创新市场是不统一的，是分割的。在创新资本市场上，国际创新资本规则与国内创新资本规则也具有较大差异，是不统一的、分割的。同样地，在人力资本市场上，国与国之间的绿卡制度限制了创新人才的自由流动，在税收等方面的规则也具有较大差异，是不统一的、分割的。

这就需要推进创新市场国际化发展体制机制改革，完善对接国际劳动力要素市场、资本要素市场的体制机制。

（1）建立符合国际规则的管理体制

建立与国际规则接轨的科研体制机制。近年来，深圳不断推动高校、科研院所的体制改革，推动了产学研机制、管理机制、评价体系、经费筹措等方面的改革。出台了高校院所社会捐赠扶持管理办法，对于高校院所获得社会捐赠的，给予 5000 万元以下 1：1 配套支持，5000 万元以上 1：0.5 配套支持。逐步建立科研高校的社会捐赠使用体制，促进科研市场化。

建立高校与企业之间自由流动的机制。支持高校研究人员停薪留职创业或到企业就职，打通企业科研与高校科研之间的旋转门。支持企业与高校共建博士后流动站，支持职业教育学院聘请企业具有研发实践经验的人为老师。在国际上，大型企业建立的实验室（如 IBM 实验室等）都与高校实验室建立自由流动的机制和人才培养的机制。

建立与企业创新国际化相协调的管理体制。越来越多企业雇用国际人才作为研发骨干，甚至设立海外研发中心，这就要求企业转变传统的管理体制，建立适应国际化创新的管理体制。华为在 2000 年前后向 IBM 学习，聘请了世界级的大咨询公司，为华为构建了国际化的组织管理体系，有力推动了华为的创新国际化。

（2）建立区域市场一体化的规则

建立创新要素流动、创新机制灵活、创新网络自由拓展的协同创新体制。2009 年，深圳、东莞、惠州三市在联席会议上提出再次携手密切协作，涉及基础设施、产业发展、城乡规划、环境保护、公共服务等方面。在创新方面，旨在建立一个协同创新的新机制。2017 年，华为做出新的区域布局战略调整，将总部、设计、销售等商业环节留在深圳，将制造业环节分流到东莞松山湖华为基地。

打破创新体制的制度性障碍，推动深港创新一体化。深港创新一体化，2003 年内地与港澳签署关于建立更紧密经贸关系的安排（CEPA），共建深港创新圈。2017 年初，深港两地签署《关于港深推进落马洲河套地区共同发展的合作备忘录》，双方将在河套地区共建香港最大的科技创新园区。2018 年，深圳市出台《深圳市"深港创新圈"计划项目管理办法（试行）》，实施单边补贴制度，推动深港创新资源一体化。

加快在交通、公共服务等方面的行政体制协同。2018 年初，深莞惠经济圈（3+2）党政主要领导第十一次联席会议，提出深圳与其他 4 市合作联通的交通项目共有13项，包括"联合开展深莞惠经济圈（3+2）区域路网衔接规划""深惠两市加强轨道交通对接""加快莲塘口岸与惠州快速通道建设，促进香港—深圳—惠州三地交通融合""研究开通深惠汕三市水上旅游客运航线""推动新建一条深圳至汕尾（深汕合作区）的高速公路"等备受瞩目的地铁和高速公路互联互通事项。

（3）建立与国际接轨的税费体制

贯彻实施研发加计扣除。2008年，国家税务总局印发《企业研究开发费用税前扣除管理办法（试行）》，对于企业用于开发新技术、新产品、新工艺发生的研究开发费用，计算应纳税所得额时按照研究开发费用的50%加计扣除，形成无形资产的，按照无形资产成本的150%摊销。

高新技术企业税收减免。国际上高新技术企业大都享受低税率。依据科技部、财政部、国家税务总局发布的政策，深圳市对高新技术企业以连续三年减税至15%税率征收企业所得税。同时给予申请高新技术企业一定的费用补贴，最高达到30万元。大幅降低了科技企业的创新成本。

2. 法治环境：市场持续的基础条件

（1）商事制度改革提高登记便利度

深化"证照分离"改革。"先证后照"改为"先照后证"，大幅削减前置审批事项，从原来的69项减少至11项，使深圳成为全国前置审批事项最少的城市。出台全国首个商事登记权责清单——《深圳市商事登记行政审批事项权责清单》，通过削减前置审批事项，大部分企业可以直接登记注册，大幅缩减开办企业周期。

进一步放宽商事登记条件。在全国率先实行企业名称自主申报，取消名称预先核准，申请人可以通过"企业名称自主申报系统"进行自主查询、对比、申报，进一步压缩企业开办环节和缩短办事链条，无须耗费时间和成本。在全国率先推行住所自主申报制度改革，实行住所申报后申请人开办企业免于提交场地证明文件。推动"互联网＋商事登记"服务模式，稳步推进"多证合一"，实现了"三十证合一"。开办企业时间缩短至4.5天内。

(2)"放管服"改革降低创新交易成本

实施面向创新的"放管服"改革。2017年，深圳调整了123项行政职权事项，其中取消108项，暂停实施1项；承接了广东省"强市放权"117项省级下放职权事项，根据国务院和广东省要求取消28项职权事项。

行政事业性收费和政府性基金实施清单管理。目前，深圳涉企行政事业性收费项目仅有12项，政府性基金项目仅有6项，全部为国家定项目。实施"营改增"、调整"五险一金"等减免政策后，全年为企业减负1369亿元。

审批流程再造降低营商成本。深圳市发改委对政府投资项目实行并联审批及跨部门协同办理，整体办理时间已由400多个工作日压缩至53—63个工作日；深圳市卫健委将补办和注销事项的办理时限由20个工作日缩短到5个工作日。深圳市级网上办事大厅进驻行政许可事项515项（子项），其中"零跑动"事项（不含使用国家、省垂直系统）占56.9%，不超过1次跑动事项占97.34%，网上全流程办理率为94.95%，网上办结率为98.94%。

(3)最严格的产权保护制度保障收益

知识产权和财产权保护是创新市场得以存在的根本。深圳率先在全国出台《加强知识产权保护工作若干规定》，并成立知识产权法庭，推行行政、民事、刑事"三审合一",从立法、执法等方面加强知识产权保护,严厉打击侵权假冒行为,强力保护创新成果。出台了加强知识产权保护的36条举措,制定了国家知识产权综合管理改革方案,打造国家知识产权示范城市。《深圳经济特区知识产权保护条例》已经出台实施,这是全国首部综合类的知识产权保护条例。

3. 开放环境:创新要素的配置条件

(1)建立科技资源共享机制

以"规范审批流程、信息公开透明、服务快速高效"为原则,深圳率先构建了统一开放透明的科技管理信息系统。通过该系统的"一体化"办事平台,所有科技项目实现了网上征集、申报、受理、评审、评估、考察、合同签订以及资金拨付程序的"一站式"办理,减少了项目管理的自由裁量权和人为因素,提高了政府行政效能和科技经费使用效率,促进了科技管理与决策的规范化、法治化。

依托科技管理信息系统,建立了统一开放、互联互通的科技资源共享机制,8000余台大中型科研仪器设备向社会开放共享;出台《深圳促进重大科研基础设施和大型科学仪器共享管理暂行办法实施细则》,进一步提高科技创新资源利用效率和共享水平。

(2)改革推进劳动力市场国际化

打造前海人才管理改革试验区。2016年3月,深圳市委、市政府发布出台《关于促进人才优先发展的若干措施》,单列了"大力推进前海人才管理改革试验区建设"章节。2017年8月,颁布了《深圳经济特区人才工作条例》,其中明确"中国(广东)自由贸易试验区深圳前海蛇口片区可以开展人才创新政策先行先试，探索建立与国际接轨的人才管理体制机制"，以特区立法形式，为前海开展人才创新提供法律保障。

提供人才出入境和居留便利。 落实公安部支持广东自贸区建设 16 条出入境政策，完成了全省首例博士华人办理"中国绿卡"（累计已办 4 例），全省首例外籍技术人才积分办理"中国绿卡"，市场化薪酬认定办理"中国绿卡"22 人次，为重点企业高管成功办理 5 年工作居留许可。一年多来，全市利用自贸区政策共办理人才签证 2000 多证次。

实施个税 15% 的税收优惠政策。 出台了前海境外高端人才和紧缺人才认定办法、个人所得税补贴办法，通过薪酬、职务等市场化方式认定人才，对高端人才缴纳个税超过 15% 的部分由市财政给予补贴。

（3）"双向对接"国际资本市场

本国基金管理公司"走出去"。 对国际规则的不熟悉以及海外投资经验的匮乏，使得绝大多数中资机构在与海外同业的竞争中存在着明显的不足。《证券公司和证券投资基金管理公司境外设立、收购、参股经营机构管理办法》经中国证券监督管理委员会 2018 年第 3 次主席办公会议审议通过，已经出台。从业务门槛、业务范围等多个方面对证券基金经营机构在境外设立、收购或者参股经营机构给出具体标准。未满足新规的存量机构，监管部门给出了 24 个月的过渡期。此项办法将有力连接国内外创新市场。

海外股权投资公司"引进来"。 外资股权投资企业试点取得新突破。2010 年以来，外商投资股权投资企业（QFLP）试点承担了开辟一条外资在境内开展股权投资业务的新道路的重任。2017 年 9 月 22 日，深圳新规的颁行又让各界再次关注 QFLP 制度，扩大了试点对象和范围，规定外商投资股权投资管理企业既可以采用外商独资的形式发起设立，也可以采用中外合资的形式发起设立，并允许"外资管外资""内资管外资""外资管内资"三种模式。明确试点企业登记事项变更流程，明确托管银行的事后监管职责等。这将形成更宽松的投资环境，有利于带动形成创新市场的新的需求。

政府力量为创新市场发展提供了制度——文化环境保障。中国社会进行的是自上而下的强制性制度变迁，这一制度变迁的显著特点就是，政府在社会转型中处于非常重要的地位。政府既是制度变迁的发轫者与倡导者，又是制度变迁的实施者与推动者。从社会管理体制机制变革的角度来说，中国社会制度变迁的过程，就是由全能政府走向服务型政府和授权型政府的过程。先有改革的政府，才会有改革的社会。改革政府的过程，就是政府职能转变的过程。提供包括法律和社会规制在内的公共物品和公共服务，就成为政府的首要职责。创新型国家建设是深化改革的重大举措，政府的政策引导无疑是实现这一目标的关键所在。在中央整体发展目标确定之后，地方政府的改革勇气与胆略、认识能力与管理智慧就是决定性的因素。创新属于市场，但"创新市场"的确立需要政府；创新价值的实现是市场行为，但有利于创新价值实现的制度——文化环境的供给则来自政府，深圳双创成功的实践具有说服力地证明了这一点。

（四）面临挑战：四大不足制约发展

创新市场主体不完整、创新市场竞争性不足、创新市场国际化程度较低以及创新市场的法治保障有待进一步完善，这意味着深圳目前创新资源的配置存在扭曲，不能实现高效的创新资源配置，在国际创新市场上的分工处于较低水平，建成具有国际竞争力、影响力的创新之都还存在不少难度。

1. 创新主体确权意识薄弱

确权是指组织机构或行政机关对相应权利的确认，包括使用权或拥有权和他项权利的确认与确定。不同领域有不同的权利确权，而创新主体确权是对其创新活动和行为的权利确定，是其合法性的保障。由于确权的过程也是信息开放的过程，在没有严格的知识产权保护和优质的制度保障的情况下，权利维护的成本较高，为保障在一定时期内的市场比较优势，创新主体往往不具有主动确权的意识。从商品市场向创新市场的转型中，部分创新主体依然按照传统的市场规则开展经济活动，对知识产权确权的重要性认识不足，缺少基本的在"创新市场"中保护自我的意识，往往企业在海外维权时处于下风，甚至不得不选择退出市场。

(1)中小科技企业知识产权保护意识薄弱

数据显示，深圳规模以上工业企业科学研究与试验发展活动中，有研发活动的企业和有研发机构的企业近年来占规模以上企业的数量不足1/3。这意味着每三家规模以上企业，仅有一家在从事研发活动，并拥有研发机构。同时也意味着，大部分的企业仍然徘徊在创新市场之外。即使是作为创新代表力量的高新技术企业，深圳的查无专利的高新技术企业占比依然有26.86%，虽然低于北京和上海，但依然表明有多于1/4的高新技术企业不具有确权意识。

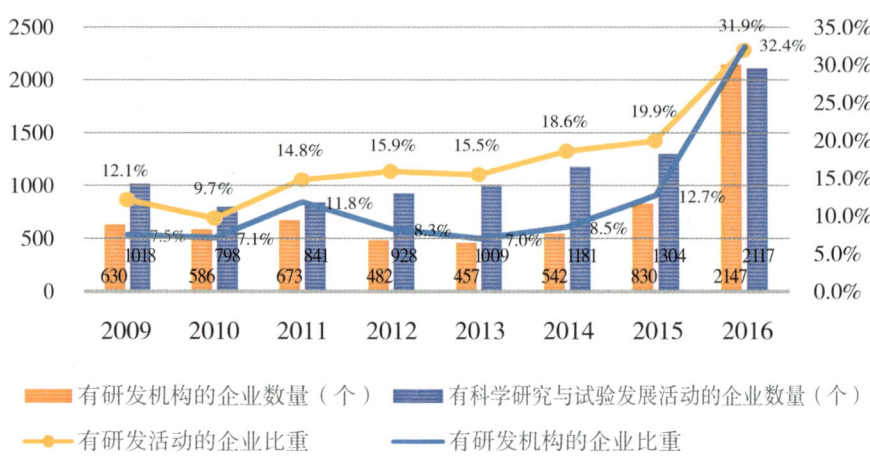

图7-10 2009—2016年有研发活动和研发机构的企业情况

(2)高新技术企业参与创新市场的能力不足

高新技术企业知识产权注册的意识不足。虽然深圳拥有全国排名第二的高新技术企业数量，拥有全国第二的专利申请总量，拥有全国第一的 PCT 专利申请量，但是，深圳市 8037 家高新技术企业，有 4328 家企业查无有效发明申请专利，查无有效发明申请专利的高新技术企业占比 53.85%；查无有效发明授权专利的高新技术企业有 5675 家，占比 70.61%；查无有效实用新型专利的高新技术企业有 3240 家，占比 40.31%。这样来看，深圳创新市场的培育任重道远。

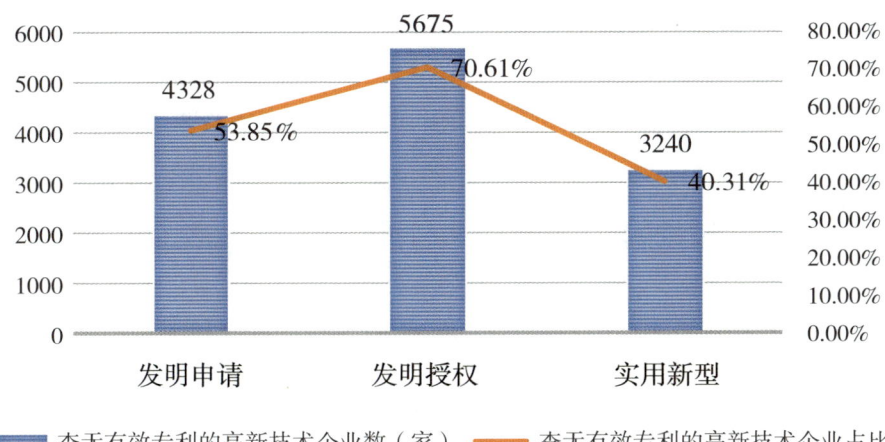

图7-11　2017年查无有效专利的高新技术企业情况

注：数据来源于深圳市知识产权局，深圳市高新技术企业专利统计分析报告2018。

2. 创新市场的竞争性不足

竞争性是市场的内在品质，也是市场效率之所在。"创新市场"的竞争性直接关系到创新的活跃度和创新资源的配置效率问题。由于"创新市场"发展不成熟和市场规则的不完善，尤其是"应用研究创新市场"和"基础研究创新市场"的市场准入和市场规则还不完善，无形中抬高了创新主体的准入门槛，扭曲了创新资源配置，制约了创新活力和创新绩效。扭曲的资源配置将会导致深圳在国际"创新市场"分工链条中处于较低水平，从而失去话语权和主导权。因为一国在国际分工中的地位高低，决定其话语权的分量轻重。从长远来看，缺乏竞争性的"创新市场"还将会影响深圳建设具有国际竞争力、影响力的创新之都的宏伟目标的实现。

（1）应用研究创新市场发育不足

发明专利反映应用研究创新市场的发展程度。从发明专利授权来看，深圳市在全国大型城市中排名第三，约占北京发明专利授权量的 40%。因此，深圳市已经培育起来的试验发展创新市场对应用研究创新市场形成供不应求的局面。

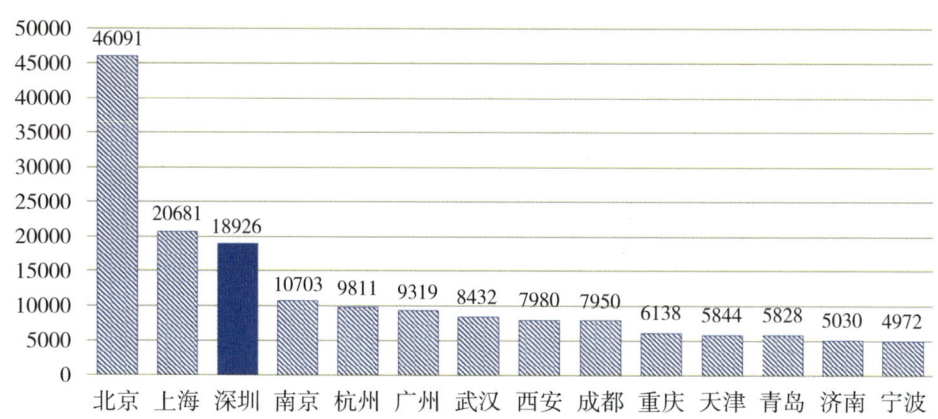

图7-12　主要城市2017年发明专利授权量对比（单位：件）

注：数据来源于国家知识产权局专利数据库、TechGlory专利数据库。

（2）基础研究创新市场投入低于国际水平

创新市场结构与创新能力息息相关。1998—2008 年，美国基础研究经费占科学研究与试验发展总经费的比例在 15%—19%，呈上升趋势。基础研究、应用研究、试验发展三者经费比例约为 18∶22∶60。

图7-13　深圳市2009—2016年研发活动的结构（单位：亿元）

深圳基础研究经费投入占总科学研究与试验发展经费投入比重从2009年的0.23%上升到2016年的2.89%。尽管从2016年开始，深圳市加大了对基础研究的投入，但投入总额仅为24.3亿元。

（3）重大创新平台不足以支撑基础研究创新市场供给

以国家重点实验室为例，北京有116家，上海有44家，广州有20家，深圳仅有5家（华为、中兴、华大基因、光启理工和中广核等企业国家重点实验室）；北京、上海分别拥有国家工程技术研究中心68家、41家，深圳仅有7家。缺乏重大科研基础设施和国家级基础研究平台，难以支撑战略性新兴产业发展和未来产业的培育。

（4）应用研究创新市场难以支撑高成长性企业

目前应用研究创新市场的不足，导致深圳市高成长的创新型企业发展需求得不到满足。硅谷在过去十年，平均每年就出现四家"独角兽"公司，而且这一产生速度还在持续加速中，据美国创业分析公司（PitchBook）统计，截至2017年10月全球33家新晋独角兽公司中，来自硅谷的高达12家。深圳2016年拥有大疆创新、菜鸟网络等独角兽企业12家，占国内独角兽企业总数的近一成，远低于独角兽企业数量居全国第一的北京（65家），更远落后于硅谷地区。

3. 创新市场国际化程度较低

开放是国际化的前提，但开放不等于国际化。从要素流动角度来看，国际化应该表现为一国要素市场是国际要素市场的一个组成部分，不仅要素流动是双向的，而且流动的要素也是全方位的。不仅有资本与技术，还要有人力资本。从某种意义上讲，人力资本的国际流动，是一国国际化水平的重要标志，尤其对于"创新市场"而言。目前深圳在要素流动市场上表现出来的开放不国际，或开放程度大于国际化程度的状况，将会制约深圳"创新市场"的发展，从而带来自我约束的尴尬。

（1）参与国际创新市场的主体集中在大型企业

PCT国际专利申请量前10名企业占全市PCT国际专利申请总量的50.64%，可见大中型企业也是深圳PCT国际专利的申请主体，参与国际创新市场的企业无论在领域、能力等方面都具有较大局限。

表7-4　2017年深圳PCT国际专利申请量排名前10名企业

排名	申请人名称	所属区域	PCT 国际专利申请量／件
1	华为技术有限公司	龙岗区	3850
2	中兴通讯股份有限公司	南山区	2477
3	深圳大疆创新科技有限公司	南山区	851
4	腾讯科技（深圳）有限公司	福田区、南山区	620
5	惠科股份有限公司	宝安区	564
6	深圳市华星光电技术有限公司	光明新区	475
7	深圳传音通讯有限公司	南山区	449
8	平安科技（深圳）有限公司	福田区	446
9	深圳华星光电半导体显示技术有限公司	光明新区	316
10	深圳柔宇科技有限公司	南山区、龙岗区	311

注：数据来源于国家知识产权局深圳专利代办处。

（2）跨国联合研发能力尚有不足

　　全球发达国家的创新市场都具有高度国际化的特征。1998—2010 年，多数国际创新城市联合研发专利申请量保持在 60% 左右，纽约联合研发专利（Co-patent）占专利申请量的比重始终保持在 70% 以上，伦敦联合研发专利占专利申请量的最低比重也高于 55%。从国际层面看，美国国际合作专利占 14%，德国国际合作专利占 17%。但深圳目前还没有对联合研发专利数量的统计。[①]

[①] 深圳市知识产权局反馈，深圳市尚无企业专利申请详细数据，依赖于国家相关部门固定时间截取相关数据给到深圳，因此深圳市难以统计知识产权申请信息，制定相关政策。

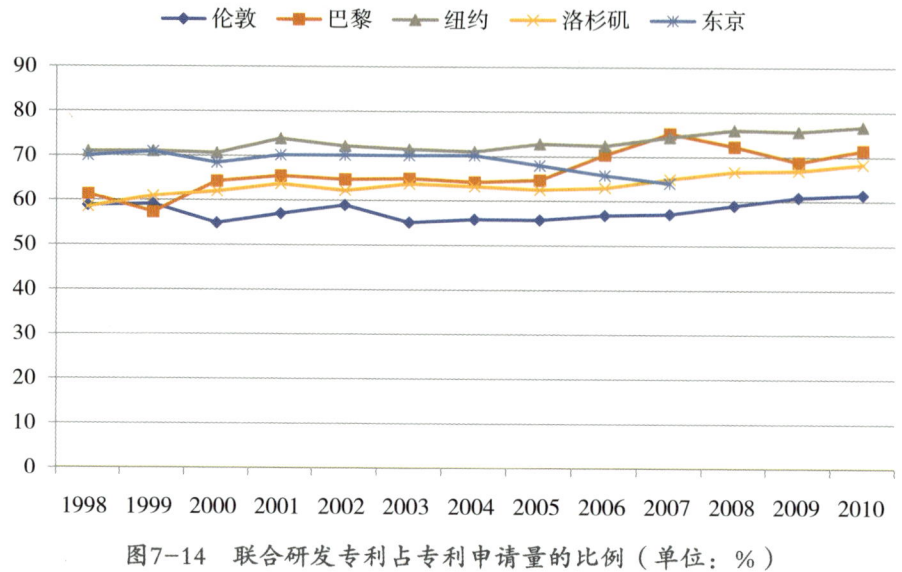

图7-14　联合研发专利占专利申请量的比例（单位：%）

注：1. 联合研发专利是指共同研发取得的专利成果，专利归属为共同所有。联合研发专利占专利申请量的比例=联合研发专利数量/该区域当年PCT专利申请量。

2. 数据来源：OECD数据库，http://stats.oecd.org。

4.创新市场保障体系不强

"创新市场"保障体系的完善包括两个不同的层面：其一是自身体系的发展完善，这与市场的成熟度及其"看不见的手"直接相关；其二是支撑市场体系的法律与制度的完善程度，其供给者是政府，所以与政府认识能力、改革的勇气及执政智慧直接相关。未来，深圳需要不断开发创新市场供给型政策工具、创新市场需求型政策工具、创新市场环境型政策工具，持续释放人自由创造的本性，让自由创造导向幸福。

（1）国际创新市场抗风险能力不强

在国际创新市场上，推动新思想与新技术在国际自由流动，需要建立符合国际惯例的知识产权保护制度、专利资产法律、专利交易税制等。在高端研发人才和技术人才市场规则上，促进国际人才评定和长期居住，需要建立国际劳动力评定制度和外籍永久居住制度体系。在国际风险投资资本市场上，发挥资本对双创的推动作用，不仅需要建立风险资本市场的规范制度，而且需要探索开放资本账户和人民币离岸金融。

2018年3月22日，特朗普政府宣布"因知识产权侵权问题对中国商品征收500亿美元关税，并实施投资限制"。知识产权已经成为影响中美关系，尤其是中美贸易的重要因素。美国正在建立全面管制体系，半导体设备、材料、技术等在出口前均需要先申请政府许可，并连续数十次否决中国企业通过资本合作获取半导体技术授权。

（2）产权保护依然难以满足创新市场发展

司法诉讼周期长。 按照世界银行营商环境指标体系，企业解决商业纠纷的时间为120天以内，但根据深圳市政协调研问卷结果显示，有超过六成的企业解决商业纠纷的平均时间超过120天，尚未达到国际一流水平。新产品往往在案件审理期内错过了热销高峰期，导致创新者激励大幅下滑。

尚未设立知识产权法院。 知识产权专门审批机构设置规格与科技创新中心地位不匹配。深圳作为国家首个创新型城市试点和首个以城市为单元的国家自主创新示范区，2017年深圳市知识产权法庭挂牌运作，但与北京、上海和广州相比，深圳尚未设立知识产权专门法院，一定程度上制约了知识产权案件审理专门化、管辖集中化、程序简约化和人员专业化。

专业化智库建设亟待推进。 从事知识产权审判的法官大都是法律专业出身，兼具法律专业和理工专业背景的人员极其缺乏。在知识产权案件中，大都涉及专利、技术秘密、集成电路图等技术问题，技术事实查明和分析判断复杂，没有相关专业背景的法官往往难以弄清技术争议全部事实，不利于案件审理的客观、准确。必须建立技术事实查明机制，借助专业人员帮助法官查明事实。

(3) 破产等退出机制缺失

缺少针对性破产条例和管理机构。深圳早在 1993 年就制定了全国首部《深圳经济特区企业破产条例》，但因为到期被停止实施。目前深圳法院解决破产问题主要依据《企业破产法》，但其中条款适用于全国，实施效果不及预期。此外，深圳尚没有建立专门的破产行政管理机构，缺乏司法和行政的有效衔接，主要由法院对破产管理人进行监督指导。创新企业不能破产清算，往往影响二次创业和资源的优化配置。

综上所述，由试验发展引致的应用研究市场和基础研究市场的快速发展，是深圳创新市场发展的路径特色，深圳在应用研究市场上占据了国内创新市场的相对优势地位，在基础研究市场上处于相对弱势，在参与国际创新市场上走在全国前列，但参与的广度和深度依然不足。未来，深圳需要不断开发创新市场供给型政策工具、创新市场需求型政策工具、创新市场环境型政策工具，持续释放人自由创造的本性，让自由创造导向幸福。

第八章
深圳创新市场发展与完善

充分发挥创新创业优势，进一步完善创新市场，以市场机制为深圳双创注入持续发展的原动力。从创新主体、激励机制、创新要素、制度环境四个方面出发，做好创新市场培育和完善工作：一是培育更有活力的创新主体队伍；二是形成更有效率的市场激励机制；三是构建更加完善的创新要素市场；四是打造更加适宜创新的制度环境。通过创新市场的培育和完善，深圳将打造成为国际科技产业创新中心，成为推动粤港澳大湾区协同发展的创新引擎。

（一）培育更有活力的创新主体队伍

1. 加大对民营企业创新的支持

实施企业研发机构全覆盖计划。引导和支持企业普遍建立研发准备金制度，支持骨干企业建设省级以上企业技术中心、重点实验室、工程技术中心、工程实验室、协同创新中心等创新平台。强化企业在创新链条中的主体地位，支持企业与国内外重点院校、科研机构、行业协会共建科技创新战略联盟。鼓励大型企业建设重点研发创新中心，或与大学、科研院所建立创新合作平台，参与国家、省、市的科技重大专项、重点工程建设和科技计划，开展委托研发和购买知识产权，提升大型企业创新资源整合能力和研发创新能力。

培育壮大高新技术企业。深入实施国家高新技术企业培育计划，引导和支持企业加强技术研发能力，扩大科技型企业规模。建立国家高新技术企业培育库，完善入库培育标准和管理制度，对入库企业予以研发资助。鼓励市属国有控股公司尤其是上市公司与具有技术创新性、产业成长性和市场拓展性的民营、外资等多种所有制高新技术企业开展并购重组，可采用换股、吸收合并、资产注入、现金购买等并购方式，打造一批拥有高质量专利、提供高质量就业岗位的优质高新技术企业。

加强对中小企业创新支持。围绕人工智能、集成电路、生物与生命健康、新材料、石墨烯等重点优势领域，深入挖掘、梳理独角兽企业潜力清单，及时破除体制机制障碍，实施"靶向"精准扶持政策。发挥中小企业在科技创新、商业模式创新方面的灵活性，重点突破产业关键共性技术，将深圳市打造成为中小企业创新创业的乐土。重点对主营业务收入达到 3 亿元且未设立研发机构的工业企业予以资助，设立研发机构的规模以上企业一并纳入企业研究开发资助计划。

开创园区经济发展新模式。推动建立园区标准化服务体系，对优秀园区给予认定和奖励。加强产业园区与政府部门对接，将部分政策下放到园区办理，降低企业政策申报过程中的非生产性时间成本。研究并发布《深圳市产业园区发展白皮书》，总结深圳园区经济发展模式，为园区经济的可持续发展提供指引。

2. 充分发挥高校科研机构力量

加大高校改革创新力度。集中力量重点投资与建设一批研究型大学，通过高等教育培养大量的优秀科技创新人才，为科技创新提供充分的人力资本。争取省有关部门支持，进一步推进深圳高校教育改革和人才培养体制创新。尽快推动政校共建校园服务站，出台相关政策措施，在深圳市各高校建立校园服务站，加强与高校的联系与合作，促进高校毕业生高质量就业。

为研发人员创业创造条件。国家创新创业的综合实力并不仅仅取决于创业的活跃性，更取决于创业的成熟度和创新水平。鼓励以研究和创新为基础的创业，将成果转化收益分配给一线科研人员，激发科技人员、企业研发人员的创业热情，理顺离岗创业、职称制度改革、体制机制改革过程中的相关制约，为他们参与创业活动创造条件。明确高校机构与科研人员的收益权配额，赋予科研人员充分的处置权、收益权，使科技人员的知识价值看得见、摸得着，促进学术与科技交流，提高知识生产和分享效率。

把科研人员从行政事务中解放出来。学习发达国家的经验，建立专业的组织或与其他组织合作，把专利申请、创新市场化的工作交给更专业的人来做，把科研人员从这些繁杂事务中解放出来专注于科研本身。

支持企业与高校联合设立技术转移转化机构。整合国内外高校、科研院所的源头创新、基础研究资源，行业领军企业的应用研究及产业化资源，支持联合设立国际技术转移转化机构；出台支持企业与高校、科研院所联合设立国际技术转移转化机构的相关政策，在资金、空间和人才配套等方面给予政策支持；建立与德国史太白技术转移中心、美国国家技术转移中心（NTTC）等国际知名技术转移机构合作交流渠道，鼓励支持其来深开展业务。

鼓励发展市场化新型研发机构。积极发展研发众包、设计众包等新型研发服务业态。组织开展不同类型的创新创业大赛，打造区域性创新创业大赛品牌，集聚整合创业投资等各类资源支持创新创业。搭建以前沿科技为主题的技术与产品展示厅，展出深圳产学研合作优势产品，助力企业做好宣传推广与品牌营造。

建设国际创新成果集聚区。支持国际学术组织、产业组织等搭建创新交流合作平台，形成国际科技交流合作新模式。与发达国家和地区合作共建科技园区，推进深圳—密歇根联合创新中心建设。加大全球创新创业资源的开发力度，支持企业在创新资源高度密集的国家和地区建设海外创新中心，搭建海外人才和技术引进的平台，探索"在国外创新孵化、在深加速转化"的新型创新创业模式。

3. 大力吸引国际高端创新力量

进一步明确负面清单边界。与国家商务部门、工商部门充分沟通，就备案范围和负面清单边界进一步明确，形成统一意见，出台更为详尽的业务指导，指导全国外商投资企业的备案和工商登记工作。

进一步明确外商投资有关政策要求。与国家商务部门与工商部门充分沟通，进一步明确外商投资准入备案范围和负面清单边界，形成统一意见，指导全国外商投资企业的备案和工商登记工作。建议国家有关部门加快推进与外商投资准入负面清单不一致的规章、规定的改废工作，并加快出台关于负面清单的政策解读和操作细则。

争取更大的自贸区改革自主权。探索在自贸片区内综合行使国家部委和省级经济管理、市场监管、社会运行、公共服务以及外贸国际交往等权限，如赋予片区外商投资负面清单自主制定权、对外投资管理权、多边贸易谈判权、国际规则提案权、国际人才引进权、关税建议权、产业发展自主权、法规制定权和改革创新试错免责权等。

建立国家化招商大使制度。集合政府、行业协会、龙头企业代表等力量成立招商大使团队，由深圳市投资推广署牵头建立招商大使体系，参与达沃斯论坛、博鳌亚洲论坛等国际性大型活动，加强与美国、以色列、德国等创新高地的交流合作，搭建项目对接与服务平台。

（二）形成更有效率的市场激励机制

1. 强化知识产权保护与服务

实施最严格的知识产权保护制度。深入落实《深圳市关于新形势下进一步加强知识产权保护的工作方案》，确定各项工作任务，实施最严格的知识产权保护措施，加强督促落实，定期通报工作进度，确保任务落实。加强知识产权特区立法，吸收借鉴国际通行的知识产权保护规则，制定涵盖专利权、商标专用权、著作权、商业秘密等知识产权各领域的《深圳经济特区知识产权保护条例》，全面提升知识产权保护标准，切实降低企业维权成本，加大知识产权侵权违法行为惩治力度。

助力完善国家知识产权法律法规。基于深圳发展经验与研究，建议国家加快推动专利法修改，引入惩罚性赔偿措施、行政强制措施和行政处罚措施，加大对侵权行为的惩治力度，让侵权者付出沉重代价。同时建议加快商标法和版权法的修订，全面提高知识产权保护标准，强化商标、版权等领域的知识产权保护。《深圳经济特区知识产权保护条例》已于2019年实施。

加快建设国家技术转移南方中心。启动深圳科技创新服务大厦、深圳技术交易中心建设工作，健全技术交易中心管理办法、管理架构、运行机制，引导技术交易中心高效规范运营。支持与各区（新区）、其他技术转移转化服务平台联动，建设技术转移全球交易、知识产权运用、技术项目中试熟化、国际并购等服务平台网络。依托深圳市技术转移国际化、市场化优势，将国家技术转移南方中心建设成为技术转移机制完善与商业模式创新的试验田，成为高校、科研机构、企业技术转移体制机制创新的示范区，成为我国技术成果集成转化和区域创新合作核心区，成为具有全球影响力的国际技术转移中心。

建立全国统一的知识产权交易市场。 尽快建立完善知识产权评估和风险控制体系，利用互联网和现代金融工具完善知识产权运营公共服务平台，逐步建立全国统一的知识产权交易市场。

打造大湾区知识产权服务中心。 争取国家新闻出版署支持，联合知识产权相关单位，打造大湾区知识产权服务中心。集聚专利技术运营、知识产权人才培养、企业知识产权顾问、信息检索与分析、知识产权维权援助、知识产权法律服务等相关资源，为企业提供高品质知识产权服务。

高标准设立深圳知识产权法院。 积极创造条件，升级知识产权法庭为知识产权法院，进一步夯实司法保护知识产权的组织基础。推动知识产权案件审判专门化、管辖集中化、程序集约化和人员专业化。配齐配强知识产权法院领导班子，遵循"精简、统一、效能"原则，科学设置机构，确保深圳知识产权法院按独立机构模式运行。按照知识产权法院功能要求和建设标准，规划建设深圳知识产权司法保护大厦，为知识产权法院履职尽责提供良好保障。建立完善技术事实查明机制。建立技术调查官和技术法官队伍。按照最高人民法院的技术调查官规定，创新选任、薪酬待遇等管理机制。建立知识产权审判技术咨询专家库。公开招聘技术专家，从各技术领域选出专家代表，协助案件审理。

2. 切实降低企业负担

着力降低中小企业融资成本。在降低中小微企业融资成本方面，探索将间接融资转变为直接融资。银行融资成本相对较高，且利率的调节由国家根据市场的变化进行宏观调控，地方政府无法决定利率的高低，仅能通过对银行、担保机构运用风险补偿、贴息等方式，让更多的企业获得贷款，但地方政府无法通过此方式从根本上实现小微企业融资成本有效明显降低。建议将间接融资的思路转变为直接融资，更多地通过培育企业上市、发行债券、设立创业投资引导基金、发展股权投资等方式让企业进行融资。

改善企业物业、电力等基础服务。鼓励物业服务龙头企业开放物业服务云平台，为区内企业、居民提供优质物业服务。支持物业服务龙头企业构建开放型生态系统，以采购、标准、平台优势，帮助区内中小微物业企业提升服务质量。与南方电网合作研究解决方案，保障重点企业全年供电安全；通过三年努力，实现全市重点企业不断电目标。对大数据企业等用电大户，制定专门供电方案；鼓励企业开发节电、储能、错峰用电技术，降低高峰期电网负荷。

建立融资租赁服务中心。参考上海融资租赁服务中心，支持国内外知名金融机构、融资租赁协会，联合打造大湾区融资租赁服务中心，为制造业提供设备融资租赁服务，推动产业升级。以区位条件较好的楼宇为载体，采用市场化运作模式，推动大湾区融资租赁服务中心在融资租赁服务、产业研究、人才培养等方面充分发挥产业支撑力。

建设技术先进型服务业培育中心。依据财政部、国家税务总局"技术先进型服务企业"所得税减免政策，鼓励并辅导区内符合标准的服务业企业申报技术先进型服务企业。梳理具备申报潜力的企业名单，建设技术先进型服务业企业库，宣传减税政策，对照认定标准，帮助企业缩小差距，争取服务业企业所得税减免在最大范围内落实。

3. 优化产业支撑体系和政策体系

实施技术改造倍增计划。利用产业发展专项资金支持企业技术改造，降低企业技术改造项目申报门槛，提高资金资助标准，主要支持数字化工厂、智能化工厂、工业互联网等智能制造投资项目。建设重大工业项目库，对经政府认定的重大工业（技术改造）项目，给予重点支持。

建立民营中小企业技术创新服务体系。制定和实施一系列科技计划，并以此为载体推动技术向中小企业转移，如实施"小企业技术转移计划""制造技术推广伙伴计划"等；同时要营造有利于中小企业技术创新服务机构建设的环境，如建立咨询服务公司和民营企业发展中心，为民营企业的技术创新活动提供指导、咨询和帮助。

打造辐射全国的高标准虚拟孵化器。支持专业机构建立虚拟孵化器运营平台，通过平台对接银行、担保机构、风险投资、管理咨询、商务服务等中小企业成长所需的各种资源，形成可复制的商业化模式。依托虚拟孵化器，开设"中小企业成长指数班"，服务全国范围内的创新创业活动，并力争将优质项目引入深圳市。

开发基于政策与数据的产业服务平台。将企业成长性评估作为产业资金政策申报的前置条件，根据权威机构评估结果，按企业成长性确定其可享受的产业资金上限。以此机制建立产业在线服务平台，鼓励企业填报并及时更新数据，形成全市优质企业数据库。依托数据库，联合金融机构对企业进行债权与股权支持，形成精准支持的产业服务体系。

开发"一带一路"产业服务平台。支持市国际交流合作基金会、行业协会等机构，研究制定建设方案，开发"一带一路"产业服务平台，支持企业拓展"一带一路"沿线市场。健全"走出去"金融支持体系，发挥政策性金融机构作用，鼓励社会资本参与，拓宽海外投融资渠道。支持成立"一带一路诚信促进中心"，对"一带一路"沿线政府、企业及其他经济主体开展诚信评估，定期发布《"一带一路"诚信发展报告》，缓解"一带一路"倡议推进过程中的信息不对称。

（三）构建更加完善的创新要素市场

1. 加强科技基础设施建设

加快建设国际科技产业创新中心。争取国家和省对深圳建设国际科技产业创新中心给予更大力度支持，为重大科技基础设施建设奠定良好基础。争取国家支持深港科技创新特别合作区开发建设，将其打造成为国家级创新平台。争取在国家科技体制改革和创新体系建设领导小组的领导下，建立国家有关部门与深圳市共建深圳国际科技产业创新中心的工作机制，在顶层设计、改革保障、创新试验等方面实现上下联动，统筹运用各部门资源支持建设深圳国际科技产业创新中心。

实施大科学装置发展战略。科学技术的重大突破，科研仪器先行，从亿万光年之外的宇宙星辰，到组成世界的基本粒子，科学发现与技术创新越来越离不开功能强大的科研仪器，特别是大科学装置。大科学装置建设的持续推进，有力地支撑了我国基础研究和高新技术的发展。深圳要立足于补齐科技基础、原始创新这块短板，实施大科学装置发展战略，以全球视野、国际标准，集中力量规划建设一批世界一流的重大科学基础设施集群，筑牢创新可持续发展的基础，为率先建设社会主义现代化先行区提供动力支撑源。

系统化布局高水平创新平台。系统布局建设一批国际先进水平的国家重点实验室、科研院所、研发机构、研究型大学，推进重大战略项目、基础前沿工程和研发与转化功能型平台建设，把握科技、产业发展的关键环节，抢占未来科技竞争制高点，突出关键共性技术、前沿引领技术、现代工程技术、颠覆性技术创新，主动布局，实施重大科技专项、技术共性项目、部市联动国家重点研发计划重点专项、省市联合基金等一系列组合拳，努力在基础研究、原始创新、应用研究等方面取得一系列重大突破性成果。

推动高新区大发展。深圳国家高新区成立二十多年来，用全市不到0.5%的土地面积，创造了全市近11%的地区生产总值，涌现了华为、中兴、腾讯等一大批世界级科技企业。建议强化高新区（示范区）管委会职能，建立与世界一流高新技术园区相适应的管理体制，大幅拓展深圳国家高新区管理范围，以深圳自创区统领深圳高新区、以深圳高新区支撑深圳自创区融合发展，形成"1+N"的国家高新区发展格局，切实解决高新区当前发展遇到的问题，推动高新区大发展，充分发挥高新区在深圳率先建设社会主义现代化先行区中的支撑作用。

2. 集聚全球创新人才

促进创新人才流动便利化。积极争取成为国家级国际人才管理改革试点，争取广东省公安厅授权深圳市审批进入前海的国际人才签证。改革出入境制度，放宽外国研究人员居留期限、申请定居的条件，放宽多次有效短期签证的发放条件，简化手续，加快办理速度。创新人才入境制度，探索外籍创新人才出入境审批制度，放宽创业人士居留时间和出入境频次。推动完善过境免签制度。加大出入境安全措施建设，积极向公安部争取深港过境免签试点，允许经香港的国际旅客免签进入前海（可明确一定的免签停留时长，如 144 小时）。

加快深港人才市场一体化。研究出台《支持香港青年在前海发展的若干政策措施》，推动设立粤港澳大湾区青年创新创业基金。探索制定香港大学生和外国留学生在深圳勤工助学管理制度，试点开展非标准就业形式下劳动用工管理和服务试点。组织深圳企业赴香港开展招聘周活动，搭建香港青年就业平台。支持在深圳工作的港人及其配偶、子女享受在人才住房、医疗教育、社会保险、创新创业等方面的市民待遇。扩大前海品牌青年活动的影响力和覆盖面，高标准、高规格、高层次举办前海深港澳国际青年创新创业大赛、世界青年创业论坛前海站、深港澳青年创客营等活动。完善统筹协调机制，港澳青年在内地发展需要系统规划、统筹推进，形成有效的协调机制。

争取外国人才签证工作权限下放。《外国人才签证制度实施办法》第五条规定，外国人在境外申请 R 字签证，由邀请单位向省、自治区、直辖市人民政府外国人工作管理部门提出申请。因此，外国人才签证所需的《外国高端人才确认函》是由省级人民政府外国人工作管理部门出具，深圳市作为副省级城市、计划单列市，目前尚无工作权限。考虑到外国人才签证制度的实施，对营商环境及人才软环境有重大影响，对深圳市引进外国高端人才创新创业以及打造国际科技产业创新中心意义重大，建议下放深圳市相关工作权限。

建设深圳人才园区级分园。与各区政府共建人力资源产业园区，形成市区联动的人才服务能力；加强市区政策联动，确保人才政策得到有效落实。引进高端猎头机构等多家知名人力资源服务机构，为各类人才、企业提供专业高效快捷的"一站式"人力资源公共服务和市场服务。依托人才园开展海外人才永居"一站式"服务试点，建立多部门联合办公大厅，服务海外人才引进、人才落户、人才租房购房、人才购车、人才子女教育、人才奖励申报等，提供全英文服务。

加强离岸创新创业基地建设。依托中国科协（深圳）海外人才离岸创新创业基地等资源，探索面向海外人才的"基地注册、海内外经营"离岸模式，打造具有引才引智、创业孵化、专业服务保障等功能的综合性国际化创业平台。通过"海外预孵化"，使创业人才在海外完善团队或项目，提高海外人才落地创业的成功率。对于在离岸创新创业基地内注册的企业，导入优质服务机构，辅助其拓展国内业务；对于海外创业项目，协助其注册企业后，进行正式孵化。

接轨国际的现代化个税管理体系。推行海外工作者纳税人计划（NOR），外国工作者享有税务优惠期；针对企业在招聘、培训外来人才的支出，以及为外来人才提供高薪和住房等福利待遇的支出，给予税收减免支持；对引进海外创新人才的企业给予应税所得免税待遇。

3. 提高资本对创新的催化剂作用

促进科技与金融深度融合。加快科技金融服务体系建设，帮助企业加快跨越产品中试和上市、企业创业生存两个"死亡之谷"。加快推进天使投资引导基金运营和优化，通过政策引导加大早期投资扶持力度，有效弥补市场失灵，补齐企业早期融资难短板，完善企业全生命周期融资链条，切实服务实体经济发展，助推种子期、初创期创新创业企业快速成长。建立多元化的科技信贷，引导银行机构在新兴产业聚集区域设立专门的科技支行、科技信贷中心或科技信贷业务部等科技金融专营机构，适当提高科技信贷风险容忍度，建立相适应的准入标准和授信审批机制。探索开展投贷联动、知识产权证券化等新型融资模式试点和政银合作信用贷款试点，为新兴产业企业开辟科技信贷绿色通道。大力发展新兴产业股权投资。

强化高技术产业的精准金融支持。 制定高技术产业发展计划以吸引风险投资；设立科技咨询及服务机构，为投资者提供咨询及所需服务；制定吸引投资者的优惠条件和基础设施条件，改革税制制定优惠税法，对风险投资免征或减征税，建立金融机构网，专门为技术风险大的高技术民营公司提供风险创业投资。

加强监管引导金融支持实体经济创新。 创新举措以解决监管部门缺乏全域数据、科学家等人才投入受编制限制、中央与地方缺乏快速有效的沟通反馈机制等金融监管问题，确保金融资本为实体经济创新发展服务。建议设立国家级金融监管科技重点实验室，借助大型互联网企业等外部力量，整合资源以解决"数据、算法、计算力"不足等问题，并探索研究将先进的金融监管理念，落地转化为监管科技实践。建议借鉴英国FCA创新中心（Innovation Hub）等国际经验，搭建央地监管部门及业界的创新沟通平台。通过共同研发监管需求解决方案、合规对话、监管沙盒、协助推广等方式，推动监管科技有效落地、快速迭代，并有效促进金融科技产业的发展。

开拓金融服务实体经济新路径。 成立"PPP＋ABS（政府与社会资本合作＋资产证券化）"项目研究小组，组织小组成员与区产业基金、优质园区运营商、大型金融机构进行座谈调研，探索以"PPP＋ABS"模式引导金融业服务工业园区升级发展的新路径，形成工业园区升级改造"PPP＋ABS"实施方案。商业银行与金融监管部门应发挥作用，利用大数据和金融工程工具提高风险识别和定价能力，为本地创新创业提供有针对性的金融产品和差异化服务，拓宽创新创业直接融资渠道，降低创新创业的交易成本。

探索基于工业互联网的金融服务模式。 把握国家、省大力推进工业互联网带来的产业机遇，在工业互联网应用上，探索工业互联网与金融业融合发展新模式，引导金融服务实体经济。鼓励企业响应工信部"百万工业企业上云"计划，支持大型金融机构探索基于云平台或企业内部工业大数据，进行企业评估，开发数据驱动型科技金融产品。

（四）打造更加适宜创新的制度环境

1. 形成世界一流的创新文化

营造最优创新文化环境。在全社会培育创新意识、倡导创新精神、完善创新机制，大力营造良好学术环境，弘扬学术道德和科研伦理，弘扬崇尚创新、宽容失败的创新文化，努力营造尊重知识、尊重创新的社会环境，让深圳这座城市创新基因更加鲜明，让创新基因成为深圳最鲜明的特点并持久传承。

培育联合创新的文化环境。强调基础研究与应用研究并重，加强跨学科的交流合作。利用国家实验室、大学和工业界等科研优势进行联合攻关，政府侧重于引导和组织协调；不断扩大"创新朋友圈"，加强与"朋友圈"的创新合作，形成与全球合作伙伴开展合作创新的文化。

开发深圳创新发展指数。形成第一只反映深圳创新发展的股票指数，使之成为开发公募指数基金、指数 ETF、资管产品、专户理财产品的良好标的。通过日常交易提高指数曝光度和引用频率，提升深圳市创新创业的关注度与影响力。

实施"文化＋"融合计划。支持具有政策影响力与产业资源的文化创意产业联盟来深圳市发展，提升文化创意产业知名度与影响力。支持文化创意产业研究机构，构建以"研究＋投资"为特点的发展架构，联系全球文化创意产业资源,服务深圳市文化创意产业发展。开设"文化创意大讲堂",邀请国内外知名专家学者传播文化创意产业前沿成果,借此加大深圳市文化创意产业宣传力度。集聚高端艺术人才、艺术团队,进行艺术人才培养、文化创意产业研究、文化创意产业相关培训,促进文化创新与科技创新相结合,实现"文化 +"融合。

2. 推进"放管服"工作创新

加强省市联动优化企业服务。建议省有关部门进一步明确在推进全省政务服务事项实施清单"十统一"工作中的有关标准,并给予各地市一定的自主权,保留各地市在推进"互联网 + 政务服务"工作中好的做法,避免走回头路。建议省有关部门考虑中国人民银行深圳市中心支行受理企业开户实施"2+2"审核制度(即商业银行在受理企业开户申请之日起 2 日内完成开户审核,中国人民银行深圳市中心支行随后在 2 日内完成开户核准)的实际情况,进一步研究深圳市企业开办评价是否包含银行开户时间。

探索合作成立"放管服议事厅"。探索建立全市范围内的"放管服议事厅",专门负责政府文件、政策、流程的审查清理与优化工作。借助"放管服议事厅",调动专家学者、企业家等社会各界经验与智慧,为全市构建世界一流、全国领先的营商环境提供强有力、可持续的支撑。

推进政府服务法治化建设。与国家和省层面沟通,建议研究出台"互联网 + 政务服务"相关行政审批法律法规,明确电子档案、电子签名、电子审批数据、数据化审批的法律效力,并且进一步推动事权管理重心下移,使地方在推行政务服务时能够对整个业务流程进行全面再造,进一步推动"互联网 + 政务服务"发展。

形成更加统一的经济改革权责体系。争取国家和省考虑将经济管理领域的相关事项一并下放给深圳。对于涉及城市建设、城市管理、社会管理等领域，且深圳市有条件有能力承接好的事项，建议国家在下放至省时，也可以一并明确下放给深圳市。建议通过政府部门内部核查、告知承诺、政府部门间信息共享、自律管理等方式，优化审批流程，创新工作模式，取消调整涉及国家部委的相关证明事项，方便企业、群众办事。

3. 构建开放创新的发展环境

打造具有国际竞争力的合作环境。政府可以充分利用"一带一路"以及各类国际合作论坛等重要平台，鼓励中国国内研发实体充分利用国际基础设施开展国际合作研究，特别是利用各个国际研发组织的基础设施来推动国际高校和科研机构的学术交流，同时为国内外优秀企业的合作项目创造优惠条件。应鼓励外国尤其是美国等发达国家的跨国公司将研发活动扩展到中国来，以便我国能够利用他们的科技创新资源，如现有的资金、成果、人才与智力等要素从事科研开发活动，达到优化整合、高效利用科技资源的目的。大力推进我国民营企业信息化和网络化服务，创建一批高水平、开放式、国际化的科技创新平台和科学研究基地，改善国际合作环境。

打造深港科技创新特别合作区。充分发挥深港优势，将深港边界地区的保税区和河套地区连片建设成为两地创新要素无缝对接的特定区域，试行人、财、物的自由流通，建立有利于科技产业创新发展的制度体系，营造国际领先的创新创业环境，为推进全国科技创新重要领域和关键环节的改革探索新路径。

建设粤港澳大湾区创新高地。争取国家在粤港澳大湾区城市群发展规划中充分发挥深圳的改革开放试验田和创新发展主力军作用，支持深圳开展先行先试，充分发挥深圳与港澳紧密合作的独特优势，打造更高水平的对港合作和对外开放的先导区。

完善深圳市对外交通网络。深圳机场三跑道空域需求涉及整个珠三角空域调整，以珠三角地区空域精细化改革试点为契机，加快制定珠三角地区空管规划与空域结构整体优化方案。以粤港澳大湾区规划建设为契机，争取国家和省支持深圳完善对外铁路通道及城际网规划，持续加大对外铁路、城际铁路沟通协调力度，提升深圳市铁路枢纽城市地位。

下篇

创新市场与双创评估

本篇是"创新市场与双创评估"篇。双创的发展推动创新市场的培育和完善，完善的创新市场更利于双创的持续发展。对城市双创发展的评估一定程度上也是对其创新市场的评估。

　　第九章采用联合国（UN）创新创业三元评价体系，从城市创新创业环境、资源、绩效三方面综合评估 2018 年深圳及北京等中国城市创新市场与双创发展状况。

　　第十章采用相同评价体系，从城市创新创业环境、资源、绩效三方面综合评估 2017 年深圳创新市场与双创发展状况并与北京等城市做比较分析。

第九章
从制造中国到创新中国：
中国城市双创评估（2019 年）

本章采用联合国（UN）创新创业三元评价体系，从城市创新创业环境、资源、绩效三方面综合评估 2018 年深圳及北京等中国城市的创新市场与双创发展状况。

（一）评估体系的科学设计

1. 指标体系

本书在借鉴联合国（UN）创业政策和经合组织（OECD）创新政策评价指标体系基础上，进一步参考欧盟委员会《欧洲创新指数记分牌》、美国《硅谷指数》、GEDI（全球创业发展研究院）《全球创业指数报告》、中国科学技术发展战略研究院《国家创新指数报告》等国内外评价指标和方法，并结合我国双创城市特征和双创发展实际，构建了包含环境支持（Support）、资源能力（Capacity）、绩效价值（Value）①三个维度9项二级指标和18项三级指标的中国双创城市发展评估指标体系②。

表9-1　创新指数指标体系

一级指标	二级指标	三级指标
环境支持	市场结构	小微企业数量比重（%）
		外商投资占地区生产总值比重（%）
	产业基础	对外进出口总额（亿美元）
		规模以上工业总产值（亿元）
	制度文化	每万人图书馆数（座）
	配套支持	公共陆路交通效率（万人次/天）
		互联网宽带普及率（%）
资源能力	人力资源	净流入常住人口（万人）
		高等教育学历人口比例（%）
		知识密集型服务业占从业人员比例（%）
		普通高校在校生数量（万人）
	资本投入	科学技术支出占地区生产总值比重（%）
		规模以上工业企业新产品开发经费支出（万元）
绩效价值	产业绩效	人均地区生产总值（元）
		第三产业占地区生产总值比重（%）
	创新绩效	国内发明专利授权量（件）
	可持续发展	单位地区生产总值能耗（吨标准煤/万元）
		空气质量优良（二级及以上）天数占比（%）

注：基于联合国（UN）创业环境评估体系和经合组织（OECD）创新环境评估指标体系，并进一步参考欧盟委员会《欧洲创新指数记分牌》、美国《硅谷指数》、GEDI（全球创业发展研究院）《全球创业指数报告》、中国科学技术发展战略研究院《国家创新指数报告》等20个国内外评价指标体系构建。

---

① United Nation Development Programme. Handbook on Planning, Monitoring and Evaluating for Development Results[EB/OL]. UNDP, [2013-08-16]. https://www.tr.undp.org/content/turkey/en/home/library/corporatereports/handbook-planningmonitoringevaluating/.

② 2019年的双创评价指标体系对包含了港澳在内的城市进行评估，指标的选取充分考虑了港澳两地的数据可获得性。因此，2019年的指标体系与附录中2018年的指标体系相比略有区别。

　　这一指标体系在一定程度上反映一个地区大众创业、万众创新现状，评估其创新市场活跃程度和发展潜力。环境评估指标主要包括市场结构、产业基础、制度文化和配套支持四个方面，资源评估指标主要包括人力资源、资本投入两个方面，绩效评估指标主要包括产业绩效、创新绩效和可持续发展三个方面。选取深圳、上海、北京、广州、武汉、杭州、苏州、西安、成都 9 个国内区域[①]主要城市的双创发展状况进行比较，分析国内双创发展环境下 9 个城市双创发展的优势和不足。

　　环境支持——环境支持的表征指标主要反映创新创业的外部环境影响因素、政策制度影响、基础配套条件等情况。"创新环境"是指由制度环境所决定的创新要素的自由配置环境，主要包括社会鼓励创新的包容的制度文化安排、支持的政策措施和创新要素的拥有及自由流动，是创新的前提保障，是双创的制度性土壤。主要指标包括：

　　市场结构：小微企业数量比重（反映创新创业主体活力的重要指标，其有利于自主创业和持续创新，一定程度上也反映了地区商业模式自主活跃度、创新生态群落以及营商环境的发展水平），外商投资占地区生产总值比重（表征国际贸易规模以及对外开放程度的另一个重要指标，可评估国际市场参与程度和市场开放程度，一定程度上反映了开放创新水平）。

　　产业基础：对外进出口总额（表征一国或一个地区对外开放程度），规模以上工业总产值（工业产业的规模）。

　　制度文化：每万人图书馆数（间接反映区域人力资本的潜在深度与广度，表征创新创业文化氛围）。

　　配套支持：互联网宽带普及率（表征互联网时代城市关键基础设施条

[①] 9 个城市的选取特征，一是均为国家双创基地城市；二是考虑全国区域分布特征，尽可能充分体现中国双创的全貌；三是城市的选取具有代表性。

件），公共陆路交通效率（表征人员出行的便捷程度）。

资源能力——资源能力主要表征创新创业资源，即"人、财、物"重要资源的聚集能力，体现为一个社会的创新能力，不管是人力资源还是资本资源都是创新市场重要的影响因素，衡量经济效益和社会效益创造的可持续性，主要指标包括人力资源和资本投入两方面：

人力资源：净流入常住人口（表征地区人员流动的开放性和社会的包容性），高等教育学历人口比例（表征能在创新创业活动提供先进技术和新技能的人力资本，体现创新创业人才集聚能力），知识密集型服务业占从业人员比例（反映地区创新型产业人才格局以及高质量从业情况），普通高校在校生数量（反映地区潜在的创新创业人才供应情况）。

资本投入：科学技术支出占地区生产总值比重（表征财政对科技研究开发领域的经费投入强度和技术竞争实力，关联"十三五"科技创新主要指标），规模以上工业企业新产品开发经费支出（反映制造业领域新技术推广转化以及产业升级的投入规模）。

绩效价值——绩效价值体现为创新创业资源投放价值。指标考察经济效益、知识技术输出质量、创新创业生态的情况及其对可持续发展的影响，反映创新创业资源投入产出效益及经济成果，体现本地双创资源投放价值和创新市场运行效率。主要指标包括：

产业绩效：人均地区生产总值（一定程度上反映创业人员对创新创业活动中经济产出的贡献），第三产业占地区生产总值比重（反映制造业的技术体系、生产模式、产业形态和价值链在整体经济中的情况）。

创新绩效：国内发明专利授权量（表征技术创新水平的发展状况）。

可持续发展：单位地区生产总值能耗（每万元经济产出的能耗水平），空气质量优良天数占比（衡量生活环境水平的重要指标变量）。

2. 权重设定

创新指数指标体系的研究采用平均权重的计算方法，如表 9-2 所示。

表9-2　创新指标体系及各指标权重

一级指标	二级指标	三级指标	三级权重
环境支持 （38.89%）	市场结构	小微企业数量比重（%）	5.56%
		外商投资占地区生产总值比重（%）	5.56%
	产业基础	对外进出口总额（亿美元）	5.56%
		规模以上工业总产值（亿元）	5.56%
	制度文化	每万人图书馆数（座）	5.56%
	配套支持	公共陆路交通效率（万人次 / 天）	5.56%
		互联网宽带普及率（%）	5.56%
资源能力 （33.33%）	人力资源	净流入常住人口（万人）	5.56%
		高等教育学历人口比例（%）	5.56%
		知识密集型服务业占从业人员比例（%）	5.56%
		普通高校在校生数量（万人）	5.56%
	资本投入	科学技术支出占地区生产总值比重（%）	5.56%
		规模以上工业企业新产品开发经费支出（万元）	5.56%
绩效价值 （27.78%）	产业绩效	人均地区生产总值（元）	5.56%
		第三产业占地区生产总值比重（%）	5.56%
	创新绩效	国内发明专利授权量（件）	5.56%
	可持续发展	单位地区生产总值能耗 （吨标准煤 / 万元）	5.56%
		空气质量优良（二级及以上）天数占比（%）	5.56%

3. 数据来源

创新指数指标体系所采用的指标丰富性和复杂性较高，指标所依据的数据也因此呈现多样化的来源。其中，大部分数据直接来自各研究样本城市的统计局所发布的统计年鉴与国民经济和社会发展统计公报。一部分数据来自国务院各部委所发布的统计数据和报告。对于非常规统计数据或官方未公开的数据,该体系采用了高校系统、民间智库或第三方机构所发布的,对创新创业发展有影响的测评指数。报告的数据为 2015—2018 年的数据(各城市的统计公报数据为当年数据,统计年鉴为前一年数据,某年的指标体系中某些指标数据源于统计公报,有些源于统计年鉴,但仍按照同一年份进行计算和统计)。

指标体系的数据来源如表 9-3 所示。

表9-3　创新指数指标体系的指标数据来源

数据来源	主要发布机构
统计年鉴	各城市统计局
国民经济和社会发展统计公报	各城市统计局
第三次全国经济普查主要数据公报	各城市统计局
中国城市统计年鉴	国家统计局

(二)城市创新创业环境

环境支持的表征指标主要反映创新创业的外部环境影响因素、政策制度影响、创新市场基础配套条件等情况。指标主要包括市场结构、产业基础、制度文化、配套支持。

1. 市场结构

一般认为,充分竞争、开放的市场结构更有利于技术创新和发挥创新市场的经济活力。

（1）小微企业占比

总体占比趋势稳定，新兴城市小微企业活力较强。就小微企业数量而言，各城市小微企业比例维持在 95% 左右，其中北京的比重较低，约为 90%；深圳、上海、西安、苏州等城市小微企业数量占比基本维持不变。此外，测算期内新兴城市体现出相对较强的小微企业活力，杭州、武汉和苏州的比例都曾突破过 95%。

图9-1 九城市小微企业数量比重

从小微企业的占比增速来看，小微企业占比升幅不明显，部分城市出现波动下降，如杭州、成都和北京均有不同程度的下滑；武汉升幅比较明显，年均增速达 0.09%。

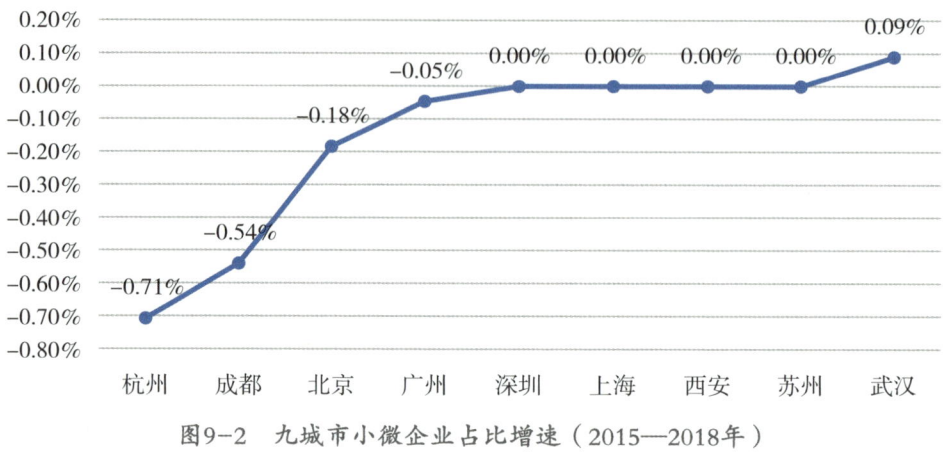

图9-2　九城市小微企业占比增速（2015—2018年）

（2）外资依存度

外资依存度呈现下降趋势，外商直接投资增速维持区域分化特征，过半城市保持稳定增长。各城市的外商直接投资增速普遍低于地区生产总值增速；珠三角地区的深圳、广州，外商直接投资增速稳中有升，增速均高于全国同期水平（5.98%）；北京与上海的外商直接投资规模并列排名全国第一，不同的是，北京基本处于上升状态，上海基本处于逐年下降状态。

表9-4　九城市外商直接投资情况（单位：亿美元）

地区	2015年	2016年	2017年	2018年	年均复合增长率（%）
深圳	65.00	67.30	74.00	82.03	8.07%
北京	129.90	130.30	243.30	173.00	10.02%
上海	184.50	185.10	170.10	173.00	−2.12%
广州	54.10	57.00	62.90	66.10	6.91%
武汉	73.40	85.20	96.50	109.27	14.18%
杭州	71.10	72.10	66.10	68.30	−1.33%
苏州	70.20	60.00	60.00	45.25	−13.62%
西安	39.60	45.10	53.10	63.54	17.07%
成都	75.20	86.20	64.63	75.94	0.32%

从年均复合增长率而言，长三角地区的上海、苏州、杭州，外商直接投资出现负增长，外资撤离趋势显现；新兴发展城市武汉、西安，外商直接投资增速较为强劲，成都增速疲软。

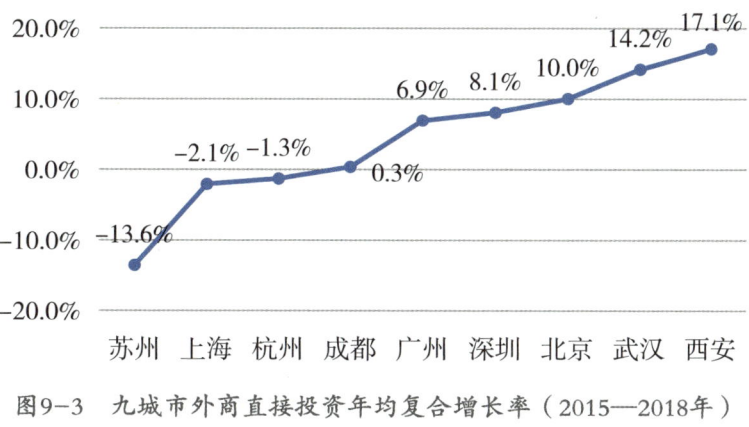

图9-3　九城市外商直接投资年均复合增长率（2015—2018年）

2. 产业基础

经济全球化从客观上要求分工的深化和市场规模的扩张，它带来一个必然的结果就是创新全球化；创新市场中规模以上工业体现了规模经济与竞争活力兼得的创新优势。

（1）对外进出口总额

外贸强市增长动力不强，新兴城市增长突出，深圳和苏州的出口导向型特征明显。总体而言，传统外贸强市，如深圳、广州、上海等的年均进出口总额低于 5%，增长动力较弱；北京和上海是进出口大户，但与深圳和苏州等出口导向型城市相比，表现出明显的进口主导特征，且进口总额逐年扩大；西安、成都为代表的新兴城市增速显著，进出口总额年均增速突破 20%。

表9-5　九城市进出口总额情况（单位：亿美元）

地区	2015 年	2016 年	2017 年	2018 年	年均复合增长率（%）
深圳	4423.90	3961.90	4149.80	4529.30	0.79%
广州	1338.70	1290.20	1439.20	1481.90	3.45%
上海	4511.40	4316.90	4776.00	5137.50	4.43%
武汉	280.70	236.50	286.80	324.53	4.95%
苏州	3053.50	2723.00	2737.60	3541.10	5.06%
杭州	665.70	675.60	753.30	792.30	5.98%
北京	3195.90	2805.00	3248.00	4106.10	8.71%
西安	283.30	275.40	377.10	499.07	20.78%
成都	395.30	410.10	583.00	752.75	23.95%

　　具体而言，深圳的外贸出口总额仍然维持首位，但上海和苏州的追赶态势加剧（2016 年深圳出口总额高于上海 552.4 亿美元，2017 年高于上海 505.7 亿美元，2018 年高于上海 393.9 亿美元），自贸区对出口的提振效果正在显现。

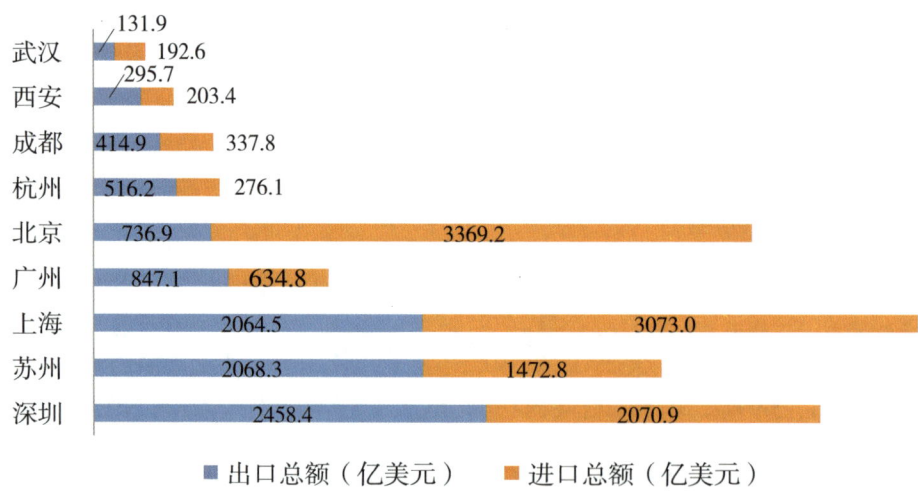

图9-4　2018年九城市进出口情况

（2）规模以上工业总产值

大部分样本城市维持了增长势头，深圳的规模以上工业总产值增速最高，超过苏州跃居第二位。总体而言，各城市呈现阶梯状分布，上海、深圳、苏州为第一梯队（3 万亿元），广州、北京、武汉、杭州、成都为第二梯队（1 万亿元），西安为第三梯队（5000 亿元）。从规模以上工业企业数量来看，苏州、上海、深圳排列前三名，而深圳的单位企业产值最高，生产效率较为突出。

表9-6　九城市2015—2018年规模以上工业总产值

地区	2015 年（亿元）	2016 年（亿元）	2017 年（亿元）	2018 年（亿元）	规模以上企业数量（家）（2018 年）
上海	32665.2	31322.6	31136.0	34135.3	8122
深圳	24777.6	25542.4	27292.3	32119.2	7938
苏州	35773.0	30249.3	30714.0	31468.8	9840
广州	19389.9	18684.2	17751.2	20929.7	4664
北京	18452.9	17447.3	18269.5	18876.7	3228
武汉	11764.6	12579.3	13159.1	14433.3	2633
杭州	12853.1	12415.7	12421.0	12963.8	5533
成都	11235.9	11932.7	12295.6	13101.9	3630
西安	5660.6	4924.6	5266.3	6018.8	1404

从历年增长情况而言，除苏州外，其他城市都保持了正向年均复合增速；形成了以上海、深圳、苏州为支柱的规模化工业格局，深圳成为进入3 万亿梯队的第三个城市，且年均复合增速达到了 9.04%，超越苏州，仅次于上海。

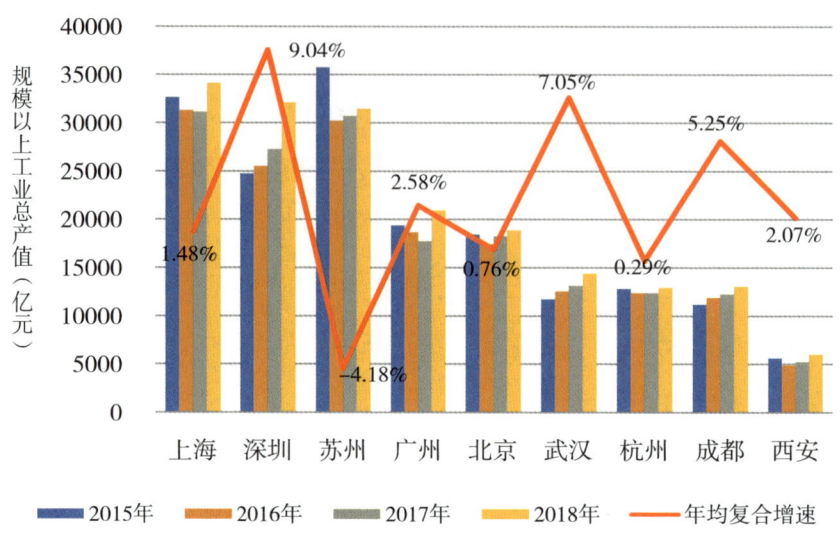

图9-5 九城市规模以上工业总产值变动情况

3.制度文化

高效率的政府管理确保了政府在创新市场中作为制度供给者、秩序维护者的身份和地位。良好的文化氛围为创新奠定了坚实的基础。总体而言，各城市万人图书馆数量有所下降，在社会文化氛围方面深圳具有绝对优势。2017年，深圳图书馆数量达到49座，每万人图书馆为0.039座，遥遥领先于其他城市。

表9-7 九城市2017年图书馆数量情况

地区	每万人图书馆数（座）（2017年）	2017年图书馆数量（座）
深圳	0.039	49
杭州	0.015	15
西安	0.016	13
成都	0.013	22

续表

地区	每万人图书馆数（座）（2017年）	2017年图书馆数量（座）
北京	0.012	24
上海	0.010	23
广州	0.010	14
苏州	0.010	11
武汉	0.002	2

从历年增长变化而言，大部分城市的万人图书馆数量都出现了一定程度的下降，从侧面反映出以图书馆为代表的社会文化资源正在被人口城镇化的进程所稀释。

图9-6　九城市每万人图书馆数变动情况（单位：座/万人）

注：本图数据为保留四位小数四舍五入结果。

4. 配套支持

公共交通、互联网都是社会经济发展的重要基础设施，构成了促进创新市场发展的配套支持。

(1)公共交通服务

一线城市增速迟缓，内陆城市发展迅速。一线城市具有相对完善的公交线路和轨道交通线路，且近年来部分一线城市人口规模增长明显降低，交通效率增速相对较低。截至2017年底，武汉和杭州陆续开通运营多条地铁线路，显著提升了公共交通运力水平。

表9-8　九城市公共陆路交通效率变化情况

地区	2015 年（万人次/天）	2016 年（万人次/天）	2017 年（万人次/天）	2018 年（万人次/天）
北京	2054.8	2023.0	1947.9	1928.8
广州	1557.2	1543.1	1524.9	1593.0
上海	1504.7	1538.9	1793.7	1582.2
深圳	980.8	969.5	1008.2	1069.6
武汉	503.9	546.9	661.3	680.4
成都	567.1	566.8	542.6	617.4
杭州	425.9	451.1	523.4	575.4
西安	550.4	534.9	514.8	531.5
苏州	206.3	299.6	281.0	312.4

从增长变化来看，杭州、武汉公共交通效率增速最大，分别为12.93%、11.54%，而北京、西安则出现负增长，其中北京交通效率下降最多。以杭州为代表的新兴产业城市近年来人口流入规模持续扩大，人口增加的效果也体现在了公共交通运量上。

图9-7 九城市公共交通效率增速（2016—2018年）

（2）互联网宽带普及率

互联网宽带普及率处于高速增长态势。九个城市在测算期内的起点具有较大差异，其中一线城市的互联网宽带普及率相对较低，说明常规电话通信的基础设施与技术应用在一线城市中仍有较高需求。而新兴城市的互联网宽带普及率表现突出，以互联网产业最为集中的杭州为例，近四年来的普及率提升接近 100%。

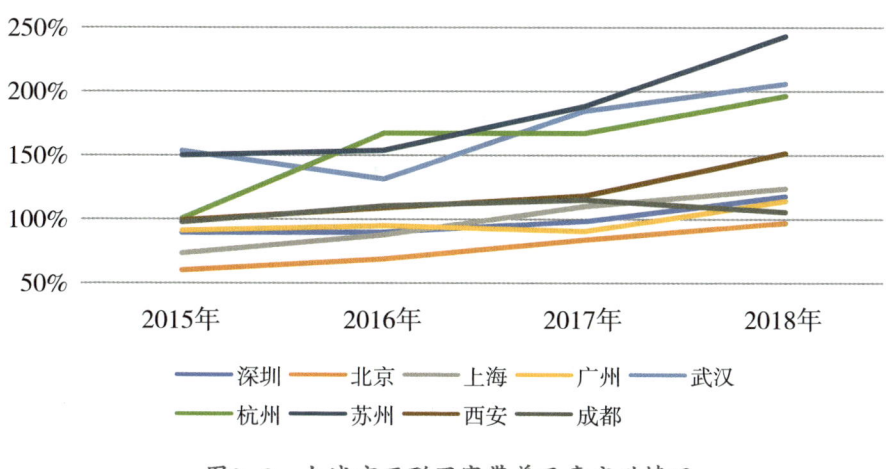

图9-8 九城市互联网宽带普及率变动情况

（三）城市创新创业资源

资源能力主要表征创新创业资源，即创新市场中"人、财、物"重要资源的集聚能力，主要指标包括人力资源和资本投入两个方面。

1. 人力资源

创新创业，人才是关键，不但要注重人力资源的数量，更要注重人力资源的质量。

（1）净流入人口

一线城市出现人口流入放缓迹象，京沪出现净流出，各地人才引进政策成效显著。北京、上海近几年来都出现过人口净流出现象，上海 2017 年净流出人口 1.37 万人，北京 2018 年的人口净流出达 16.5 万人；深圳和广州是九个城市中净流入人口规模最大的两个城市，但也呈现出净流入人口下降的趋势。

从历年人口流入变化来看，新兴城市的净流入人口呈现逐年上升的态势，主要归功于近年来各地出台的人才引进政策。其中，苏州、西安、杭州的年均复合增速最明显，分别达到了 83.63%、70.49%、38.95%，但苏州净流入基数低，表现出传统的劳动力密集型产业城市对人口流动的吸引力正在下降。

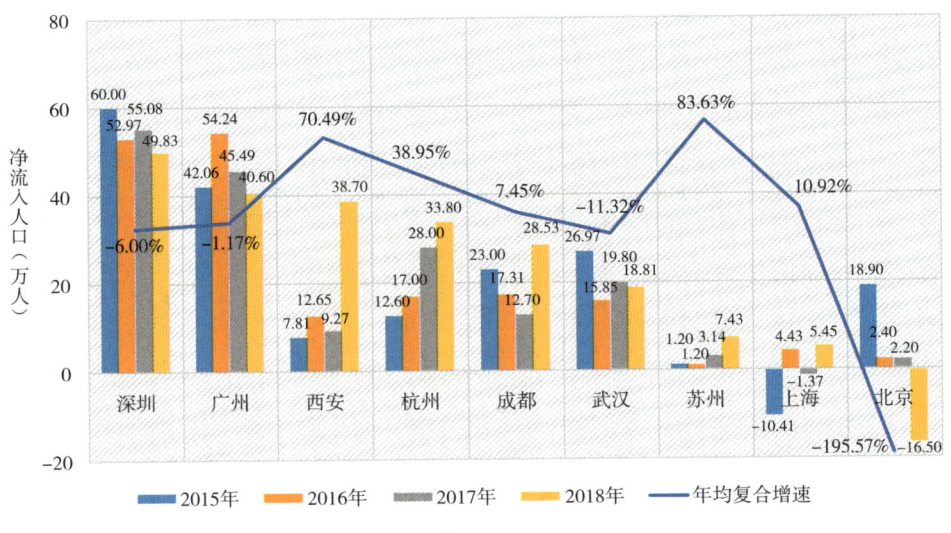

图9-9　九城市净流入人口情况

（2）高等教育学历人口比例

高等教育资源集中地区具有明显优势，高学历移民成为补充深圳高端人才的重要来源。总体而言，北京、上海、西安、武汉、广州等具有高等教育资源集中优势的城市普遍具有较高的高等教育人口比例，而且各地近年来加速引进高学历人力资源，成为提升高等教育人口比例的重要措施，高校资源稀缺的深圳体现得更为显著。从历年增长变化而言，北京、深圳、成都三个城市的高等教育学历人口比例都有着明显的涨幅，而广州却呈现下滑趋势。

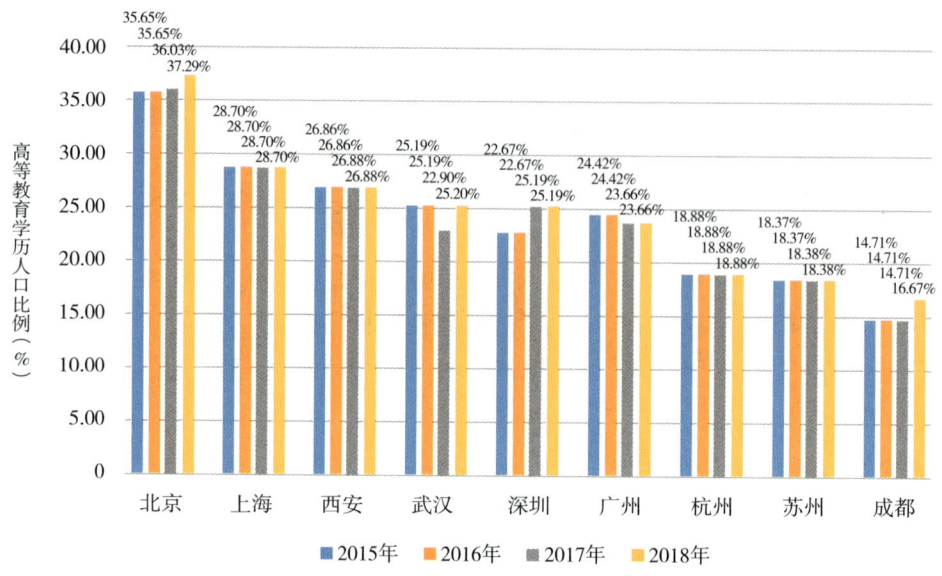

图9-10   九城市高等教育学历人口比例

(3)知识密集型服务业从业人员占比

北京的知识密集型服务业从业人员规模优势显著，各地变动幅度不显著，整体呈现轻微上升态势。总体而言，北京的存量和增速优势显著，与其他城市拉开明显差距。从历年增长变化而言，大部分城市近年来知识密集型服务业从业人员比例变动幅度微弱，反映出知识密集型产业的人力供需情况普遍进入了瓶颈状态；西安、成都均出现比例下降，与其更为开放的落户与城镇化政策有关，大量新涌入的人口参与到了第一、第二产业和非知识密集型产业中。

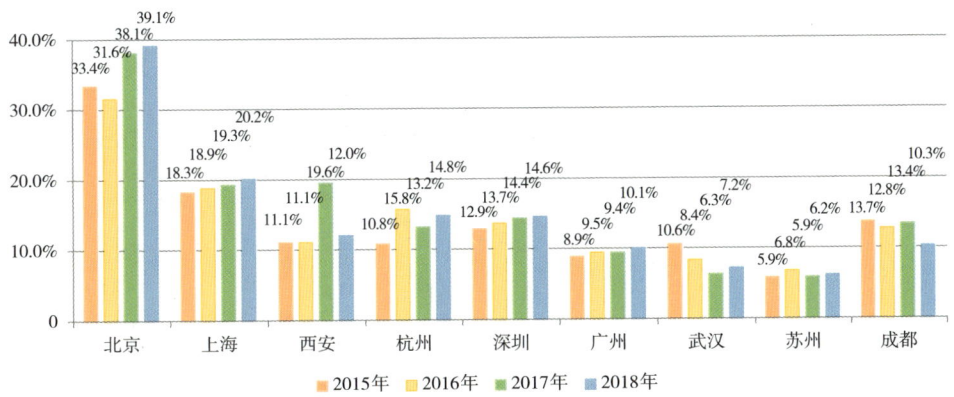

图9-11 九城市知识密集型服务业从业人员占比

（4）高校在校生人数

大部分新兴城市高校在校生人数升幅居前，一线城市在校生人数增速减缓。总体而言，大部分城市的高校在校生数量呈现逐年增加态势。2018年，广州、武汉、西安、成都的高校在校生人数均超过百万，其中西安首次突破百万，达到127.1万人，并跃居第一位。

表9-9 九城市高校在校生人数情况

地区	2015年（万人）	2016年（万人）	2017年（万人）	2018年（万人）	2018年高校数量（所）
西安	84.9	82.5	83.1	127.1	63.0
广州	112.3	114.0	115.8	118.8	82.0
武汉	107.0	106.4	107.5	110.7	84.0
成都	75.6	87.3	90.5	101.2	56.0
北京	87.7	88.0	89.3	91.7	92.0
上海	65.0	66.0	66.6	67.6	64.0
杭州	52.6	48.1	42.8	49.6	39.0
苏州	21.5	21.9	21.9	23.6	26.0
深圳	9.0	9.2	9.7	10.4	12.0

从历年变化来看，西安高校在校生人数年均复合增长率最高，达到14.41%，因为配合了当地近年来实施的人才引进措施，增强了人才引进的成效；一线城市中具有高等教育资源优势的北京、上海、广州增速放缓，杭州的高校在校生人数近年来逐步下降，增长率为 −1.93%。

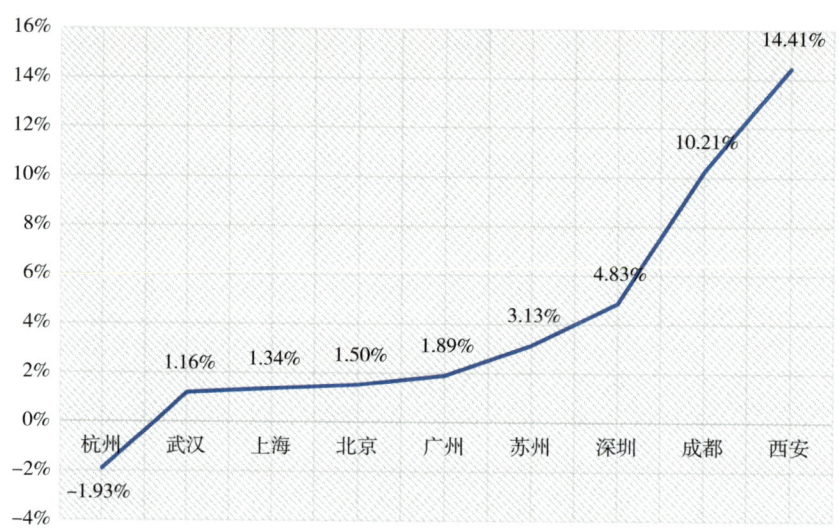

图9-12　九城市高校在校生人数增长情况

2. 资本投入

科学技术投入、资本市场的参与、新产品开发投入等都是推动"大众创业、万众创新"的重要支点，是培育创新市场的重要资源。

(1)科学技术支出占地区生产总值比重

各地科学技术支出总额与地区生产总值占比变动参差不齐；新兴城市科学技术支出增幅明显；深圳的科学技术支出总额与地区生产总值占比维持最高。总体而言，深圳、上海、北京一直位居各城市科学技术支出额占地区生产总值比重的前三位；大部分城市支出水平都有所提升，新兴城市的增幅较一线城市更为明显。2017 年，九个城市中指标比重高于全国同期水平（0.88%）的为北京、上海、深圳。

表9-10　九城市科学技术支出额与地区生产总值占比情况

地区	2017 年		2016 年		2015 年		2014 年	
	总量（亿元）	地区生产总值占比	总量（亿元）	地区生产总值占比	总量（亿元）	地区生产总值占比	总量（亿元）	地区生产总值占比
深圳	351.83	1.57%	403.52	2.07%	214.32	1.22%	94.57	0.59%
上海	389.90	1.29%	341.71	1.21%	271.85	1.08%	695.53	2.95%
北京	361.76	1.29%	285.78	1.11%	287.80	1.25%	282.71	1.33%
武汉	115.86	0.86%	86.42	0.73%	68.19	0.63%	56.89	0.56%
广州	171.26	0.80%	112.95	0.58%	88.67	0.49%	56.32	0.34%
苏州	124.03	0.80%	95.20	0.62%	88.33	0.61%	75.80	0.55%
杭州	92.32	0.74%	74.92	0.66%	70.15	0.70%	52.41	0.57%
西安	45.28	0.61%	27.48	0.44%	25.44	0.44%	13.49	0.25%
成都	53.26	0.35%	46.20	0.43%	39.02	0.32%	36.20	0.36%

从年均复合增速而言，深圳、西安、广州位列前三，增速分别为92.88%、83.22%、74.38%，均在 70% 以上；除上海（-25.13%）外，各城市的年均复合增速均高于 10%。

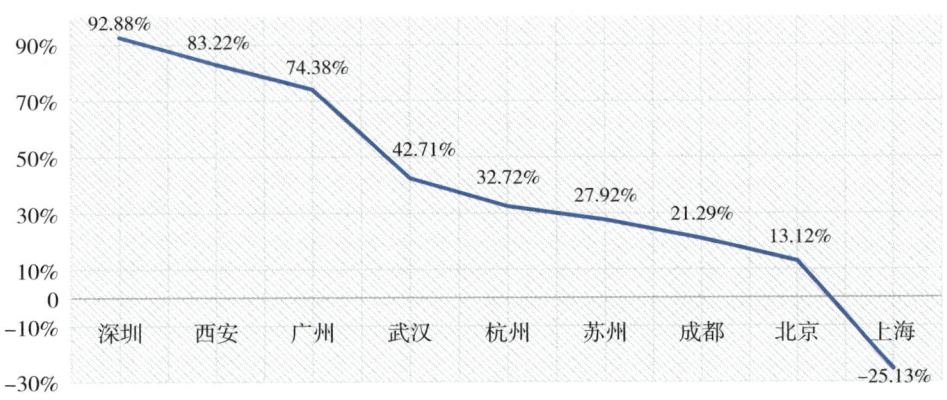

图9-13　2014—2017年九城市科技支出年均复合增速

（2）规模以上工业企业新产品开发经费

　　各城市新产品研发投入基本处于逐年增长态势，深圳经费规模位居前三甲，与其他城市拉开了明显差距。北京、上海、深圳长期处于规模以上工业企业新产品开发经费投入的前三名，其中北京新产品开发经费投入已突破 1500 亿元，上海突破 1200 亿元，深圳逼近 1000 亿元，其他城市的规模以上工业企业新产品开发经费均在 400 亿元以下。

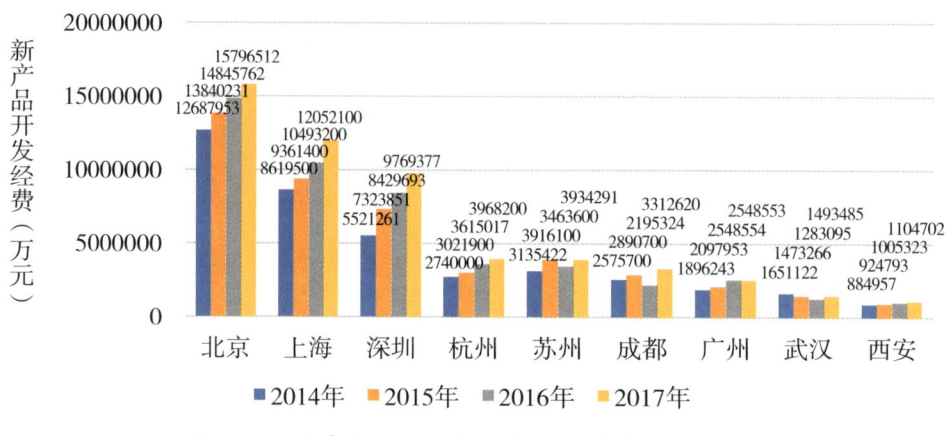

图9-14　九城市规模以上工业企业新产品开发投入

　　从年均复合增速来看，深圳的新产品研发经费投入年均复合增长率高达 20.95%，杭州、上海和广州均高于 10%，其余城市在 8% 左右徘徊，仅武汉有所下降。深圳研发投入总量和年均复合增长率呈现双高，是产业研发驱动的典型城市，而新兴产业城市的投资规模均未超过 400 亿元，新产品研发投入有待进一步加强。

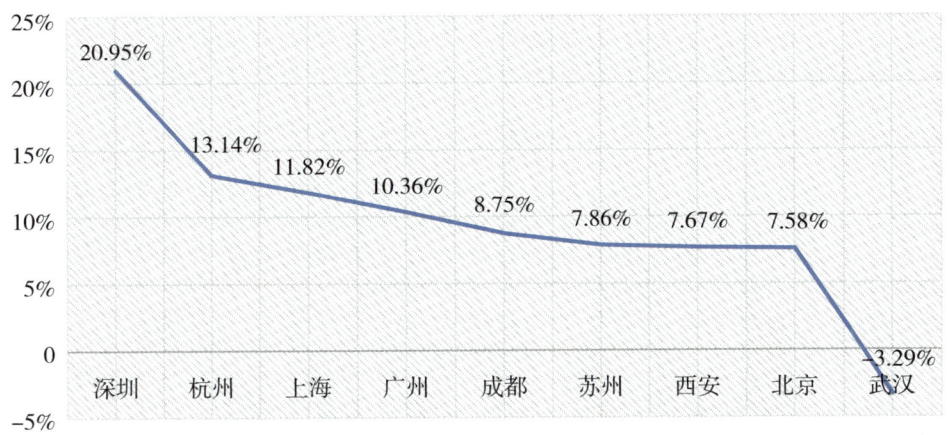

图9-15 九城市规模以上工业企业新产品开发经费年均复合增速

（四）城市创新创业绩效

绩效价值体现为创新创业资源投放价值，包括经济效益、知识技术输出质量、创新创业生态的情况及其对可持续发展的影响。其评价指标从产业绩效、创新绩效、可持续发展三个方面评价地区双创发展效果和创新市场运行效率。

1. 产业绩效

（1）人均地区生产总值

各市人均地区生产总值保持了上升势头，深圳人均地区生产总值已连续4年保持首位。总体来看，深圳、苏州、广州人均地区生产总值持续保持前三位。其中，深圳人均地区生产总值逼近19万元，苏州超过16万元，广州超过15万元；除成都、西安人均地区生产总值在10万元以下，其他城市均在13万元以上。从年均复合增长率来看，北京、上海、武汉分别以

9.61%、9.40%、9.07% 的增速位居前三，且按年均复合增长率评估，北京是样本中唯一突破全国同期平均增速（9.43%）的城市；广州增速最低，仅为 4.52%。

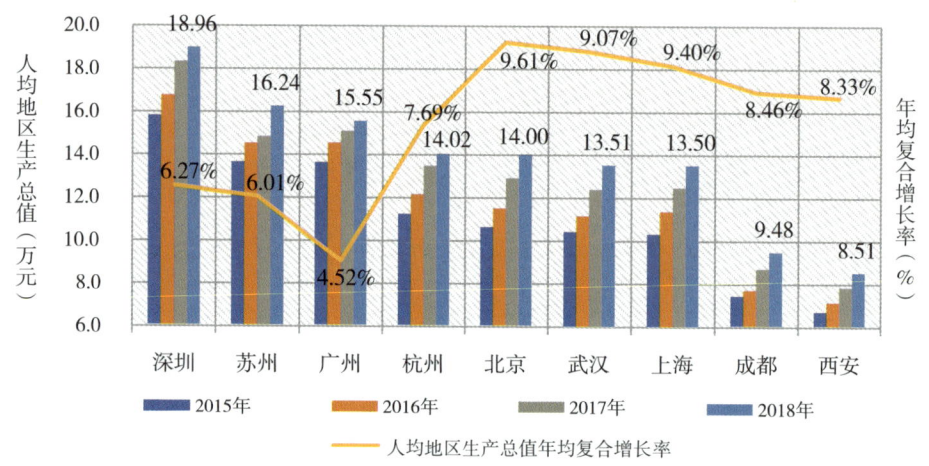

图9-16　九城市人均地区生产总值及增长情况

（2）第三产业占地区生产总值比重

各市第三产业占比均出现下降趋势，一线城市的第三产业比重相对较高。总体而言，各个城市的第三产业占比均出现了不同幅度的下降，一定程度上反映出第一、第二产业在城市中的结构变动，以及制造业向城市回归集中的趋势。从历年增长变化来看，一线城市的第三产业比重，北京曾一度高达 80%，广州和上海均达到过 70%，显著高于其他城市。深圳徘徊在 60% 上下，在一线城市中具有明显的制造业聚集特征。

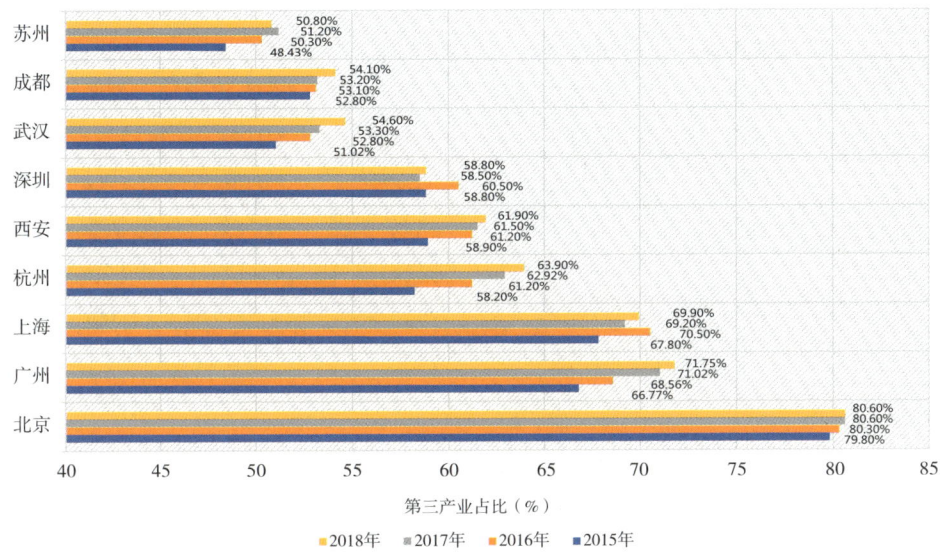

图9-17 九城市第三产业占地区生产总值比重情况

2. 创新绩效

专利数量能较为客观和准确地反映技术创新的状况，是创新市场运行效率的体现。各城市专利授权量普遍处于快速增长阶段，北京位居发明专利授权量榜首，广州年均复合增长率最快。总量来看，北京是专利授权量唯一突破3万件的城市，深圳和上海分列第二、三位，在2018年分别超过了两万件。

表9-11 九城市发明专利授权量情况

地区	2015年（件）	2016年（件）	2017年（件）	2018年（件）	年均复合增长率
北京	35308	40602	46000	48000	10.78%
深圳	16956	14209	18928	21300	7.90%
上海	17601	20086	20681	21331	6.62%

续表

地区	2015年（件）	2016年（件）	2017年（件）	2018年（件）	年均复合增长率
广州	6619	7668	9345	10797	17.72%
苏州	10488	12000	11618	10335	−0.49%
杭州	8296	8647	9872	10267	7.36%
武汉	6003	6514	8444	8807	13.63%
成都	6206	7202	7990	8304	10.19%
西安	5453	7248	7902	7459	11.01%

　　从年均复合增速来看，广州以17.72%的增速大幅领先；武汉、成都、北京和西安的增长速度均超过10%；仅有苏州为负。增长的可持续表现各异，其中北京、广州、上海等较为稳健，呈现出稳步攀升的态势，而苏州、西安等增长不够稳定，授权量每年波动幅度较大。

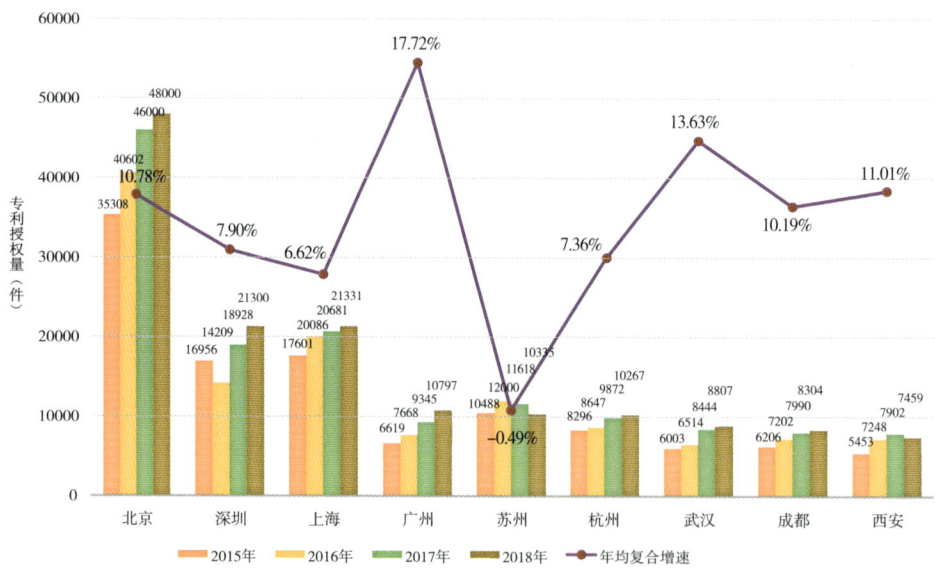

图9-18　九城市发明专利授权量情况

3. 可持续发展

（1）单位地区生产总值能耗

样本城市 2017 年单位地区生产总值能耗均降至 0.5 吨标准煤／万元门槛以下，所有样本城市均实现连年不同幅度节能减排。总体而言，各城市在能耗指标方面，普遍呈逐年下降态势；2017 年单位地区生产总值能耗深圳基本持平，广州略有上升。

表9-12　九城市单位地区生产总值能耗情况（吨标准煤/万元）

地区	2014 年	2015 年	2016 年	2017 年	能耗指标年均复合降幅
苏州	0.54	0.54	0.52	0.50	4.3%
上海	0.48	0.46	0.43	0.41	8.3%
成都	0.56	0.48	0.39	0.39	16.5%
西安	0.47	0.47	0.39	0.38	9.6%
武汉	0.51	0.44	0.38	0.37	15.3%
杭州	0.48	0.43	0.34	0.36	13.7%
深圳	0.41	0.40	0.36	0.36	5.8%
广州	0.35	0.31	0.27	0.28	10.7%
北京	0.36	0.34	0.28	0.26	15.0%

从历年增长变化来看，成都、武汉和北京年均复合降幅超过15%，西安、广州降幅约 10%；其中，第三产业占比较高、本地工业持续迁出以及本地的能源供给主要来自周边省份的支持，使得北京常年处于较低的能耗水平。而深圳和广州能耗指标已长期低位运行，城市发展可能会带来能耗饱和的瓶颈。

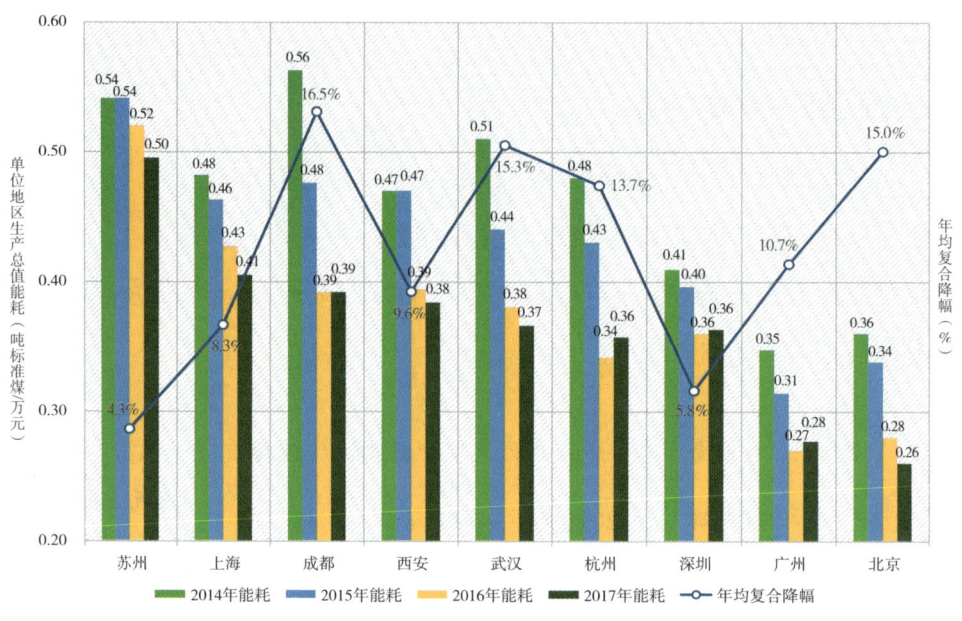

图9-19 九城市单位地区生产总值能耗与降幅情况

(2)空气环境质量

大部分城市空气质量有所提升，西安的改善效果最不理想，大湾区城市空气质量情况处于绝对优势地位。总体而言，北方城市空气质量不佳，优良天数徘徊在 200 天左右；长江中上游地区空气质量相对适宜，优良天数维持在 250 天左右；长三角地区城市空气质量良好，优良天数保持在 275 天上下，且该地区城市空气质量改善的步伐比较协调；而珠三角地区空气质量最佳。

表9-13 九城市空气质量情况

地区	2015 年		2016 年		2017 年		2018 年		空气质量年均改善
	优良天数/天	优良率	优良天数/天	优良率	优良天数/天	优良率	优良天数/天	优良率	
深圳	340	93.2%	340	93.2%	354	97.0%	343	94.0%	0.44%
广州	333	91.2%	312	85.5%	331	90.6%	333	91.2%	0.00%
上海	258	70.7%	258	70.7%	276	75.6%	275	75.3%	3.23%
苏州	249	68.2%	249	68.2%	261	71.5%	273	74.8%	4.72%
杭州	242	66.3%	242	66.3%	260	71.2%	269	73.7%	5.43%
成都	214	58.6%	214	58.6%	235	64.4%	251	68.8%	8.30%
武汉	192	52.6%	237	64.9%	255	69.9%	246	67.4%	13.19%
北京	186	51.0%	198	54.2%	226	61.9%	227	62.2%	10.43%
西安	251	68.8%	192	52.6%	180	49.3%	188	51.5%	−13.45%

从年均改善情况来看，武汉、北京、成都的年均改善情况最好，分别为 13.19%、10.43%、8.30%，其中北京有较大幅度改善；西安则进一步出现恶化趋势。

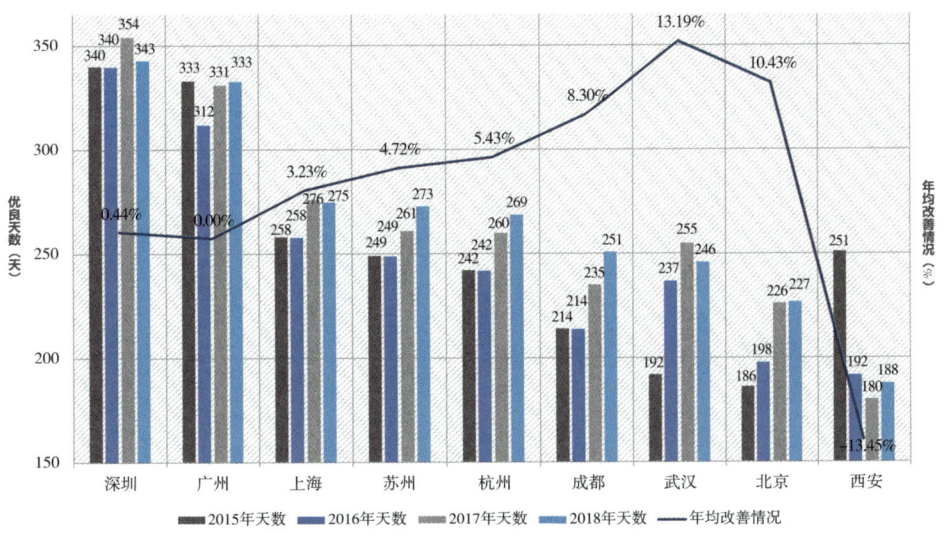

图9-20 九城市空气质量优良天数情况

（五）综合评估及启示

1. 基础研究是城市双创的稳定器

根据2018年的双创综合评估结果，北京的排名超越深圳，位居第一，武汉和西安的综合评分也超越杭州和苏州。以民营企业开展产品创新和技术创新为典型特征的深圳、杭州、苏州，排名均有所回落。然而，高校密集的北京、武汉和西安则呈现出坚挺的态势。在全球经济受到贸易保护思潮影响的2019年，基础研究和应用基础研究承担了双创稳定器的重要功能。

表9-14　2018年九城市双创得分及排序

排名	城市	总指数
1	北京	54.62
2	深圳	51.61
3	上海	49.49
4	广州	47.23
5	武汉	40.42
6	西安	37.22
7	杭州	36.28
8	苏州	34.59
9	成都	33.10

2. 人才集聚增强城市双创的原动力

人才是第一生产力，双创加速了城市之间的人才竞争，面向创新人才的城市化进程不断加快。改革开放之初形成的面向国内竞争市场的"县域经济"，正在逐渐向面向国际竞争市场的"城市经济"转型，以中大型城市为代表的现代化、国际化、创新型城市建设正在逐步强化。武汉、西安、杭州、苏州、成都等一批城市展开了对人才的争夺战，建设人才友好型城市，力争以此为基础，抢占城市双创的制高点。

根据测度结果，2018 年九座城市双创资源能力得分排在前三位的分别是北京、深圳、西安。其中，北京以 22.71 分位居榜首，充分展示了北京对高端资源要素的储备与聚集能力，同时体现出北京强大的文化底蕴与双创潜力。深圳作为我国创新能力最强的一线城市，同样展现出了对高层次人才和优质资源的强大吸引力。广州作为粤港澳大湾区的核心城市之一，在双创资源方面也有独特的优势，力压上海排名第四位。

表9-15　2018年九城市资源能力得分及排序

排名	城市	资源能力
1	北京	22.71
2	深圳	17.27
3	西安	16.85
4	广州	16.61
5	上海	15.35
6	武汉	14.01
7	成都	13.17
8	杭州	11.80
9	苏州	7.32

3. 可持续发展夯实城市双创的基石

城市双创推动了制造业深化发展，可持续发展对城市双创提出了更高的要求，更有质量的就业、高质量的发明专利、更低能源消耗，促进双创可持续发展。在双创推动下，中国主要城市都在发展具有包容性的可持续工业化，人人获得更体面的工作机会，促进持久、包容性和可持续的增长。

根据测度结果，2018 年九座城市绩效价值得分排名中，四个一线城市占据榜单的前四位。其中，北京以 16.56 分位居榜首，表明北京的资源投放获取价值高。作为粤港澳大湾区的两个核心城市，深圳和广州分别排名第二、第三位。上海是长三角城市群的领头羊，双创绩效价值得分为 12.91 分，超过杭州、武汉等"新一线城市"位列第四。

表9-16　2018年九城市绩效价值得分及排序

排名	城市	绩效价值
1	北京	16.56
2	深圳	15.21
3	广州	14.96
4	上海	12.91
5	杭州	11.19
6	武汉	9.51
7	苏州	9.22
8	成都	8.98
9	西安	7.50

4. 包容开放提升城市双创的承载力

在市场上平等对待中小企业以及外资企业，在产业生态上为每个细分的领域提供生存的可能，在文化上公平对待每位公民的文化权利，在城市基础设施上实施普惠的建设策略，不拒绝叛逆和颠覆性创新活动，在尊重中获得发展，在公平中实现价值，这种城市双创文化底蕴的建设，成为双创群体的"虹吸"之力。无论是拥抱国际制度的上海，还是包容民营企业的深圳，或者开放发展制造业的苏州，以及打造人才环境的武汉，每个城市都在着力提升城市双创的承载力，营造符合城市基因的双创环境。

根据测度结果，2018 年九座城市双创环境支持得分排名中，上海、深圳、苏州居于前三位，另外两个一线城市广州和北京环境支持得分排名分别排在第五、第六位。

表9-17　2018年九城市双创环境支持得分及排序

排名	城市	环境支持
1	上海	21.24
2	深圳	19.13
3	苏州	18.06
4	武汉	16.90
5	广州	15.67
6	北京	15.35
7	杭州	13.29
8	西安	12.87
9	成都	10.95

第十章
深圳双创发展评估（2018 年）

在借鉴联合国（UN）创业政策和经合组织（OECD）创新政策评价指标体系基础上，进一步参考欧盟委员会《欧洲创新指数记分牌》、美国《硅谷指数》、GEDI（全球创业发展研究院）《全球创业指数报告》、中国科学技术发展战略研究院《国家创新指数报告》等国内外评价指标和方法，并结合我国双创城市特征和双创发展实际，构建包含环境支持、资源能力、绩效价值三个维度 9 项二级指标和 30 项三级指标的中国双创城市发展评估指标体系。

表10-1　中国双创城市发展评估指标体系

一级指标	二级指标	三级指标
环境支持	1.1 市场结构	1.1.1 非公有制企业比重（%）
		1.1.2 小微企业比重（%）
		1.1.3 外商直接投资占地区生产总值比重（%）
	1.2 产业基础	1.2.1 对外进出口总额（亿美元）
		1.2.2 规模以上工业总产值（亿元）
		1.2.3 民间资本固定资产投资总额占地区生产总值比重(%)
	1.3 制度文化	1.3.1 政府效率指数
		1.3.2 商业信用环境指数
		1.3.3 每万人图书馆数（座）
	1.4 配套支持	1.4.1 公共陆路交通效率（万人/天）
		1.4.2 物流业指数
		1.4.3 互联网宽带普及率（%）
		1.4.4 综合医院占医疗机构比重（%）
		1.4.5 国家级科技企业孵化器数量（个）
资源能力	2.1 人力资源	2.1.1 净流入常住人口（万人）
		2.1.2 知识密集型服务业占从业人员比例（%）
		2.1.3 高等教育学历人口比例（%）
		2.1.4 普通高校在校生数量（万人）
	2.2 资本投入	2.2.1 科学技术支出占地区生产总值比重（%）
		2.2.2 规模以上工业企业新产品开发经费支出（万元）
		2.2.3 年度首次公开募股企业数量（个）
		2.2.4 年度新三板上市企业数量（个）
绩效价值	3.1 产业绩效	3.1.1 人均地区生产总值（元）
		3.1.2 高新技术产业增加值占地区生产总值比重（%）
		3.1.3 规模以上工业企业新产品产值（万元）
	3.2 创新绩效	3.2.1 专利授权量（件）
		3.2.2 每万人国内发明专利申请量（件）
		3.2.3 中国"互联网＋"数字经济指数
	3.3 可持续发展	3.3.1 单位地区生产总值能耗（吨标准煤/万元）
		3.3.2 空气质量优良（二级及以上）天数占比（%）

注：基于联合国（UN）创业环境评估体系和经合组织（OECD）创新环境评估指标体系，并进一步参考欧盟委员会《欧洲创新指数记分牌》、GEDI（《全球创业指数报告》）、《硅谷指数》、《全球知识竞争力指数》、《中国城市创业指数》等20个国内外评价指标体系构建。

在评估方法上，采用联合国开发计划署（UNDP）所使用的环境支持（Support）、资源能力（Capacity）、绩效价值（Value）三元评价体系方法。[①]创新环境为创新市场提供基础支撑，由制度环境决定的创新要素的自由配置环境，是生存和发展的条件和基础，是双创的制度性土壤；创新资源体现一个社会的创新能力，不管是人力资源还是资本资源都是创新市场重要的影响因素，是本地区高效调动和使用各类公共和私人部门资源的能力，以期持续创造经济和社会效益；创新绩效反映创新创业资源投入产出情况，体现本地双创资源投放价值和创新市场运行效率。

这一指标体系在一定程度上反映一个地区大众创业、万众创新的状况，评估其创新市场活跃程度和发展潜力。环境支持指标主要包括市场结构、产业基础、制度文化和配套支持四个方面，资源能力指标主要包括人力资源、资本投入两个方面，绩效价值指标主要包括产业绩效、创新绩效和可持续发展三个方面。本章选取深圳、上海、北京、广州、武汉、杭州、苏州、西安 8 个主要城市，对其 2017 年双创发展状况进行比较，分析国内双创发展环境下 8 个城市双创发展的优势和不足。

（一）创新创业环境

环境支持的表征指标主要反映决定创新创业的外部环境因素、政策制度影响、创新市场基础配套条件等情况，主要指标包括市场结构、产业基础、制度文化以及配套支持。

---

① United Nation Development Programme. Handbook on Planning, Monitoring and Evaluating for Development Results[EB/OL]. UNDP, [2013-08-16]. https://www.tr.undp.org/content/turkey/en/home/library/corporatereports/handbook-planningmonitoringevaluating/.

1. 市场结构

一般认为，充分竞争、开放的市场结构更有利于技术创新和发挥创新市场的经济活力。

(1) 企业所有制[①]

深圳在企业所有制结构构成方面的优势显著，市场经济活跃度更高。2017 年末，深圳的国有企业和集体企业占法人单位的比例低于 1%，是八座主要城市中公有制企业比例最低的城市。上海（1.81%）、武汉（2.34%）、杭州（2.85%）、北京（6.14%）、广州（6.63%）、苏州（6.77%）、西安（7.52%）的公有制企业比重均高于深圳。深圳市场经济活力强盛，为创新市场的培育和创新创业的发展创造了优良的环境。

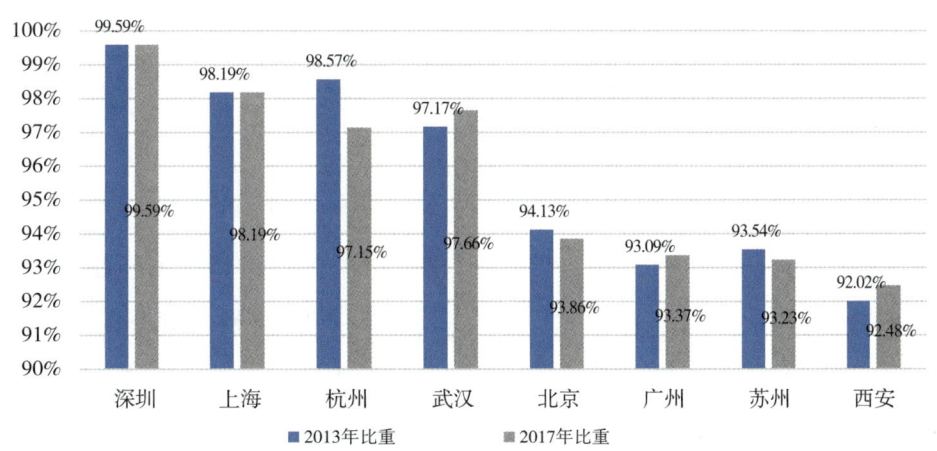

图10-1 八城市非公有制企业比重情况

注：2017年数据主要来源于2013年第三次经济普查数据及国家、省、市统计年鉴以及各城市工商行政管理局；深圳及上海数据为2016年；比重数据为公有制企业数占法人单位总数的比重。

[①] 城市的公有制企业数量及占比情况一般用来分析当地市场环境的竞争或垄断程度，公有制企业占比较低意味着非公有制经济更为活跃。

八座城市的非公有制企业占比与上期指标基本持平，市场经济保持了活跃的态势。其中，武汉和西安非公有制企业比重分别上升 0.48 个百分点和 0.46 个百分点，升幅最大；广州上升 0.28 个百分点；北京、苏州及杭州出现不同程度的下降，分别下降 0.27 个百分点、0.30 个百分点及 1.42 个百分点。整体表明各大城市中非公有制企业占比上升的情况更为明显，创新创业氛围得到了提升。

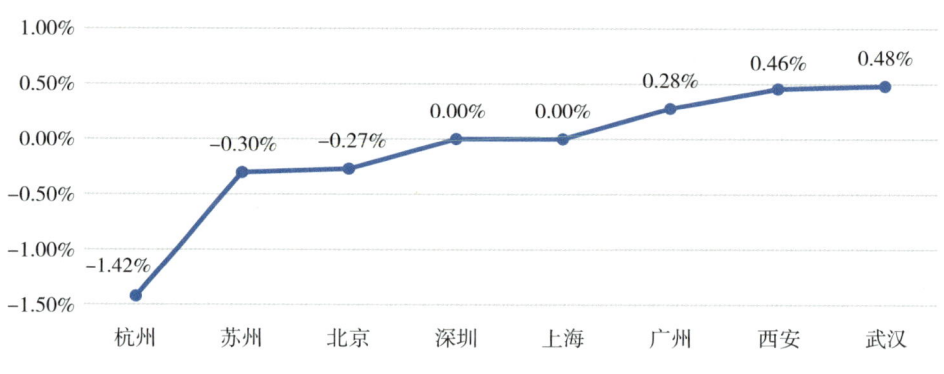

图10-2   八城市非公有制企业占比增速（2013—2017年）

注：2017年数据主要来源于2013年第三次经济普查数据及国家、省、市统计年鉴以及各城市工商行政管理局；深圳及上海数据为2016年；比重数据为国有集体企业数占法人单位总数的比重。

具体占比变动情况因城而异，武汉和西安等公有制经济氛围浓厚的城市，指标升幅比较明显。根据国家发改委发布的《2016 年中国大众创业万众创新发展报告》，全国人均注册企业与新注册企业综合数量最高的地区为广东省、上海市和北京市，这些地区的各类市场主体基数庞大，因此非公有制企业占比变动趋势收窄，深圳和上海的升幅空间偏小。十九大以来，国有企业改革进程加快，得到规模化和优化发展的国有资本[①]，支撑了部分地区的公有制经济，作为国有企业最为集中的城市，这种效应在北京得到

---

① 国务院. 国务院关于改革国有企业工资决定机制的意见[EB/OL]. 中华人民共和国中央人民政府，[2018-05-25]. http://www.gov.cn/zhengce/content/2018-05/25/content_5293656.htm.

了体现。此外，受到 2016 年二十国集团（G20）领导人峰会的国际都市化建设推动，大规模的市政工程一定程度上导致杭州非公有制企业比例的降低。

（2）小微企业比重

小型微型企业的蓬勃发展是市场经济体系日益完善的标志，也是民营经济生存与成长环境改善提升的结果。小微企业创新市场主体比重反映了城市双创活动重要载体的活跃程度。

八座样本城市的小微企业占比均高于 90%，武汉（96.50%）、苏州（96.44%）、深圳（95.27%）和上海（95.08%）位列前茅，表现出较高的市场活力。其余城市的比例未达到 95%，其中西安、广州与杭州均高于 94%，北京与其他城市的差距相对明显，仅为 90.67%。相比于非公有制企业比重、商业信用环境指数等指标，非公有制经济的发展以及营商环境的优化与小微企业比重显现出了一定的正向协同效应。

深圳是一线城市里小微企业比重最高的城市，2017 年度小微企业增长率为 35.44%。近年来深圳市及各区出台并实施了大量扶持小微企业发展的优惠措施，有效缓解了小微企业较为敏感的税费、融资、用工、场地等问题，留住并培育了一批优质小微企业。2017 年以来，深圳享受增值税优惠的小微企业达 95.28 万户。其中，个体工商户及其他个人户数为 17.11 万户，企业、非企业性单位户数为 78.17 万户，免征增值税税额达 11.01 亿元，优惠政策落实比率近 100%。①

---

① 段琳筠. 深圳国税多举措提升城市竞争力[N/OL]. 深圳特区报, [2017-12-25]. https://kuaibao. qq.com/s/20171225C01KRQ00?refer=spider.

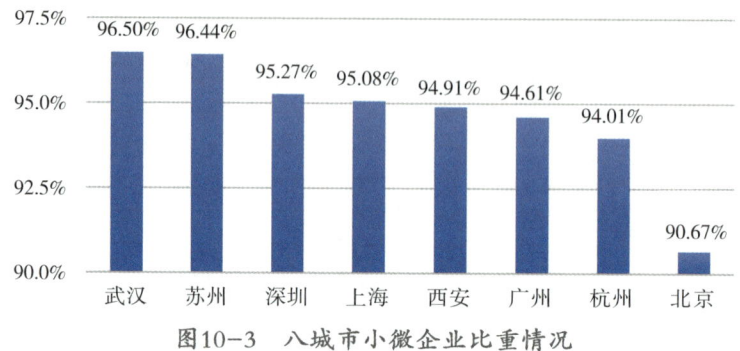

图10-3　八城市小微企业比重情况

注：数据来源于各城市第三次经济普查主要数据公报，其中武汉和北京数据来自2017年统计年鉴，杭州数据来自浙江省工商行政管理局2017年发布的《小微企业运行报告》。

（3）外资依存度

外商直接投资（FDI）是现代资本国际化的主要表现之一，体现地区的外资吸引力和经济开放程度。外商直接投资依存度（即外商直接投资总额占地区生产总值比重），反映地区经济对外商直接投资的依存程度。

北京以36.85%的年均复合增长率成为近三年最吸引外商投资的城市。2017年各一线城市外商直接投资总额情况为：北京243.3亿美元、上海170.1亿美元、广州62.9亿美元、深圳74.0亿美元。年均复合增长率八座城市的整体排名情况变动较大：北京独占鳌头，上海跌出前三甲。

表10-2　2015—2017年八城市外商直接投资情况（亿美元）

地区	2015 年	2016 年	2017 年	年均复合增长率
北京	129.9	130.3	243.3	36.85%
上海	184.5	185.1	170.1	−4.00%
武汉	73.4	85.2	96.5	14.65%
深圳	65.0	67.3	74.0	6.74%
杭州	71.1	72.1	66.1	−3.58%
广州	54.1	57.0	62.9	7.79%
苏州	70.2	60.0	60.0	−7.51%
西安	39.6	45.1	53.1	15.82%

注：数据来源各城市2015—2017年统计公报。

2015年至2017年各地外商直接投资的年均复合增长率呈现出了区域分化特征，珠三角地区的深圳和广州稳中有升，增速均高于全国同期水平（5.98%）；长三角地区的上海、苏州、杭州则出现负增长；位处中西部的新兴发展城市武汉、西安的增长较为强劲。

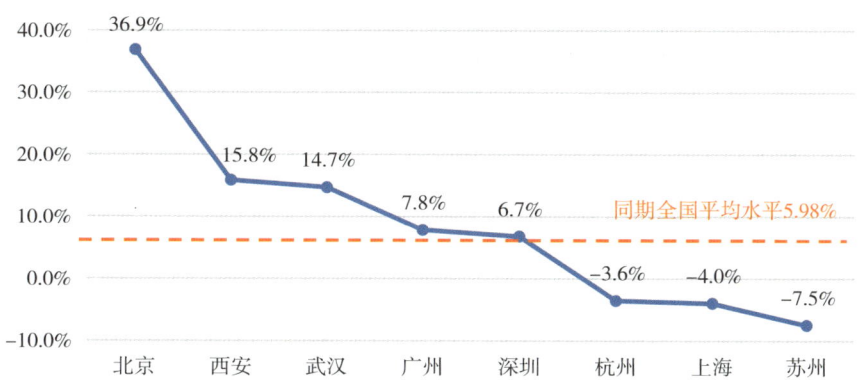

图10-4　2015—2017年八城市外商直接投资年均复合增长情况

注：数据来源于各城市2015—2017年统计公报。外商直接投资（FDI）是指实际利用外商直接投资额。

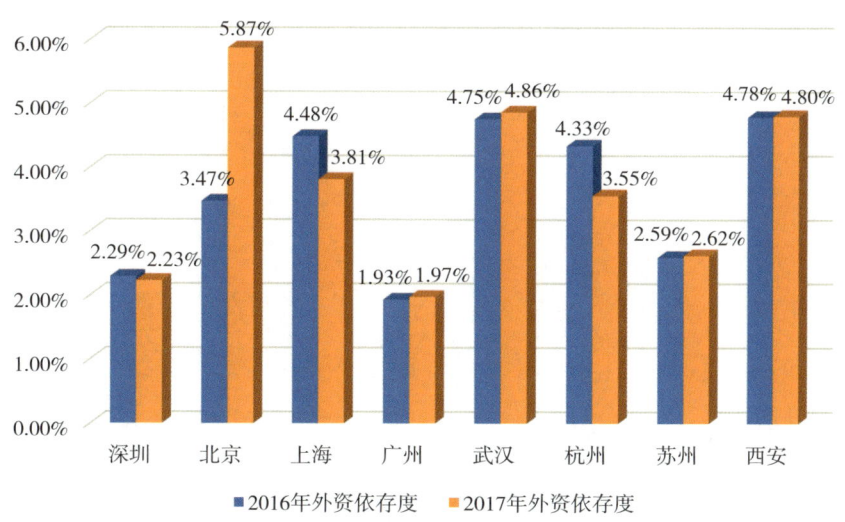

图10-5　2016年、2017年八城市外商直接投资（FDI）依存度

注：数据来源于各城市2016年、2017年统计公报。

八座城市的外资依存度指标与上年相比变动幅度微弱，唯有北京出现大幅提升。2017年北京外商直接投资规模（243.3亿美元）排名全国第一，同比增幅达86.7%，外资依存度升高超过2个百分点，达到5.87%，外资依存度绝对值与升幅均在八座城市中排名第一（详见图10-4）。

从历年一线城市的外资依存度变化分析，2000年以来，深圳、上海、广州的平均外资依存度一直处于逐步下降阶段，这三座一线城市外资依存度下降的趋势反映了传统经济结构中，外资贡献比例的回落，这同样在全国平均走势上得到了体现。而同期相比，北京的变动情况则相对平缓，徘徊在4%上下，自2014年起，北京的外资依存度开始显著提升，2017年超过上海跃居第一。根据北京市商务委在2017年底公开的信息显示，北京市服务业扩大开放综合试点以来，服务业引入外资增长近九成，其中科学技术领域占28.9%，新认定跨国公司地区总部达9家，新设外商投资企业1192家。[1]在当年全球外商直接投资增速仅为5%、发展中经济体外商直接投资整体增速下滑14%的大环境下[2]，中国外资吸引力较强的城市如北京，逆势实现了利用外资规模和质量效益的同步提升，标志着结构转型与营商环境优化对于扩大开放的积极影响。

---

[1] 马婧. 扩大对外开放，优化营商环境——前11月本市利用外资增长近九成[N/OL]. 北京日报，[2017-12-23]. http://www.beijing.gov.cn/gongkai/shuju/sjjd/201712/t20171223_1837655.html.

[2] 联合国贸易和发展会议. 2017年世界投资报告——投资和数字经济[EB/OL]. UNCTAD，[2017-06-09]. https://unctad.org/en/pages/PublicationWebflyer.aspx?publicationid=1782.

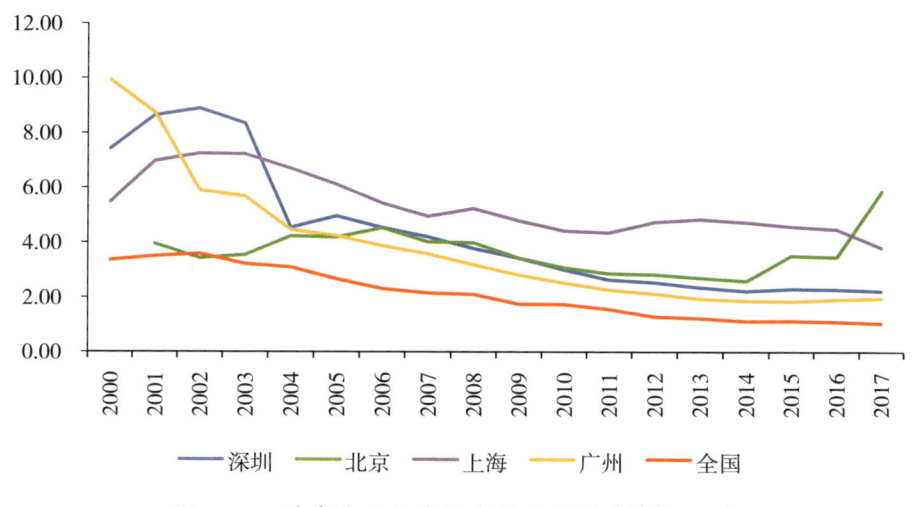

图10-6　外商直接投资依存度比较图（单位：%）

注：数据来源于《国家统计年鉴2017》，各城市统计公报。

　　总体来看，国内各大城市对外资依赖程度的降低态势，首先归因于业已壮大的国内资本对国外资本一定的挤出效应；其次是历经 40 年的开放，我国自主研发技术对于引进技术的替代；最后则是由于国外资本仍然受限，外资缺少开放且便利地参与新经济发展的通道。北京市在放宽外资市场准入和促进投资便利化等方面先行一步，为外资参与经济结构转型和技术进步提供了良好的契机。

2.产业基础

　　经济全球化从客观上要求分工的深化和市场规模的扩张，它带来一个必然的结果就是创新全球化；创新市场中规模以上工业体现了规模经济与竞争活力兼得的创新优势；公共资本投资反映了政府对创新市场发展的支持力度。

（1）全球化参与度

外贸进出口总额反映了一个地区的国际贸易规模，用以评估该地区的外贸自由化程度与全球化参与程度，其中进口额和出口额的比较能反映出该地的外贸结构，体现了全球化进程中的地区竞争力。

上海市2017年外贸进出口总额4776亿美元，处于全国领先地位，高于第二位深圳市（4149.8亿美元）、第三位北京市（3248亿美元），超出第四位苏州市（3160.8亿美元）1600多亿美元。进出口总额增速方面，2015—2017年的数据显示，新兴产业城市的进出口年均复合增长率表现良好，其中信息技术与互联网产业相对集中的杭州（6.38%）和西安（15.37%）增幅最为显著。与之相对的，常规产业重点地区的进出口降速，我国首个自贸区所在地上海增长乏力（2.89%），劳动密集型制造业聚集的深圳还出现了负增长为 −3.15%，这些地区的进出口发展放慢，一方面是内需对经济的不断拉动，导致2017年我国的贸易依存度为33%，低于全球42%的平均水平[①]，这对于我国经济对抗外部冲击有一定积极作用；另一方面则很大程度受制于近年来国际政治与经济全球化步伐的减缓。

表10-3　2015—2017年八城市进出口总额情况（单位：亿美元）

地区	2015年	2016年	2017年	年均复合增长率	2017年顺差
深圳	4423.9	3961.9	4149.8	−3.15%	749.0
北京	3195.9	2805.0	3247.9	0.81%	−2073.9
上海	4511.4	4316.9	4775.9	2.89%	−888.5
广州	1338.7	1290.2	1439.2	3.69%	277.0
武汉	280.7	236.5	286.8	1.08%	56.1
杭州	665.7	675.6	753.3	6.38%	270.7
苏州	3053.5	2723.0	3160.8	1.74%	582.4
西安	283.3	275.4	377.1	15.37%	82.9

注：数据来源于各城市2015—2017年统计公报。

---

① 易纲：经济基本面良好　央行将保持流动性合理稳定[N/OL]. 上海证券报, [2018-06-20]. http://finance.sina.com.cn/china/dfjj/2018-06-20/doc-iheauxwa0041363.shtml.

全球化进程滞缓的趋势也对外贸结构造成了影响，2017 年深圳与上海的出口额同比分别减少 73.9 亿美元和 120.6 亿美元，深圳的顺差总额由 766.6 亿美元降至 749.0 亿美元，上海的逆差额由 670.7 亿美元扩大至 888.5 亿美元。在全球化经济景况低迷的局面中，2017 年深圳的外贸出口总额仍然维持首位（2449.4 亿美元），使深圳成为指标唯一高于两千亿美元的城市，这说明深圳"走出去"的活跃度不减，深圳制造的国际化竞争力较强，可以引领国内市场的全球化走势。

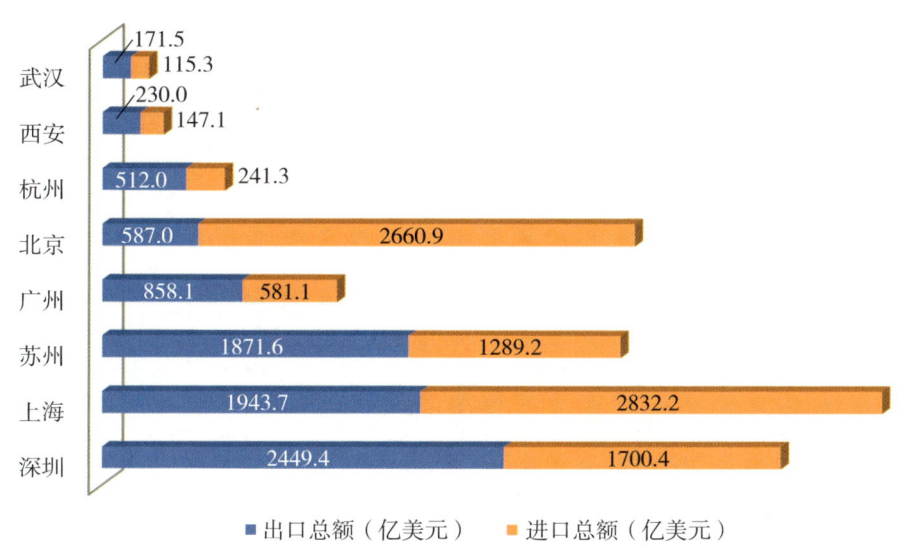

图10-7　2017年度八城市出口总额和进口总额

注：数据来源为各城市2017年统计公报。

深圳制造的高新技术产品竞争力是推动深圳全球化参与度的重要因素。高新技术产品出口规模方面，2016 年深圳市的出口额为 1215.4 亿美元，高于第二位的上海371.5 亿美元，与其他城市更是拉开了数量级的差距。比重方面，深圳市高新技术产品出口额占出口总额的 49.6%，延续了较高的水平，仅次于武汉（73.5%）。从同比情况看，高新技术产品出口额增速情况各异，其中以武汉升幅最为明显（52.7%），保持着迅速增长的态势；外贸重点地区同比表现不明朗，苏州出现负增长（-15.6%），深圳增幅微弱（0.6%），上海增长趋缓（7.3%），这从侧面反映了全球化减速对常规外贸重点地区的影响。然而上述城市的高新技术产品出口比重与同期纵向比较变化不大，大部分城市都有略微提升，这说明高新技术产品可以对全球化浪潮的衰减起到一定抵御作用。深圳以其高新技术产品出口无可替代的规模优势（占全国比重为5.79%），充当了我国推进全球化进程的领军城市。

表10-4　2017年度八城市高新技术产品出口情况

地区	高新技术产品出口额（亿美元）	同比增长	占出口总额比重	上年比重
深圳	1215.4	0.6%	49.6%	50.8%
北京	141.3	24.9%	24.1%	22.0%
上海	843.9	7.3%	43.4%	43.1%
广州	177.5	26.9%	20.7%	17.9%
武汉	126.1	52.7%	73.5%	60.6%
杭州	70.8	10.8%	13.8%	12.8%
苏州	837.9	-15.6%	45.4%	51.1%
西安	——	——	——	35.1%

注：数据来源于各城市2017年统计公报及统计年鉴，西安未公布2017年数据。

（2）规模以上工业企业研发

2017年规模以上工业总产值突破3万亿元的样本城市有上海（31136亿元）和苏州（30714亿元），深圳规模以上工业总产值27292亿元，位列第三。其他城市均未达到2万亿元，其中西安是唯一低于万亿元的城市（5266亿元）。规模以上工业总产值刻画了城市的现有工业实力和技术水平，并在一定程度上体现了技术创新基础。

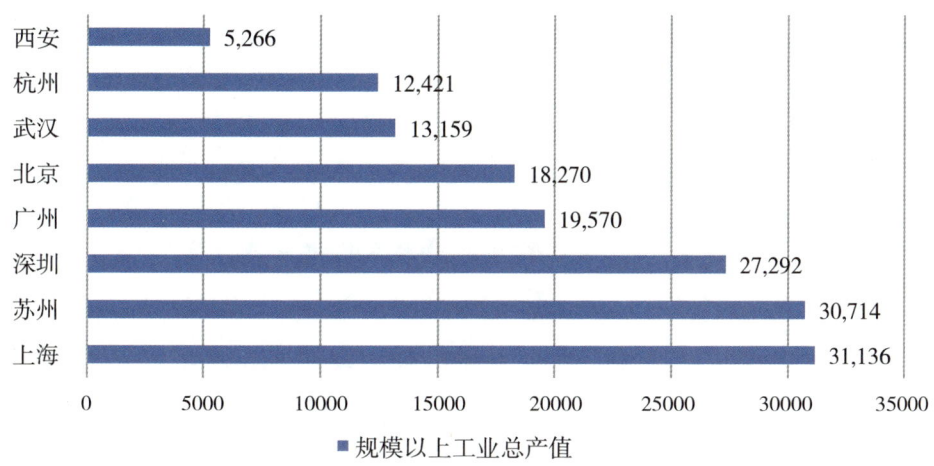

图10-8　八城市规模以上工业总产值（单位：亿元）

注：数据来源于各城市2017年统计年鉴。

　　为了更具针对性地反映技术创新的含金量，剔除规模性因素的影响，有必要对样本城市规模以上工业企业的研发活动以及高新技术企业的情况进行专门考察。企业研发活动是指，为获得或创造性地运用科学技术新知识，以及实质性地改进技术、产品、服务和工艺而持续进行的具有明确目标的活动。企业研发活动是产业创新和升级的根本推动力，具有技术或工具的高端性和新颖性，是高新技术产业的主要特征。

　　数据显示，八座城市中，苏州的企业研发活动表现最突出，45.4%的规模以上工业企业都展开了研发活动，武汉相对落后，比重仅为19.6%。同时期深圳的规模以上高新技术制造业企业比例为35.0%，与其他城市拉开了显著差距，超过第二名的北京（21.2%）10个百分点，说明深圳的高新技术制造业规模具有显著优势。

　　通过对照有研发活动规模以上工业企业比例和规模以上高新技术制造业企业比例可以发现，除深圳外，其他城市的前指标均高于后指标，差距最高的苏州达到了36.2个百分点，这个差距一定程度反映了这些城市高新技术制造业的规模效应还有待增强。深圳作为唯一的例外，表现出了企业研发活动相对集中于高新技术制造业的特点，反映出深圳高新技术制造业的规模优势与工业企业研发活动的协同发展态势。

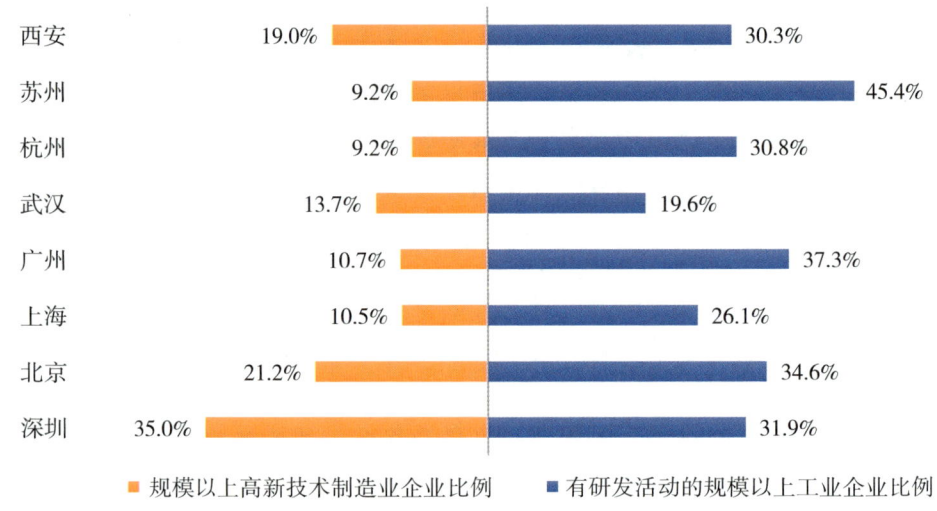

图10-9　八城市有研发活动的规模以上工业企业占比与

规模以上高新技术产业（制造业）企业占比情况

注：数据来源于各城市第三次经济普查数据以及各城市2017年统计年鉴。

深圳创新市场的主体来自企业，研发的核心动力则是高新技术制造业企业，因此深圳研发具有更好的市场导向性和经济效益。从在A股、H股和美股上市的公司总市值分布情况来看，深圳继2016年超越上海之后，在2017年将优势进一步扩大，总市值已接近上海和广州之和，表现出强大的企业活力。上市公司中，上海市值前八名集中在银行、汽车和钢铁等行业，且全都是国企；而深圳市值前七名公司分布于互联网、信息技术和金融等行业，过半数为民营机构。从剔除央企和国企的前后来看，2017年北京上市公司总市值由高达23.59万亿元骤降为9.44万亿元，深圳仅从10.04万亿元变为 8.43 万亿元 ①，剔除后深圳与北京的差距仅约 1 万亿元，民营企业支撑了深圳上市公司的绝大部分市值。

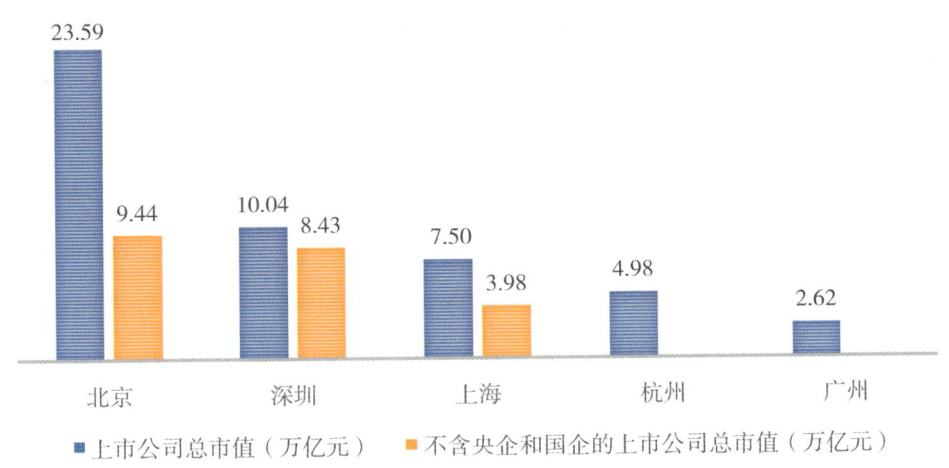

图10-10　2017年主要城市上市公司总市值

注：数据由《证券时报》统计（杭州市与广州市"不含央企和国企的上市公司总市值"数据不详）。

　　深圳上市公司的科技含量更高。从行业市值权重分布看，北京的银行业市值占比超过 40%，计算机行业占比 4.19%。上海的非银金融和银行两大行业占比超过 31%，通信行业占比 4.23%。深圳的电子制造行业市值占比 10.62%，通信行业占比 4%，计算机行业占比 3.51%，深圳上市公司所属科技行业在种类与份额上都更为突出。2018 年 7 月，深圳创新引擎指数正式发布，间接反映了深交所上市的深圳企业的整体表现，为市场提供了更丰富的研究和投资标的。科技类上市公司的市值表现与企业的研发投入直接相关，深圳储备了诸多在现代物流、生物技术、智能制造等新兴行业的拟上市企业，充足的研发主体资源将进一步巩固深圳的科创领军城市地位。

---

① 林玟珊. 10.04万亿！深圳上市公司总市值首超上海，仅次于北京[N/OL]. 深圳新闻网，[2017-12-04]. http://www.sznews.com/news/content/2017-12-04/content_17909128.htm.

(3)公共资本投资[①]

从规模上看，北京、西安、上海是公共资本投资额最高的三个城市。公共资本投资额最高的是北京（2649.7亿元），接近深圳的三倍。深圳市地区经济对公共资本依赖程度小，社会民间资本市场活跃度高。从地区生产总值占比情况看，深圳的公共资本投资占地区生产总值比重为4.9%，在八个城市中占比最低，远低于西安（39.5%）、北京（10.3%）等西部及北部中心城市，且低于上海（6.7%）和广州（7.4%）等东部沿海开放城市。这反映出公共资本对西部城市的经济发展作用较大，对东部沿海地区的影响较小。

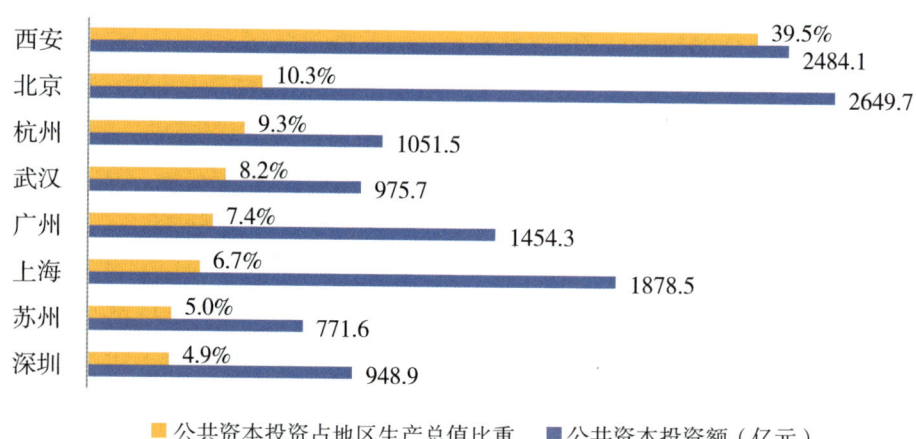

图10-11　2017年八城市公共资本投资及占地区生产总值比重比较图

注：数据来源于各城市2017年统计年鉴。

同比增速方面，2016年大部分城市公共资本投资占地区生产总值比重呈现下降的趋势，只有西安的公共资本投资额常年维持在30%以上，且占

---

① 公共投资亦被称为政府投资，一般被界定为由中央和地方政府投资形成的固定资本，概念上与社会民间资本相对应。

比较上年仍有明显升高。武汉的占比降幅最显著，由 2015 年的 17.7% 降至 2017 年的 8.2%，降幅近 10%，表明社会民间资本投资支配的区域作用范围有所扩张，由东部沿海地区进一步延展到中东部腹地。但深圳公共资本所让渡出的投资空间始终较其他城市更为广阔。

3. 制度文化

高效率的政府管理确保了政府在创新市场中制度供给者、秩序维护者的身份和地位。良好的商业信用环境和文化氛围为创新奠定了坚实的基础。

(1) 政府效率指数 [①]

政府效率指数反映地区政府公共服务能力和政务管理透明水平。高效率的政府管理，可以大大提高经济社会运行效率，从而降低创新创业成本，进一步激发创新市场活力，带动创新创业愈加活跃。

深圳市政府效率指数居全国城市首位。根据北京师范大学政府管理研究院与江西师范大学管理决策评价研究中心联合发布的《2017 中国地方政府效率研究报告》，深圳的政府效率指数为 1.4501，延续了 2016 年全国地级市榜首的位置，也是唯一指数评分超过 1.0 的城市。武汉、杭州等地级市的排名均较上年有所提升，政府效率水平有所增强。北京、上海在省级政府效率测度中分列第二位和第三位。

---

① 由北京师范大学政府管理研究院与江西师范大学管理决策评价研究中心联合发布的《2017 中国地方政府效率研究报告》，构建了包含政府公共服务、政府规模、居民经济福利、政务公开四大测度因素的地方政府效率测度指标体系，测度 31 个省级政府效率和 292 个地级市政府效率。

表10-5　2017年度八城市政府效率测度结果对比

地区	2017 年		2016 年	
	政府效率指数	全国排名	政府效率指数	全国排名
深圳	1.4501	1	0.9077	1
北京	0.7670	2	0.3331	2
上海	0.3825	3	−0.0502	18
广州	0.0677	98	0.5748	4
武汉	0.2782	31	0.1187	61
杭州	0.5835	6	0.2980	17
苏州	0.1502	65	0.4747	5
西安	0.1035	81	0.3184	15

注：数据来源于《2017中国地方政府效率研究报告》。北京、上海为省级政府效率测度结果排名，其余城市为地级市政府效率测度结果排名。政府效率指数为《报告》通过对不同指标数据进行计算和转换形成的可以相互比较的标准化测度值。

深圳市政府的服务观念和意识始终走在前列，特别体现在惠及民生便利和企业发展的"放管服"政策落实方面。2018 年深圳市首推 100 项"不见面审批"事项[①]，涉及市场监管、人力资源、公安、住房等多个业务量大、服务频率高的行政领域。该举措通过审批的全流程网络办理实现了"零跑动、不见面"，极大地提升了办事效率，节省了全社会的行政成本。

(2)商业信用环境指数(CEI)[②]

深圳市的商业信用环境指数得分历年的总体趋势向好，商业信用环境相对较优。根据 2017 中国城市商业信用环境指数，在 36 个大城市商业

① 深圳市人民政府. 深圳市发布第一批100个"不见面审批"服务事项清单[EB/OL]. 新浪网，[2018−06−28]. http://news.sina.com.cn/c/2018−06−28/doc-iheqpwqy4453458.shtml.

② 该指标直接引用中国社会科学院、中国管理科学研究院、中国市场学会信用工作委员会联合发布的"中国城市商业信用环境指数（CEI）"。在宏观层面上，指数反映我国城市的信用经济发展、市场信用交易、市场经济秩序等状况及发展趋势。从微观具体应用角度看，指数可用于评价一个城市的市场信用环境优劣。

信用环境指数综合评价中（包括直辖市、省会城市和副省级市），北京市和上海市在7年的连续五次评选中蝉联第一、二名，深圳则重新进入前三甲。

表10-6 八城市商业信用环境指数（CEI）及排名

地区	2017年		2015年		2013年	
	指数	排名	指数	排名	指数	排名
北京	90.630	1	86.857	1	86.060	1
上海	86.996	2	84.304	2	83.462	2
深圳	82.133	3	77.349	6	82.676	3
广州	80.822	4	76.627	14	79.945	7
武汉	74.243	15	77.316	7	75.553	26
杭州	75.383	10	77.353	5	80.720	6
苏州	71.433	10	70.948	25	75.547	18
西安	72.804	20	76.698	12	77.326	18

注：数据来源于中国城市商业信用环境指数（CEI）官网，http://www.chinacei.org/。除苏州外，均为商业信用环境指数大城市（中国直辖市、省会城市和副省级市）排名数据，苏州为商业信用环境指数地级城市排名数据。

2011年至今的跟踪监测显示，各区域的商业信用环境指数得分呈逐年上升的趋势。一线城市中，北京市、上海市一直稳居前列，2017年影响两地的商业信用环境重要事件分别为北京市公共信用信息平台的建成投用、上海市率先完成国内首部社会信用法律的立法工作。分区域来看，长三角地区、珠三角地区和环渤海地区一直是商业信用环境指数较高的城市聚集的地区。

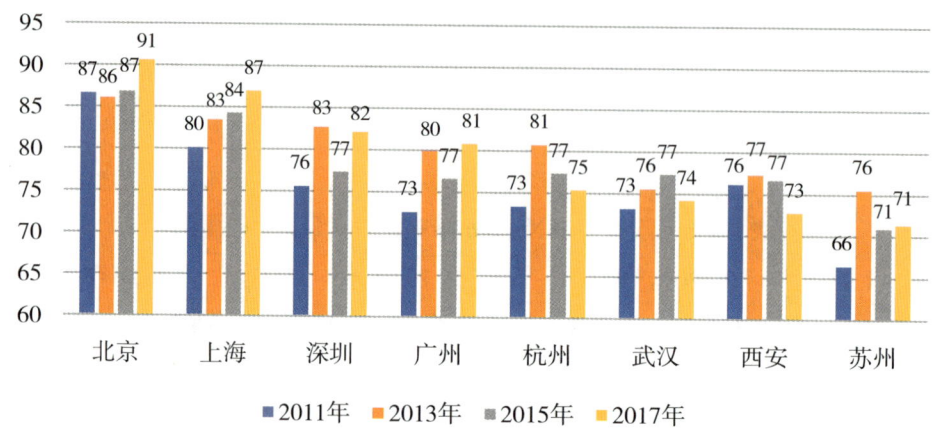

图10-12　八城市主要年份商业信用环境指数情况

注：数据来源于中国城市商业信用环境指数（CEI）官网，http://www.chinacei.org/。除苏州外，均为商业信用环境指数大城市（中国直辖市、省会城市和副省级市）排名数据，苏州为商业信用环境指数地级城市排名数据。

（3）万人图书馆数

每万人图书馆数表征地区公民的科学文化素养，一定程度上反映创新创业的社会氛围和创新市场的文化环境。2017 年末，深圳拥有公共图书馆（包括市级、区级及直属分馆）数量为 49 个，每万人图书馆数为 0.039 座，总量及人口占比均高于其余 7 大城市，成为名副其实的"图书馆之城"。然而从整体数据来看，包括深圳在内的大部分城市，万人图书馆数量却有所下降，说明以图书馆为代表的社会文化资源人均占有量正在被人口城镇化的进程所稀释。

表10-7 八城市图书馆与万人图书馆数变化情况（单位：座）

地区	2017 年		2016 年	
	图书馆数	万人图书馆数	图书馆数	万人图书馆数
深圳	49	0.039	49	0.043
西安	13	0.016	13	0.015
杭州	14	0.015	16	0.017
北京	25	0.012	25	0.012
上海	24	0.010	24	0.010
广州	14	0.010	14	0.010
苏州	11	0.010	11	0.010
武汉	2	0.002	2	0.002

注：数据来源于各城市2017年统计公报，深圳市数据来源于深圳图书馆官方网站。

4. 配套支持

公共交通、物流、互联网、医疗资源都是社会经济发展的重要基础设施，科技企业孵化器更是创新创业的重要支撑，这些都构成了促进创新市场发展的配套支持。

（1）公共交通服务

数据显示，一线城市公共交通效率位列第一梯队。从 2017 年公共陆路交通效率情况来看，北京以 1947.9 万人次 / 天位居第一，其次为上海 1793.7 万人次 / 天和广州 1524.9 万人次 / 天。深圳为 1008.2 万人次 / 天，跨越千万人次大关，一线城市中排名第四，其余城市的指标分布在 500 万人次左右，与一线城市的差距明显。然而同比来看，一线城市公共陆路交通效率增速迟滞，除深圳（3.99%）为正向增长外，北京、上海和广州都出现不同程度的小幅下降，这是由于一线城市业已存在相对完善的公交与轨道交通体系，公共交通建设项目少，因此取得效率突破的难度更高；反观内陆城市如武汉、西安和杭州，近年来启动一系列在建市政工程，因此都实现了效率较大幅度的提升，其中武汉 2016 年底分别通车轨道交通 6 号线以及 2 号线支线，形成了高达 62.75% 的同比增幅，西安也在 2016 年底正式开通地铁 3 号线（目前西安线路最长的地铁，全长 39.15 公里），同比增幅达 28.38%。

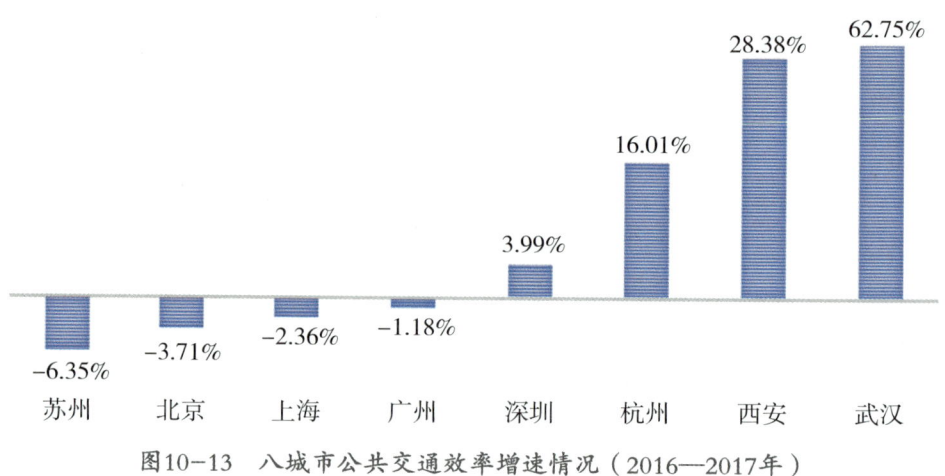

图10-13　八城市公共交通效率增速情况（2016—2017年）

注：数据来源于2016年和2017年各城市发布的国民经济和社会发展统计公报。由于图表篇幅限制未完全展示武汉数据柱形图。

深圳的公共交通服务水平名列前茅。根据《2017 年中国主要城市公共交通大数据分析报告》[①]，由公共交通服务的几个重要指标（站点 500 米覆盖率、轨道衔接、公交开放水平、步行距离、地铁路网密度等）测算，深圳得分为 0.756，居于各城市首位，远远领先于排名并列第二的上海和广

---

① 《2017年中国主要城市公共交通大数据分析报告》由高德地图联合交通运输部科学研究院（城市公共交通智能化交通运输行业重点实验室/综合交通运输大数据应用中心）、北京航空航天大学交通科学与工程学院合作发布。

州（0.641），这说明了深圳公共交通在网线布局、枢纽衔接和立体化运营等方面都更为合理和高效。

表10-8　八城市公共交通效率与服务指数情况

地区	2016年 （万人次/天）	2017年 （万人次/天）	2017年度城市公共 交通出行服务指数
深圳	969.5	1008.2	0.756
北京	2023.0	1947.9	0.595
上海	1538.9	1793.7	0.641
广州	1543.1	1524.9	0.641
武汉	546.9	661.3	0.576
杭州	451.1	523.4	0.588
苏州	299.6	281.0	0.607
西安	534.9	514.8	—

注：数据来源于2016年和2017年各城市发布的国民经济和社会发展统计公报。《2017年中国主要城市公共交通大数据分析报告》未提供西安市数据。

（2）物流业指数[①]

数据显示，2017年度以北京为核心的华北地区物流业指数领先，达到了229.67。以长三角城市为中枢的华东地区物流业指数为205.30，排名居前。广州、深圳等华南地区主要城市紧随其后，指数为203.04。华中和西北地区的物流业指数排名靠后，代表城市分别为武汉（153.42）与西安（122.46）。

---

① 物流业指数采用中国电商物流运行指数，该指数由中国物流与采购联合会和京东集团联合调查发布，涵盖了总业务量、库存周转、人员、实载率和成本等月度分项指标，覆盖了全国（除港澳台外）各省、自治区和直辖市。

表10-9　八城市2017年物流业指数情况

地区	区域分布	物流业指数
北京	华北	229.67
上海	华东	205.30
杭州	华东	205.30
苏州	华东	205.30
深圳	华南	203.04
广州	华南	203.04
武汉	华中	153.42
西安	西北	122.46

分区域来看，华北地区在物流仓储和运输方面高度集中，位于北京和天津的大宗物流基地占比接近华北六省市（京津冀鲁晋蒙）的一半，区域物流表现出放射式的特点。华东及华南地区受惠于发达的区域公路和铁路网，以及较为均匀的人口与城市布局，区域物流因此呈现出网状的特点。华中地区的物流发展有待加强，该地区坐拥长江航运中游的黄金水道以及南北交通枢纽的区位优势，但物流业指数与其他地区仍有较大差距。西北地区主要受制于交通条件、人口分散以及外向型产业结构不完善，物流业指数较其他地区明显偏低，物流运输基础建设有待进一步加强。

（3）互联网宽带普及率

互联网宽带普及率是固定互联网宽带用户量与固定电话用户量的比值。该指标表征了现代互联网通信相对于常规电话通信在基础设施与技术应用上的普及程度。理论上，家庭用户的互联网宽带普及率最高可达100%，商业或政府等其他类型用户的接入会产生额外的偏离波动。世界银行的一项研究表明：一个国家或地区宽带人口普及率每提高10%，平均带动国内生产总值的增长约为1.38%，这一带动效果在发展中国家会更强。

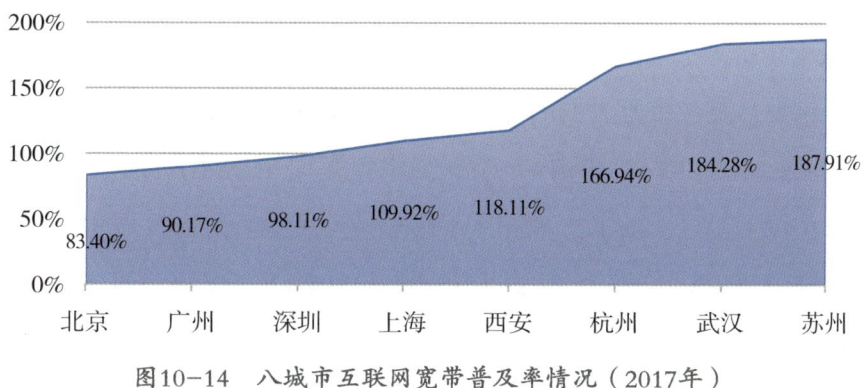

图10-14　八城市互联网宽带普及率情况（2017年）

注：数据来源于2017年各城市统计年鉴和国民经济和社会发展统计公报。

互联网通信对传统通信方式的替代作用在新兴产业城市更为明显，其中苏州、武汉和杭州的普及率均高于150%，明显高于一线城市。北京、上海、深圳和广州是国内互联网行业最为集中的地区，其互联网宽带普及率偏低，则说明上述城市电话业务在通信往来中仍扮演着关键角色。从商业用户因素来看，国内外大型企业乃至总部所在地最为集中的是一线城市[1]，从政府用户因素来看，北京、上海和广州也汇聚了更多的政府部门。大型企业和政府部门的聚集，维持了一线城市中电话通信接入的需求，从而造成了较低的互联网宽带普及率。

（4）医疗资源

医疗资源是社会经济发展的重要基础，承载着大众对生命与健康的根本需求，进而保障创新创业主体对生产、学习和研究稳定而持续的投入。医院与卫生服务机构的综合数量，是一个地区医疗技术能力和医疗服务水平的基本表征，极大地影响了城市创新活动的质量。

---

① 赵弘. 中国总部经济发展报告（2013—2014）[M]. 北京：社会科学文献出版社. 2014.

　　深圳医疗资源总量在各大城市中处于偏低水平。2017 年深圳的综合医院数量为 135 家，卫生医疗机构数量为 3492 家，综合医院占医疗机构比重为 3.87%，服务每万人口的综合医院数量为 0.11 家，两个指标均低于北京（6.66%，0.34 家）、上海（7.06%，0.19 家）、广州（7.77%，0.17 家）、杭州（6.12%，0.32 家）、苏州（6.49%，0.19 家），与各城市中指标相对较低的武汉（5.88%，0.31 家）和西安（5.32%，0.38 家）相比仍存在一定差距。

表10-10　八城市综合医院占比数量情况

地区	2017 年综合医院数量/个	2017 年卫生医疗机构数量/个	2017 年综合医院占医疗机构比重	上年比重
深圳	135	3492	3.87%	2.61%
北京	732	10986	6.66%	6.70%
上海	363	5144	7.06%	6.96%
广州	243	3126	7.77%	8.46%
武汉	335	5700	5.88%	6.96%
杭州	302	4933	6.12%	5.88%
苏州	206	3175	6.49%	8.77%
西安	313	5879	5.32%	4.98%

注：数据来源于2017年各城市发布的国民经济和社会发展统计公报。

　　同比来看，深圳的综合医院占医疗机构比重上升超过 1%，在八座城市中升幅最明显（2016 年为 2.61%）。截至 2017 年，深圳市共建立社康机构超过 610 家，平均一家机构可服务 1.95 万常住人口，有效弥补了医疗资源的数量短板。[1] 2016 年国际著名医学期刊《柳叶刀》发布了最新的全球医疗质量和可及性排名，深圳所在的广东省是华南地区 HAQ（医疗质量和可及性）

① 李舒瑜. 未来3年我市再增600家社康中心[N/OL]. 深圳特区报，[2018-01-12]. http://difang. gmw.cn/sz/2018-01/12/content_27336877.htm.

评分介于 82.2—91.3 高分区间的唯一省份。纵观全国，我国的医疗技术能力和医疗质量也取得了长足进展，中国的 HAQ 指数排名从 2015 年的全球第 60 位提高到了 2016 年的第 48 位，一年间跃升了 12 位，是中等 SDI（社会人口指数）国家中进步最大的国家之一。[①] 但该指数（不含台湾地区）也同样反映出我国医疗资源过度集中于东部和南部沿海发达地区（其中北京 HAQ 评分超过部分发达经济体），医疗水平发展不平衡、不充分的现状。

（5）载体建设

深圳国家级科技企业孵化器数量增长迅速。科技企业孵化器是创新市场发展的重要支撑，它通过为初创企业或中小企业提供生产研发空间以及基础设施服务来降低创业成本并提高效率，连接企业和投资机构，减少双方存在的信息不对称，并提供一种合理分摊创业者创业成本和创业风险的工具。在数量相对落后的情况下，深圳在 2017 年迎头追赶，新增了 5 家国家级科技企业孵化器，同比增速 29.4%，仅次于广州的 31.6%，数量上达到了 22 家。然而深圳与第一梯队的北京（55 家）和上海（49 家）相比仍存在较大差距，表明深圳在创新创业孵化平台数量上的支撑能力亟须进一步提升。

---

① GBD 2016 Healthcare Access and Quality Collaborators. Measuring performance on the Healthcare Access and Quality Index for 195 countries and territories and selected subnational locations: a systematic analysis from the Global Burden of Disease Study 2016[J]. The Lancet, Volume 391, No. 10136, p2236-2271, 2 June 2018.

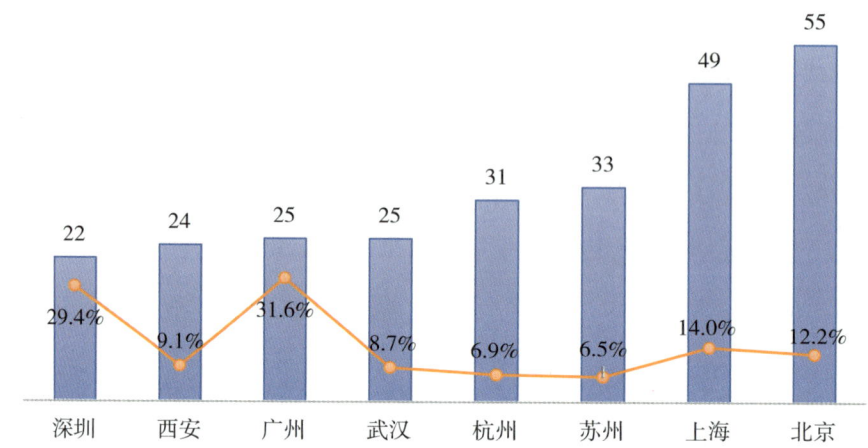

图10-15　2017年八城市国家级科技企业孵化器数量及增速情况（单位：家）

注：数据来源于科技部火炬高技术产业开发中心（http://www.chinatorch.gov.cn/fhq/index.shtml）。

（二）创新创业资源

资源能力主要表征创新创业资源，即创新市场中"人、财、物"等重要资源的聚集能力，包括人力资源、资本投入等。

1. 人力资源

创新创业，人才是关键，不但要注重人力资源的数量，更要注重人力资源的质量。

（1）净流入常住人口

城市常住人口的变动来自本地人口自然增减以及移民流动，人口净流入量是评判城市活力、吸引力与竞争力的重要指标。由于2017年样本城市的人口自然增长率基本与全国水平5.32‰相近，因此各样本城市净流入常住人口的变动的主要来源是移民。各城市净流入常住人口的区域分化特征显著，曾长期稳居最大人口流入规模的一线城市中，只有深圳（55.08万）和广州（45.49万）保持了较强的净增长势头，而北京仅为2.2万，上海甚至出现了净流出情况（-1.37万）。新兴城市中，杭州（28万）与武汉（19.8万）的增长情况较为突出，西安和苏州分别为9.27万和3.14万，人口吸纳能力仍待加强。

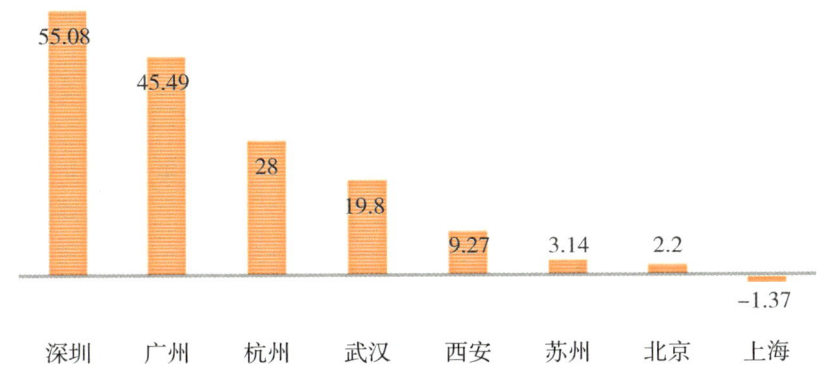

图10-16　2017年八城市净流入常住人口情况（单位：万人）

注：数据来源于2017年各城市发布的国民经济和社会发展统计公报。

从城市圈来看，珠三角地区对人口的吸引力更强，表明该地区有潜力提供充足的就业与居住条件。但城市化水平相对较高的长三角地区则不容乐观，上海的常住人口净流出说明该地区人口已趋近饱和，且临近的苏州也未能充分发挥承接作用。随着一线城市人口流入势头的放缓，以武汉和西安为代表的中部西部城市，应把握人口流动接纳的契机，从根本上引导并留住创新市场的核心资源。

（2）高等教育学历人口数量占比

深圳的高等教育学历人口比例优势不明显。根据2015年全国1%人口抽样调查数据显示，深圳拥有高等教育学历的常住人口比例为22.67%，低于北京（36.03%）、上海（27.70%）、西安（26.88%）及广州（23.66%），仅高于苏州（18.38%）。由于受到高等教育资源分布的影响，全国高等院校最集中的几个城市，如北京、上海、西安和广州等在该指标上的优势更加显著。

表10-11　八城市高等教育学历常住人口比例情况

地区	2010年第六次全国人口普查数据	2015年全国1%人口抽样调查数据
深圳	14.94%	22.67%
北京	28.43%	36.03%
上海	20.88%	28.70%
广州	22.74%	23.66%
武汉	22.90%	—
杭州	18.88%	—
苏州	13.77%	18.38%
西安	22.00%	26.88%

注：数据来源于全国及各城市2015年全国1%人口抽样调查主要数据公报（杭州和武汉未公布）以及2010年第六次全国人口普查主要数据公报。

从高等教育学历人口增速来看，深圳增幅特别突出。与2010年第六次全国人口普查的结果相比，5年来深圳的高等教育学历常住人口比例平均增速超过50%，达到了51.7%，考虑到深圳高等教育资源相对短缺，高增速说明了流入人口中接受过高等教育的比例较高，同时反映出深圳产业结构升级对高等教育学历人口的需求缺口。其他城市中，上海（37.5%）、苏州（33.5%）紧随其后，北京（26.7%）与西安（22.2%）也保持了较高的增速，表现出这些城市对高等教育学历人口的吸纳仍有较大的空间。广州的高等教育学历人口比重变动幅速最小，仅约 4.0%，反映出该地产业结构调整不够充分，未能产生对高学历人口的足够吸引力。此外，广州的净流入常住人口速度减缓（2017 年同比负增长 16.1%），也一定程度上拖累了高等教育学历人口的增长。

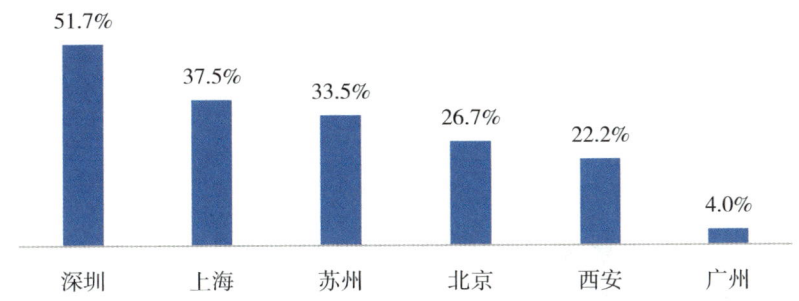

图10-17　高等教育学历人口比例增速（2010—2015年）

注：数据主要来源于各城市2015年全国1%人口抽样调查主要数据公报。北京、上海数据分别来源于《北京统计年鉴2016》《中国统计年鉴2016》。

（3）知识密集型服务业[①]人员占从业人员比例

深圳市的知识密集型服务业人员占比相对较低。2017 年，深圳市知识密集型服务业从业人员总数为 133.4 万人，占从业人员总量的 14.4%。知识密集型服务业从业人员比重较北京（38.1%）、上海（19.3%）、西安（19.6%）低，处于第二梯队的后位，反映了深圳在创新市场人力资源方面仍有待加强。同比来看，八座城市的知识密集型服务业从业人员占比情况变化各异，除杭州（13.2%）、广州（9.4%）、武汉（6.3%）和苏州（5.9%）有不同程度下降外，其他城市的占比均有所提升。北京同比上升了近 7 个百分点，与其他城

[①] 国际上对知识密集型服务业分类标准不一，本研究采取国内学者魏江等的分类体系，按照国民经济行业分类（GB/T4754-2011），对应的四大类行业为金融业、信息传输/软件和技术服务业、租赁和商务服务业、科学研究/技术服务业。知识密集型服务业具有高度的创新功能，其有"四高"特征：高知识、高技术、高互动以及高创新。

市拉开了明显的差距，继续保持第一梯队的领先位置。西安升幅最大，同比增长了超过 8 个百分点，从 2016 年固定投资（分行业）情况来看，西安以租赁和商务服务业（同比增长 104.2%）、科学研究和技术服务业（同比增长 52.0%）两个行业的提升最为突出，显现出了西安新经济产业布局对创新人力资源的吸纳作用。

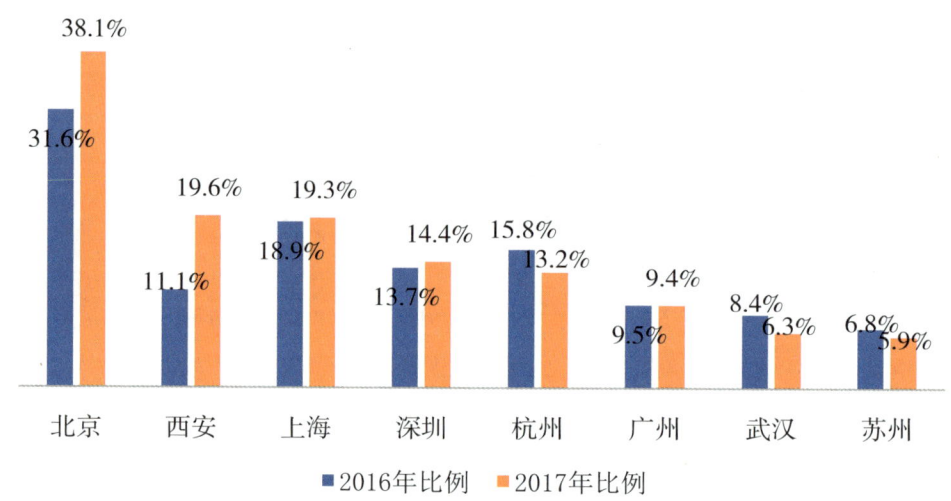

图10-18　八城市知识密集型服务业从业人员占比情况

注：数据主要来源于《中国城市统计年鉴2016》与各城市2017年统计年鉴。

（4）普通高校在校学生数

一段时期内普通高校在校生数量反映地区潜在的创新创业人才供应情况。深圳市的普通高校在校生数量相对偏少。2017 年末，深圳市拥有普通高等学校 12 所，在校学生 9.67 万人，与广州（115.8 万人）、武汉（107.5 万人）、北京（89.3 万人）等高校云集的城市相比差距较大，也与苏州（21.93 万人）、杭州（42.8 万人）存在一定差距。反映出深圳在支撑创新创业发展的高等学校教育资源供给方面的弱势，科技人力资源的培养与供给能力相对不足。深圳在高等教育资源方面的稀缺，长期以来已成为制约创新市场人才储备的瓶颈，但深圳为数不多的高等院校对创新的发展非常重视，2017年深圳大学PCT专利申请量为265件，位列全球教育机构第11位，连续两年排名中国高校第一名，也是广东地区唯一一所入围前20名的高校。[①]

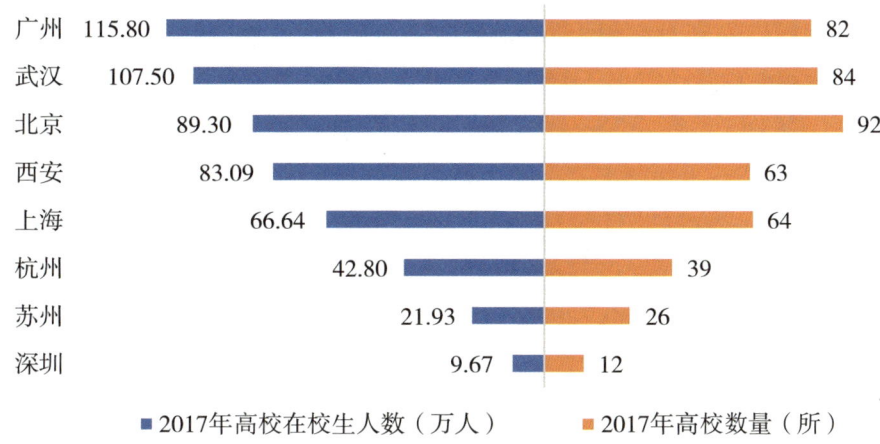

图10-19　八城市普通高校在校生数量对比

注：数据来源于各城市2017年统计公报。

2. 资本投入

科学技术投入、资本市场的参与、新产品开发投入等都是推动"大众创业、万众创新"的重要支点，是培育创新市场的重要资源。

（1）科学技术支出占地区生产总值比重

深圳市的科学技术投入力度在各城市中排名榜首。2016年深圳的科学技术支出总额高达403.52亿元，远远领先于第二名的上海（341.71亿元）

---

① 马璐. 深圳大学PCT专利申请量列全球高校11位[N/OL]. 深圳特区报，[2018-04-20]. http://sz.people.com.cn/GB/n2/2018/0420/c202846-31485815.html.

和第三名的北京（285.78亿元）。科学技术支出占地区生产总值比重方面，深圳成为唯一突破2%门槛的城市，达到了2.07%，与上海（1.21%）和北京（1.11%）拉开了明显差距。值得一提的是，除上述三座城市以外，武汉（0.73%）、杭州（0.66%）、苏州（0.62%）、广州（0.58%）及西安（0.44%）的表现均不及全国平均水平（0.88%）。这反映出大部分城市的科学技术支出强度没有跟上城市的经济发展步伐，来自财政部门的科学技术投入还需要加强。

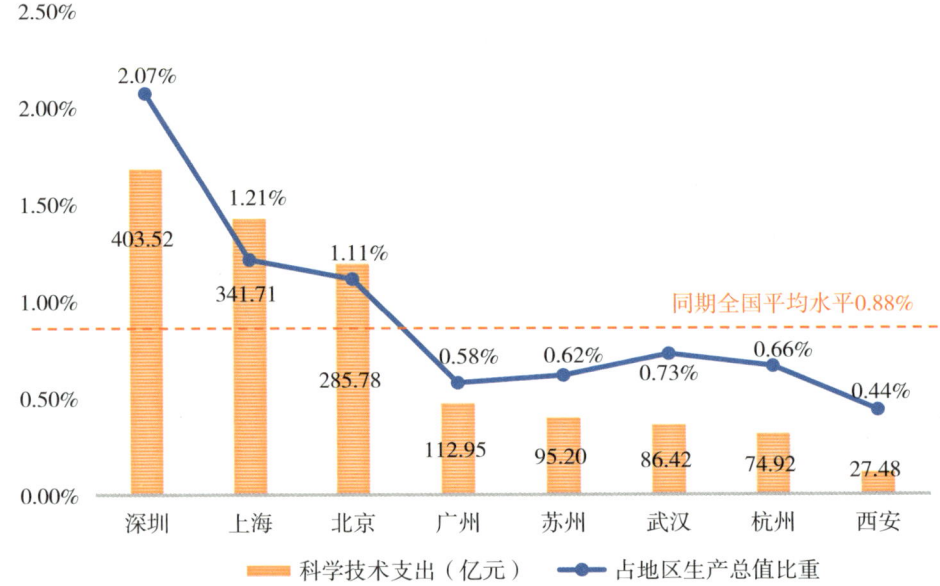

图10-20   2016年八城市科学技术支出及占地区生产总值比重

注：数据来源于各城市2017年统计年鉴。

同比来看，除北京市外，几乎所有城市的科学技术财政支出总量和占地区生产总值比重均有所提升，其中深圳市2016年科学技术支出总额较上年涨幅达88.3%，拉动了科学技术支出占地区生产总值比重的快速增长，一举超越2015年居于首位的北京。近年来，深圳科学技术经费投入一直处于不断加强的状态，根据2016年预算执行情况显示，深圳市新增安排了160亿元用于重大科技基础设施、基础研究机构等专项支持计划，安排用于产业发展与创新人才奖励的资金近60亿元。[1]反映出深圳对科技关键领域和薄弱环节的高度重视和政府的引导意识。

表10-12 八城市科学技术支出额与占地区生产总值比重变动情况

地区	2016年科学技术支出		2015年科学技术支出	
	总量（亿元）	占地区生产总值比重	总量（亿元）	占地区生产总值比重
深圳	403.52	2.07%	214.32	1.22%
北京	285.78	1.11%	287.80	1.25%
上海	341.71	1.21%	271.85	1.08%
广州	112.95	0.58%	88.67	0.49%
武汉	86.42	0.73%	68.19	0.63%
杭州	74.92	0.66%	70.15	0.70%
苏州	95.20	0.62%	88.33	0.61%
西安	27.48	0.44%	25.44	0.44%

注：数据来源于各城市2016年及2017年统计年鉴。

(2)年度新三板上市企业数量

资本市场的参与是新企业在创新市场中生存和发展最基本的要素，高效的投融资市场为创新创业企业提供良好的筹资环境。由于小微企业无法通过主板上市融资，新三板挂牌就成为中小企业和创业公司融资的有效渠道之一，它是推动"大众创业、万众创新"的重要支点。

截至2017年底，深圳市新三板挂牌企业总数780家，排名第三。北

---

[1] 深圳市财政委员会. 关于2016年深圳市预算执行情况和2017年预算草案的报告[EB/OL]. 深圳政府在线, [2017-01-08]. http://www.sz.gov.cn/.

京（1617家）和上海（990家）分列前两位，其中北京的新三板挂牌企业总量超过深圳的两倍。在新三板系统面向全国开放的2014年以前，北京和上海业已积累了大量挂牌企业，这是两地新三板挂牌企业数量居高的重要原因。

表10-13 八城市新三板挂牌企业总数

地区	2014年企业数量（家）	2015年企业数量（家）	2016年企业数量（家）	2017年企业数量（家）	年均复合增长率
北京	361	763	1473	1617	64.8%
上海	165	439	888	990	81.7%
深圳	54	291	696	780	143.5%
苏州	69	229	432	459	88.1%
广州	35	145	347	429	130.6%
杭州	25	153	343	382	148.1%
武汉	76	145	237	279	54.3%
西安	20	56	122	139	90.8%

注：数据来源于Wind资讯金融终端。

从近三年的复合增长率来看，深圳达到了143.5%，以微弱差距低于杭州（148.1%），超过其后的广州（130.6%）10个百分点，并且与其他城市拉开了明显差距。杭州、深圳和广州挂牌企业数量的高速增长，结合北京与上海庞大的新三板企业数量，反映出了科创型企业的分布特征，这种特征与互联网企业的分布城市相近程度极高，2016年与2017年中国百强互联网企业中有近60%分布于上述5座城市，若从百强互联网企业市值来看①，这种分布特征将更加明显。

---

① 雷东瑞. 2017年"中国互联网企业100强"榜单发布[N/OL]. 新华网，[2017-08-03]. http://news.cctv.com/2017/08/03/ARTITA8nEokpzYOhnFb242KB170803.shtml.

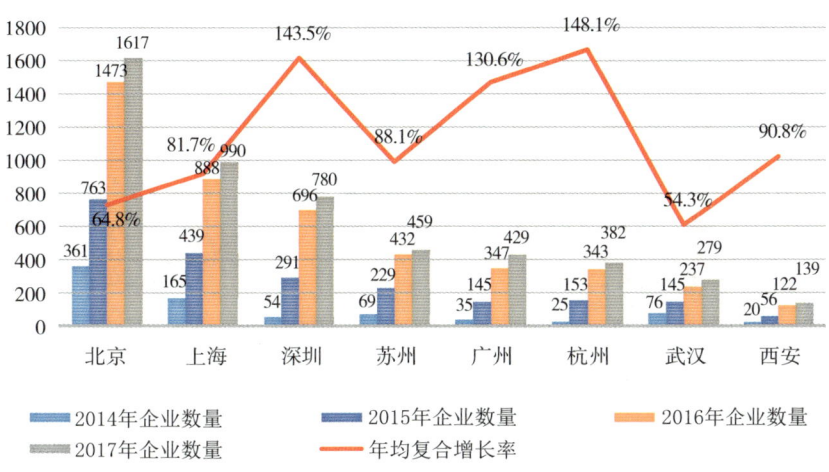

图10-21　八城市新三板挂牌企业数量（单位：家）

注：数据来源于Wind资讯金融终端。

值得注意的是，相比于 2014 年至 2016 年期间新三板挂牌企业数量年均翻番的高增长率，2017 年的整体年均增速下降到了 14.43%，各城市 2017 年度新挂牌企业数量骤减，这反映出了新三板融资监管趋严，以及融资环境改变对科创型中小企业发展的巨大影响。

（3）年度首次公开募股企业数量

中国 A 股市场监管强化与首次公开募股正常化的特征近年来得到了进一步显现，2017 年沪深 A 股首次公开募股企业数量达 438 家，其中国有企业 8 家，地方国资企业 23 家，其余均为民营企业。各城市的经济活力，特别是民营经济的企业创新和资本融汇实力能够在年度首次公开募股的企业数量上集中体现。2017 年深圳市的首次公开募股企业数量为 40 家，位居全国首位，在一线城市里高于上海（38 家）、北京（25 家）和广州（19 家）。新兴产业城市中表现较为出色的有杭州（26 家）及苏州（14 家），而同年武汉仅有 1 家首次公开募股企业登陆 A 股，西安则未新增上市企业。

图10-22　2017年八城市上市企业总数与年度首次公开募股企业数量

注：数据来源于《证券时报》，其中2017年各城市上市企业总数统计截止日期为2017年10月。

上市公司总量方面，北京（303家）、上海（268家）和深圳（267家）与其他城市拉开了明显差距，杭州与广州徘徊于100家上下，苏州、武汉和西安仅维持在59家、52家和33家。凭借较高的新增首次公开募股企业数量，深圳上市企业总数已经与上海旗鼓相当，对北京的赶超之势亦非常明显，这表明深圳的资本汇集能力仍处于高速增长阶段。同时，深圳具有优势的非公有制经济结构也强化了其对资本流动的引导能力。

（4）新产品开发及科学研究与试验发展（R&D）经费投入

新产品开发经费投入是指年度企业科技活动中用于新产品研究开发的经费支出。城市在创新方面的投入，通常以创新导向性更强的指标进行表征，即科学研究与试验发展经费内部支出（用于基础研究、应用研究和试验发展三类项目的费用支出）。研究与试验发展经费投入占地区生产总值比重通常是国际上通行的用以反映区域科技研发投入和技术竞争实力的评价指标。

深圳市研究与试验发展投入处于领先地位，2016年科学研究与试验发展经费达 843 亿元，仅次于北京（1485 亿元）和上海（1049 亿元），并与其后的广州（458 亿元）拉开了显著差距。整体来看，8 座城市的科学研究与试验发展经费投入总量呈现逐年增长的态势，其中深圳科学研究与试验发展经费规模稳步提高，自 2014 年起（当年经费为 640 亿元）每年新增投入约 100 亿元，伴随着投入规模的扩大，深圳的科学研究与试验发展经费投入占地区生产总值比重也在逐年上升，2016 年升至 4.3%，排名进入前三甲，头两名分别为北京（5.8%）和西安（5.2%）。

表10-14　八城市科学研究与试验发展经费投入和占地区生产总值比重情况

地区	2016 年科学研究与试验发展经费投入		2015 年科学研究与试验发展经费投入		2014 年科学研究与试验发展经费投入	
	总量（亿元）	占地区生产总值比重	总量（亿元）	占地区生产总值比重	总量（亿元）	占地区生产总值比重
深圳	843	4.3%	732	4.2%	640	4.0%
北京	1485	5.8%	1384	6.0%	1269	6.0%
上海	1049	3.7%	936	3.7%	862	3.7%
广州	458	2.3%	380	2.3%	334	2.0%
武汉	370	3.1%	329	3.0%	293	2.9%
杭州	346	3.1%	302	3.0%	274	3.0%
苏州	425	2.7%	392	2.7%	372	2.7%
西安	326	5.2%	304	5.2%	287	5.2%

注：数据来源于各城市2014年、2015年和2016年统计年鉴。

增速方面，深圳近三年的年均复合增长率高达 14.8%，排在广州（17.0%）之后，然而在八座城市中，科学研究与试验发展经费投入占地区生产总值比重较高的北京和西安，复合增长率却不及全国同期水平（9.7%）。广州与深圳突出的增速表现，直接反映了广深科技创新走廊的科技创新潜力，同属走廊地带的东莞市，2016 年的科学研究与试验发展经费投入比 2012 年增长 98.5%[①]，开展科研活动的强度也得到了明显提升。走廊南端的深圳年均复合增长率略逊于北端的广州，但前者的投入规模接近后者的两倍，深圳优势更加明显。此外，受益于科学研究与试验发展经费投入高增长和高存量的有利条件，深圳与上海的差距正在逐渐缩小，更加巩固了深圳第一梯队的地位。

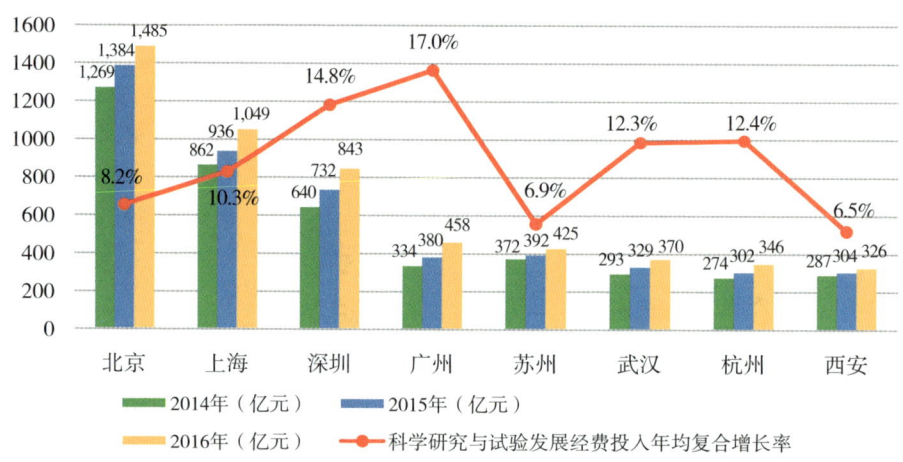

图10-23　八城市科学研究与试验发展经费投入总额情况（2014—2016年）

注：数据来源于各城市2014年、2015年和2016年统计年鉴。

（三）创新创业绩效

绩效价值的表征指标考量创新创业的经济效益、知识技术输出质量、创新创业生态的情况及其对可持续发展的影响。其评价指标从产业绩效、创新绩效、可持续发展三个方面评价地区双创发展效果和创新市场运行效率。

---

① 东莞市人民政府. 喜迎十九大系列分析之十：十八大以来东莞科技创新发展情况[EB/OL]. 中国东莞政府门户网站，[2017-10-23]. http://zwgk.dg.gov.cn/cndg/sjjd/201710/8643699185d34feeb8a62e31779b5bcb.shtml.

1. 产业绩效

人均地区生产总值的增长直接反映了创新创业带来的经济效益，高新技术产业的快速发展说明产业结构在不断优化，规模以上工业企业新产品产值体现了较强的工业科创能力。

（1）人均地区生产总值

深圳市在双创经济产出效益方面继续保持领先。2017年度深圳市人均地区生产总值为18.31万元，是全国平均水平（5.97万元）的3倍，在地区生产总值规模较大的一线城市中脱颖而出，与北京（12.90万元）、上海（12.46万元）、广州（15.07万元）均拉开了一定距离，与区域性重点城市如武汉（12.38万元）、杭州（13.46万元）、西安（7.83万元）等相比同样存在较大优势。近三年来全国人均地区生产总值都有显著的提升，北京（10.2%）成为唯一高于全国平均水平（10.0%）的样本城市。深圳的人均地区生产总值年均复合增长率为7.7%，略低于杭州（9.5%）、武汉（9.0%）、西安（8.2%）等新兴产业城市，但相较于同属制造业密集型城市的苏州（3.3%）仍然更为强劲，同时也印证了深圳制造以高新技术为代表的显著特征。

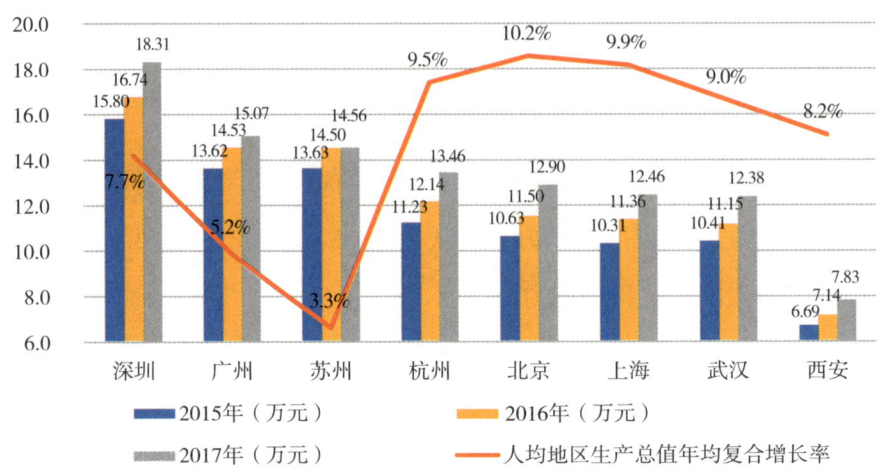

图10-24　八城市人均地区生产总值及增长情况（2015—2017年）

注：数据来源于各城市2015年、2016年和2017年统计公报。

由全国排名来看，以深圳为代表的产业综合主导型城市，在人均地区生产总值的指标和增速上先后超越了常年盘踞国内人均地区生产总值前列的鄂尔多斯（－8.5%）、克拉玛依（－1.1%）、东营（4.0%）等资源型城市，这表明城市创新创业活动的开展与创新市场产业结构的调整具有协同共进的趋势，综合性的产业结构更利于双创的推进。

（2）高新技术产业增加值占地区生产总值比重

高新技术产业的快速发展，既说明创新市场产业结构正在迈向知识型和技术型的中高端水平，也在一定程度上反映创新创业活动的活跃。其经济产出占地区生产总值比重反映双创发展带来的产业经济效益。

深圳市的高新技术产业产出水平较高，对地区经济增长贡献程度稳居全国首位。2017年深圳市高新技术产业实现增加值7359.7亿元，高于第二位的北京市（6387.3亿元）近1000亿元，与上海（4943.5亿元）、广州（2346.9亿元）的差距则更加显著。从高新技术产业增加值占地区生产总值比重的角度来看，深圳 2017 年高新技术产业增加值占地区生产总值比重达 32.8%，与北京（22.8%）、上海（16.4%）、广州（12.0%）、武汉（17.5%）等相比依然相当显著，深圳的高新技术产业对地区经济增长的贡献程度远超其他城市。

表10-15　八城市高新技术产业增加值与占地区生产总值比重情况

地区	2016 年		2017 年	
	增加值（亿元）	占地区生产总值比重	增加值（亿元）	占地区生产总值比重
深圳	6560.0	33.7%	7359.7	32.8%
北京	5646.7	22.7%	6387.3	22.8%
上海	4182.3	15.2%	4943.5	16.4%
广州	2397.1	13.2%	2346.9	12.0%
武汉	2423.2	17.2%	2343.6	17.5%
杭州	1372.9	12.4%	1559.6	12.4%
苏州	400.0	2.6%	900.0	5.8%
西安	333.8	5.3%	289.8	3.9%

注：数据来源于各城市2016年和2017年统计公告。

综合高新技术产业增加值及其占地区生产总值比重两项指标，增加值以 5000 亿元和 1000 亿元为界分为三个区间，增加值占地区生产总值比重则以 20% 和 10% 为界分为三个区间，样本城市在上述两项指标的三个区间呈现出明显的阶梯对应特征：第一梯队城市包括深圳、北京两座城市；第二梯队包括上海、广州、武汉和杭州；第三梯队符合标准的有苏州（900.0 亿元，5.8%）和西安（289.8 亿元，3.9%）。城市阶梯化分层的特征表现出了高新技术产业集聚所带来的自加速效应，以及在有限生产资源条件下对低技术产业的挤出效应。由此可见第一梯队的城市，特别是深圳，在新旧生产方式转化过程中具有较高的效率。

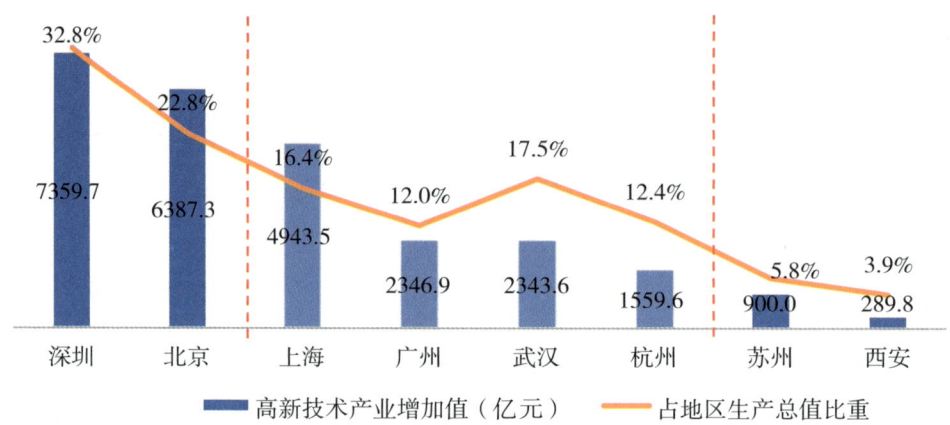

图10-25   2017年八城市高新技术产业增加值及占地区生产总值比重

注：数据来源于各城市2017年统计公告。

（3）规模以上工业企业新产品产值

深圳市工业企业科技创新成效明显，新产品产值规模居各市前列。2016年，深圳市规模以上工业企业实现新产品产值达10498.7亿元，是唯一突破万亿元产值的样本城市。深圳与排名其后的广州（8529.7亿元）和上海（7794.5亿元）拉开了一定差距，此外还较北京（4100.3亿元）高出1.5倍，体量约为西安（1049.2亿元）的10倍。

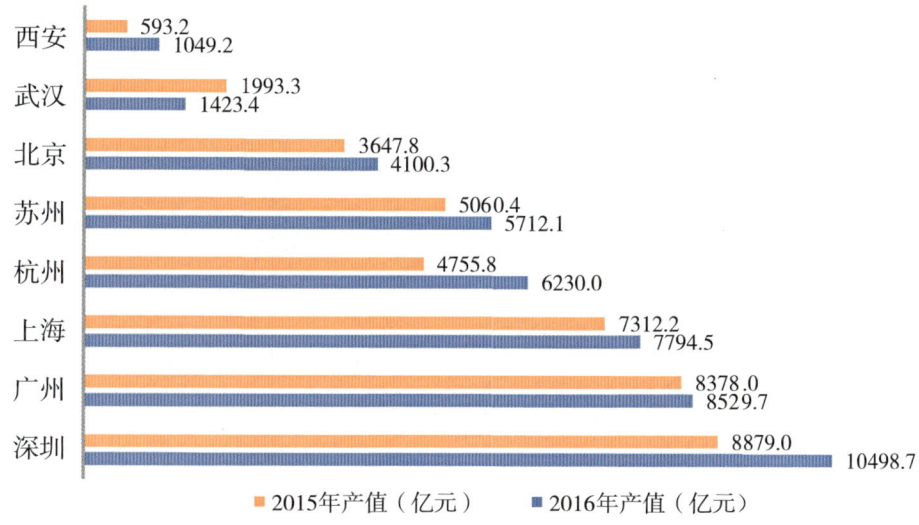

图10-26　八城市规模以上工业企业新产品产值（单位：亿元）

注：数据来源于各城市2016年与2017年统计年鉴。

　　同比来看，深圳的规模以上工业企业新产品产值较上年提高约 18 个百分点，在一线城市中处于领军地位，表现出了较强的工业科创能力。其他新产品产值规模较大的城市如广州和上海则同比增幅并不显著，仅为 1.8%和 6.6%。新兴产业城市当中，武汉下滑近 28.6%，西安同比上升 76.9%，但两者受到各自总量规模的限制，反映在新产品产值的变动并不特别突出。

2. 创新绩效

　　专利数量能较为客观和准确地反映技术创新的状况；数字经济的发展能有效激活创新潜能，拉动地区经济快速发展。这些都是创新市场运行效率的体现。

(1)专利授权量

深圳的知识产权产出创造能力以及创新实力优势显著。专利申请及授权等创新因素已经成为深圳和国内地区经济快速发展的创新引擎。2017年，深圳市专利授权量94300件，在国内创新活动高度活跃的城市中，深圳位居第二名，仅次于北京（107000件），明显高于排名其后的上海（70464件）。专利授权量是年度专利申请的试金石，更能准确反映一个城市的创新实力。同比增速方面，2017年八座城市中仅有西安处于较明显的负增长状态（-34.6%），同属广东省的深圳和广州，专利授权量增长幅度分别达25.7%和24.6%，远超全国同期水平（4.7%）。

表10-16　八城市专利授权数量情况

地区	2015年授权量（件）	2016年授权量（件）	2017年授权量（件）	同比增幅（2016—2017年）
深圳	72120	75043	94300	25.7%
北京	94031	100578	107000	6.4%
上海	60623	64230	70464	9.7%
广州	39834	48313	60201	24.6%
武汉	21740	22967	25528	11.2%
杭州	46245	41052	42227	2.9%
苏州	62263	51000	53528	5.0%
西安	25103	38279	25042	-34.6%

注：数据来源于各城市2015年、2016年和2017年统计公告。

从近三年的复合增长率来看，广州（22.9%）和深圳（14.3%）仍然表现最佳，是八座城市中仅有的高于10%的城市。其他城市的年均复合增长情况表现各异，其中苏州、杭州和西安呈负增长状态。广州和深圳作为广深科技创新走廊的联结端点，授权专利增速突出，构成了粤港澳大湾区创新驱动的重要两极。深圳在专利增速与整体质量方面双双表现优异，更充分体现了其作为全国自主创新示范区的示范、引领与带头作用。

图10-27　八城市专利授权量情况（2015—2017年）

注：数据来源于各城市2015年、2016年和2017年统计公报。

（2）每万人国内发明专利申请量

专利申请中的发明专利数量，是平衡专利数量和质量的重要指标，每万人发明专利申请量则进一步表征了创新主体的高质量专利产出密度。2017年，深圳市国内发明专利申请量60300件，在八座城市中处于较高的水平，仅次于北京的99000件。在每万人发明专利申请量方面，深圳延续了较高的增长，以48.13件/万人的水平超过北京（45.61件/万人）位居榜首。整体上观察，样本中有四座城市的每万人发明专利申请量超过了40件，分别是深圳、北京、西安（44.65件/万人）和苏州（44.55件/万人），其他城市的万人申请量均徘徊在25件/万人左右。

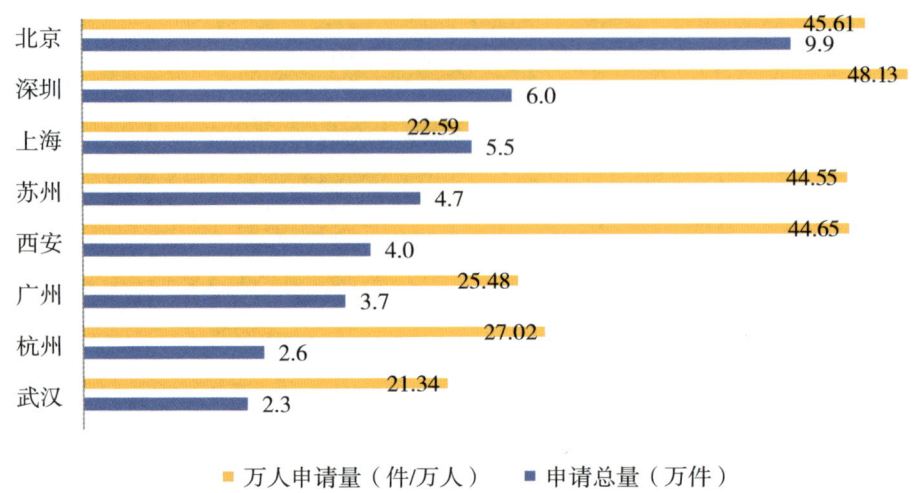

图10-28　2017年八城市发明专利申请量及每万人申请量

注：数据来源于各城市2017年统计公报。

　　同比来看，2017年各城市发明专利申请总量变动幅度不明显。一线城市中，广州（12.35%）和深圳（1.74%）的增速相对显著，上海仅为0.60%，北京则为负增长。以广州和深圳为代表的广东省诸城市，知识产权服务体系建设不断优化，根据国家知识产权局发布的《2017年全国专利实力状况报告》显示，广东省在全国专利综合实力排名中位列第一。《2017年广东省专利实力状况报告》[①]的专利服务排名中，位居第一和第二名的即是广州与深圳，再次印证了两地作为广深科技创新走廊创新输出双引擎的突出地位。

---

① 广东省知识产权局，知识产权研究与发展中心. 2017年广东省专利实力状况报告[EB/OL]. 搜狐网，[2018-06-14]. https://www.sohu.com/a/235718550_771119.

表10-17　八城市发明专利申请数量情况

地区	2016 年		2017 年		万人申请量同比增速
	申请总量（万件）	万人申请量（件/万人）	申请总量（万件）	万人申请量（件/万人）	
深圳	5.6	47.31	6.0	48.13	1.74%
北京	10.5	48.16	9.9	45.61	−5.30%
上海	5.4	22.46	5.5	22.59	0.60%
广州	3.2	22.68	3.7	25.48	12.35%
武汉	2.1	23.05	2.3	21.34	−7.43%
杭州	2.5	27.16	2.6	27.02	−0.52%
苏州	4.5	42.39	4.7	44.55	5.09%
西安	1.9	26.03	4.0	44.65	71.53%

注：数据来源于各城市2016年和2017年统计公告，其中2016年西安未公开全社会发明专利申请总量，该数据来自统计年鉴，采用企事业单位口径。专利万人申请量同比增速按照万人申请量数值保留小数点后四位进行测算。

对于城市创新绩效的衡量，除了国内专利数量与质量，还应充分衡量知识产权的国际化程度。依据各国普遍采用的标准，PCT 专利申请量能够理想地对国际化专利密度进行测度。PCT（Patent Cooperation Treaty）即《专利合作协定》，是专利领域的一项国际合作条约。通过 PCT 途径提交的国际专利申请数量，体现了一个地区的创新能力、技术价值和市场价值，是衡量区域经济发展和创新国际化的重要指标。

深圳市 PCT 专利申请量优势显著，创新发展国际化程度高。2017 年，深圳 PCT 国际专利申请量高达 20457 件，占全国申请总量（48882 件）的四成以上，超过其余样本城市的总和，与全国各其他城市乃至省份相比，仍然遥遥领先。北京市 2017 年 PCT 专利申请量为 0.51 万件，是为数不多的超过 5000 件的城市，与上海（0.21 万件）、广州（2441 件）等拉开了较大差距。

表10-18　八城市PCT专利申请数量情况

地区	2016年申请量（件）	2017年申请量（件）	同比增幅
深圳	19647	20457	4.1%
北京	6651	5100（0.51万件）	−23.3%
上海	1560	2100（0.21万件）	34.6%
广州	1642	2441	48.7%
武汉	712	1219	71.2%
杭州	538	564	4.8%
苏州	1088	1570	44.3%
西安	138	173	25.4%

注：2016年各城市数据来自国家知识产权局。2017年北京与上海数据来自国家知识产权局，广州、深圳、杭州及西安数据来自各省知识产权局，苏州数据来自苏州市知识产权局。

　　PCT专利申请量增速方面，武汉以71.2%的同比升幅拔得头筹，广州（48.7%）、苏州（44.3%）紧随其后，上海（34.6%）与西安（25.4%）同比增速也相对靠前，均高于全国平均水平（13.3%）。深圳的增速为4.1%，但由于申请量基数庞大，实际增量则相当于上海的1.5倍。值得注意的是，样本城市中仅有北京处于负增长状态，且下降趋势较为明显（−23.3%）。深圳PCT国际专利申请量稳中有升的态势，反映出深圳作为高新技术创新中心城市，对国际专利体系的参与度正在不断加深，创新主体对国外市场的拓展意识也在不断增强。

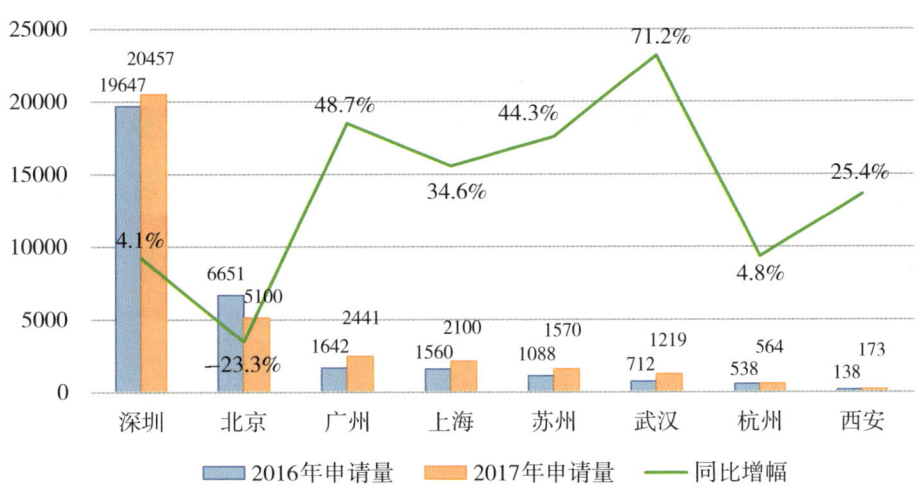

图10-29 八城市PCT国际专利申请数量情况（单位：件）

注：北京与上海数据来自国家知识产权局，广州、深圳、杭州及西安数据来自各省知识产权局，苏州数据来自苏州市知识产权局。

（3）"互联网＋"数字经济指数[①]

在以互联网和移动通信等技术为支撑的数字经济背景下，数据流动和商业创新的开放协同效应不断提高，数字经济与传统经济的融合得以深化，传统产业资源配置、结构调整以及转型升级持续优化。"互联网＋"数字经济指数是国内知名的数字经济发展测度体系，该指标结果说明，数字经济的发展能够提高经济发展效率，有效激活发展潜能，拉动地区经济快速发展。数字经济发展越好的地区，实体经济发展程度也相应越高。

数据显示，一线城市稳居2017年"互联网＋"数字经济指数评分前四位，与其他样本城市拉开明显差距，其中北京以25.90分高居榜首，并包揽了

[①] 该指标直接引用由腾讯研究院发布的《中国"互联网＋"数字经济指数（2017）》，指数由腾讯公司联合滴滴出行、美团点评、京东、携程等企业，共享大数据汇聚而成。指标编制囊括基础分（云计算、通信设施水平、互联网用户数据等）、产业分、创新创业分、智慧民生分等分项指标，涵盖国内31个省、自治区、直辖市，并以5个梯次呈现出351个城市的数字经济发展规模以及程度。

基础、产业、创新创业三个分项指标的首名；深圳得分 19.97 分位列第二，其产业、创新创业和智慧民生分项指标均位居第二名；上海（17.05 分）紧随其后，其产业和创新创业分项指标排名第三；广州（16.78 分）位居第四，并获得了智慧民生分项指标第一名。其余样本城市的总评分均未超过 10 分，且分项指标排位不突出。《中国"互联网 +"数字经济指数（2017）》报告研究表明，北京、上海、广州、深圳构成了数字经济的发展支柱，在总指数中占比 29%。

一线城市数字经济的高度成就得益于移动互联网的高速发展，以及近年来互联网基础设施、"互联网 +"融合项目落地、传统行业数字化的及时配套与广泛普及。随着人口红利的转移、产业数字化与信息化的全面推广，其他样本城市宜更有针对性地学习借鉴北上广深数字经济发展的成功经验，以促进新经济环境下城市自身的转型升级与城市间的协同发展。

表10-19　八城市"互联网+"数字经济指数情况

地区	基础分项排名	产业分项排名	创新创业分项排名	智慧民生分项排名	"互联网 +"指数总评分	全国排名
北京	1	1	1	3	25.90	1
深圳	3	2	2	2	19.97	2
上海	4	3	3	5	17.05	3
广州	2	4	4	1	16.78	4
杭州	8	6	6	11	5.51	6
武汉	6	8	9	8	5.14	7
苏州	11	10	15	19	3.43	12
西安	15	11	12	25	3.41	13

注：数据来自《中国"互联网+"数字经济指数（2017）》报告，该报告未发布各城市分项指标具体评分。

3. 可持续发展

深圳的创新创业不仅仅是发展科技创新、发展产业经济，更应该关注与环境、生态的协调发展。双创指数在关注经济指标的同时，对社会资源消耗、环境质量等与人民生活质量相关的指标也予以了关注。

（1）单位地区生产总值能耗

单位地区生产总值能耗（吨标准煤 / 万元）表征每万元经济产出的能耗水平。2016 年，八座城市的单位地区生产总值能耗大部分降至 0.5 以下，深圳为 0.36 吨标准煤 / 万元，保持在较低的水平，与各大城市相比，略高于北京（0.28 吨标准煤 / 万元）和广州（0.27 吨标准煤 / 万元），低于西安（0.39 吨标准煤 / 万元）和上海（0.43 吨标准煤 / 万元），而广州和北京是样本中唯有的两座能耗指标低于 0.3 的城市。

表10-20　八城市地区生产总值能耗情况

地区	2015 年指标 （吨标准煤 / 万元）	2016 年指标 （吨标准煤 / 万元）	同比降幅
深圳	0.40	0.36	9.1%
北京	0.34	0.28	17.2%
上海	0.46	0.43	7.8%
广州	0.31	0.27	13.3%
武汉	0.44	0.38	4.9%
杭州	0.43	0.34	14.0%
苏州	0.54	0.52	4.0%
西安	0.47	0.39	16.2%

注：数据来源于各城市2016年和2017年统计年鉴，其中2016年苏州未公开全市能耗总量，该数据来自统计年鉴，采用规模以上工业企业能源消耗总量。

同比来看，各城市均表现出不同程度的下降，深圳降幅约为 9.1%，降幅超过深圳的其他城市降幅均为 13% 以上，可见 2016 年度全社会能耗水平都处于快速下降的状态。

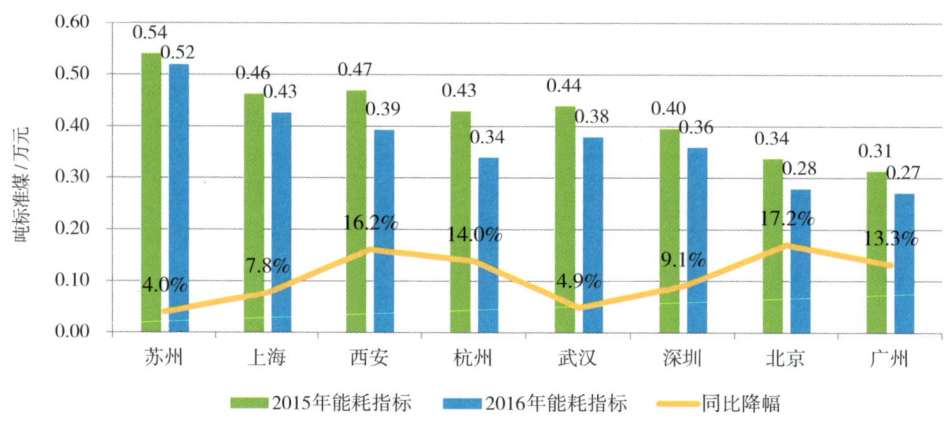

图10-30　八城市单位地区生产总值能耗与降幅情况

注：数据来源于各城市关于2016年和2017年统计年鉴，2016年苏州未公开全市能耗总量。

（2）空气环境质量

空气质量优良（二级及以上）天数占比表征生活环境空气条件。环境质量直接影响居民的健康和福祉以及地区双创生态系统。2017 年，深圳空气质量优良天数为 354 天，年度环境空气质量（AQI）优良率为 97.0%，其他各大城市环境空气质量优良率分别为广州 90.6%、上海 75.6%、苏州 71.5%、杭州 71.2%、武汉 69.9%、北京 61.9%、西安 49.3%，深圳环境空气质量具有明显的优势。

表10-21 八城市空气质量情况

地区	2016 年		2017 年		优良天数同比增幅
	空气质量优良天数	优良率	空气质量优良天数	优良率	
深圳	340	93.2%	354	97.0%	4.12%
北京	198	54.2%	226	61.9%	14.14%
上海	258	70.7%	276	75.6%	6.98%
广州	312	85.5%	331	90.6%	6.03%
武汉	237	64.9%	255	69.9%	7.59%
杭州	242	66.3%	260	71.2%	7.44%
苏州	249	68.2%	261	71.5%	4.81%
西安	192	52.6%	180	49.3%	−6.25%

注：数据来源于各城市2016年和2017年统计年鉴，各城市环保局。

环境品质改善方面，大部分城市的空气质量同比都有所提升，数据还表现出了较明显的区域分化特点：北方城市空气质量不佳，优良天数徘徊在 200 天上下，其中北京有较大幅度改善（优良天数增幅达 14.14%），仅有西安出现恶化，优良天数同比下降 6.25%，全年过半的天数没有达到二级标准；中部及长三角地区城市空气质量相对良好，优良天数保持在 250 天左右；珠三角地区空气质量最佳，深圳以接近全年的优良空气质量稳居各城市第一位，并成为国家可持续发展议程创新示范区试点之一。

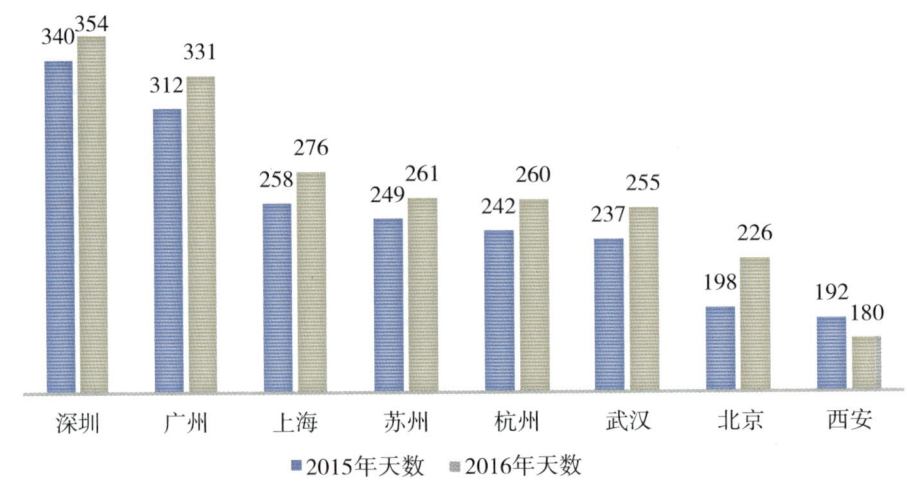

图10-31　八城市空气质量优良天数情况

注：数据来源于各城市2016年和2017年统计年鉴，各城市环保局。

（四）综合评估及启示

深圳是一座具有多元文化特色的移民城市，近年来迅速崛起发展成为继京沪之后的中国科技创新创业的活跃城市。当前，深圳市创新市场环境持续优化，创新投入力度继续加大，创新产出能力不断提高，双创呈现出了与北京和上海并驾齐驱的发展态势。

为更加全面准确地评价和对比国内八座城市双创发展状况，本研究在对双创城市各项指标原始数据进行标准化处理基础上，采用均权法赋予三个维度指标相同权重，然后计算八座城市双创指标的标准化值及排名，以此评价、比较八座城市双创发展的相对水平。研究发现：

1. 深圳双创综合指数蝉联全国首位

从 2017 年的双创综合指数排名来看，深圳市双创指数得分 92.58 分（以 100 分为标准），连续三年保持第一。与上年相比，所有样本城市的排名未发生变化。

深圳双创环境的进一步改善是原因之一。环境支持评价指标方面，市场结构中的非公有制企业数量占比维持了较高水平，产业基础中的民间资本固定资产投资占比小幅上涨 1.5 个百分点，制度文化中政府效率指数提升了近 60 个百分点[①]，商业信用环境指数升至 80 分以上。

深圳突出的双创绩效是主要原因。价值绩效评价指标方面，产业绩效中人均地区生产总值同比升幅达 7.7 个百分点，规模以上工业企业新产品产值步入万亿元大关，创新绩效指标中的专利授权量升高了 25.7 个百分点，可持续发展指标中的空气质量优良率继上年又有所提升，常年维持在 90% 以上，形成了生态建设与都市化同步发展的典范。

从双创综合指数得分看，2017 年除深圳、北京外，其余城市的双创指数得分均较上年有所下降，部分城市的双创活跃度出现纵向的相对回落，这种趋势反映出了双创活动在主要核心城市集中发展的阶段性特征。这种趋势还体现出，近年来各样本城市双创进程对国内国际经济和政治局势变化敏感程度的差异。伴随着国内高速增长阶段的调整、融资环境的紧缩与人口城镇化的提速，加之全球化发展迟滞、贸易环境恶化的外部条件，双创评价体系对各城市的评估标准将显得更为严格，依赖传统常规的城市经济发展模式，缺乏应对复杂系统性变化的措施或错失发展的机遇，未能积

---

① 深圳市的城市政府效率指数连续两年位列全国榜首，2017 年评分为 1.4501（2016 年为 0.9077），成为指数高于 1 的唯一城市。

极合理地协调城市的双创环境、资源和绩效，将来越难以在创新创业整体评价上有所突破。

表10-22 2015—2017年八城市双创指数得分及其排序

地区	2017 年		2016 年		2015 年	
	综合得分	排名	综合得分	排名	综合得分	排名
深圳	92.58	1	88.98	1	87.07	1
北京	89.54	2	84.85	2	86.77	2
上海	83.26	3	83.40	3	81.26	3
广州	76.07	4	82.50	4	76.30	5
杭州	66.56	5	81.61	5	76.38	4
苏州	63.54	6	74.77	6	73.56	6
武汉	60.67	7	72.75	7	66.54	7
西安	53.02	8	65.46	8	59.31	8

2. 深圳是最注重创新创业环境综合发展的城市

深圳作为改革先行之地与对外开放窗口，近四十年来，社会治理结构不断优化，产业基础持续精益升级，经济体系加快全面开放。2017 年，在政府职能方面，深圳的政府效率评分再创新高（第一名深圳 1.4501，第二名北京 0.7670）；在基础建设方面，深圳的城市公共交通服务指数（0.756）领先全国；在民生资源方面，深圳创造性改良医疗服务模式，实现一家社康中心平均服务 1.95 万常住人口的水平；在产业方面，深圳的"有研发活动的规模以上工业企业比重"（31.9%）及"规模以上高新技术制造业企业比重"（35.0%）双双表现优异，实现了制造业规模与研发的协同并进；在对外开放层面，面对全球化遇冷的压力，深圳的外商直接投资的年均复合增长率仍超过全国平均水平达到了 6.7%，外贸出口规模依然延续了各大城市榜首的地位。

从环境支持分项指标得分及排名看，上海得分最高，排名第一，西安排名最后。上海、深圳、北京仍然保持在前三名水平，新兴产业城市的表现较为突出，苏州与广州各上升一位，说明各地对于双创的支持力度正在加强。

相比于2016年，最大的变化在于上海升至第一，其得益于2017年较高的进出口与外商直接投资规模。杭州下降两位调至第六名，武汉、西安则仍维持在第七位和第八位。

表10-23 2015—2017年八城市双创环境支持得分及其排序

地区	2017年		2016年		2015年	
	环境得分	排名	环境得分	排名	环境得分	排名
上海	32.47	1 ↑	25.05	3	24.47	4
深圳	30.96	2 ↓	26.62	1	26.33	1
北京	30.52	3 ↓	25.67	2	25.36	2
苏州	27.23	4 ↑	24.13	5	24.52	3
广州	26.52	5 ↑	22.22	6	22.02	6
杭州	26.11	6 ↓	24.30	4	23.88	5
武汉	25.50	7	21.18	7	20.13	7
西安	20.63	8	18.14	8	17.64	8

注：2017年排名中，↑表示该城市较2016年的排名有所上升，↓表示该城市较2016年的排名有所下降，下同。

3. 深圳是科创资源配置质量最高的城市

从城市科创资源分布而言，深圳的禀赋相对不足，双创资源指数曾处于中级水平，这促使深圳对自身的有限条件形成了清晰的需求认知，走出了注重优质资源引进和关键领域投入的道路。2017年深圳的人力资源和资本投入都实现了高增量提升，在人才引进方面，深圳成为高等教育学历常住人口比例平均增速唯一超过 50% 的城市；在科创资本方面，深圳的科学技术支出约 404 亿元，高居各市榜首（第二名上海约 341.7 亿元，第三名北京约 285.8 亿元），支出同比增幅亦达到 88.3%。深圳已经成为区域科创资源的聚集中心。

从资源能力分项指标得分及排名看，2017 年北京得分最高，排名第一，深圳和上海分列第二、第三名。从往年评分来看，一线城市的双创资源得分普遍领先于其他城市，其中又以北京、上海和广州的创新创业资源基础更为雄厚。其他城市中，杭州的资源能力得分处于中游水平，武汉、西安和苏州的资源能力得分较低，近三年来排名均相对偏后，反映其资源能力相对稀缺的状态。

与上年相比，排名靠前的几座城市变化较大。其中，北京重登首位，深圳上调三位至第二名，而上海和广州的排名均下滑两位。北京基于自身有利的高等教育资源继 2015 年后再次重返第一位，深圳的科创引才和投资力度推动了其排名的上升，上海由于在 2017 年出现常住人口净流出而排名下降，广州则因公共科技财政支出比例不及全国平均水平而得分下滑。

表10-24　2015—2017年八城市双创资源能力得分及其排序

地区	2017 年		2016 年		2015 年	
	资源能力得分	排名	资源能力得分	排名	资源能力得分	排名
北京	32.75	1 ↑	30.14	3	32.51	1
深圳	29.24	2 ↑	29.17	5	27.54	3
上海	27.86	3 ↓	30.27	1	28.48	2
广州	24.99	4 ↓	30.22	2	26.04	5
杭州	21.04	5 ↓	29.56	4	26.29	4
武汉	18.53	6	27.23	6	24.98	6
西安	18.43	7	25.71	7	21.75	7
苏州	16.06	8	22.07	8	21.06	8

4. 深圳是平衡双创价值与社会效益的最佳实践城市

双创的价值主要体现在创新型产业的发展与创造性成果的诞生两个方面，从效率和长远的角度考虑，实现价值所需的社会成本也必须在双创活动中得到权衡，这一部分成本主要体现在生态福利和可持续发展上。在产业绩效方面，2017年深圳市人均地区生产总值为18.31万元，居于各大城市榜首，此外深圳高新技术产业增加值为7359.7亿元，增加值占地区生产总值比重达32.8%，绝对优势明显；创新绩效方面，2017年深圳市国内专利授权数量接近10万件，PCT国际专利申请量达20457件，占据全国总量的四成以上，远超过其他各城市；在可持续发展方面，深圳践行了低碳环保的城市发展理念，2017年社会能耗指标同比降幅近10%，空气优良率达97%，与其他各大城市相比十分突出。价值创造与社会成本的均衡，是深圳双创绩效的显著特征。

从绩效价值分项指标得分及排名看，深圳连续三年排名第一，北京、上海和广州的排名处于交替竞争状态。这三座城市的双创绩效各具侧重点，其中北京在创新绩效方面具有优势，其国内专利授权量常年居各城市首位，上海在产业绩效方面有一定竞争力，广州则在可持续发展方面较为出色。苏州和杭州近三年来的双创绩效处于中游水平，武汉、西安绩效价值得分偏低，长期处于靠后位置，说明其双创环境支撑和资源投入不足，双创效率也有待提高。

与上年相比，深圳的绩效价值得分变动幅度小，且仍具有显著领先优势。北京上调一名升至第二位，广州相应降至第三位，上海由于在产业绩效和创新绩效的表现提升较为明显，因而上调一名至第四位。

表10-25 2015—2017年八城市双创绩效价值得分及其排序

地区	2017 年		2016 年		2015 年	
	绩效得分	排名	绩效得分	排名	绩效得分	排名
深圳	32.38	1	33.19	1	33.20	1
北京	26.27	2 ↑	29.03	3	28.90	2
广州	24.55	3 ↓	30.07	2	28.24	4
上海	22.93	4 ↑	28.08	5	28.30	3
苏州	20.25	5 ↓	28.56	4	27.98	5
杭州	19.41	6	27.76	6	26.21	6
武汉	16.64	7	24.34	7	21.42	7
西安	13.97	8	21.61	8	19.92	8

结语

　　本书在界定创新市场内涵、分析创新市场中政府和市场的作用以及剖析双创与创新市场交互机制基础上，总结和借鉴美国、德国、日本等国创新市场先进经验，梳理中国科技体制改革与创新市场建构历程，探索系统化构建基础研究创新市场、应用研究创新市场、试验发展创新市场等三大创新市场，接着以深圳为样本城市，解构其创新的市场化、国际化、法治化等趋势，通过考察深圳创新市场培育和发展过程总结其经验与不足，提出完善创新市场的建议。最后采用联合国（UN）创新创业三元评价体系综合评估了 2017 年和 2018 年深圳及北京等中国城市创新市场和双创发展状况。

　　创新市场是配置科技创新资源的场域或空间。从本质上说，创新市场是科技创新资源供求双方相互作用并得以决定其交易价格和数量的资源配置方式或制度安排，是被政府和经济、社会力量尤其是经济力量所推动和建构的结果。市场机制在创新市场的资源配置中发挥着决定作用，但有别于其他市场，创新市场更强调政府作用，需要政府通过制度建设来完善市场秩序、规范市场行为，甚至政府作为市场主体通过拨款、采购、合作研究等直接参与市场，使得市场配置资源达到帕累托最优。创新市场是一个多层次的市场体系，按创新活动属性可分为基础研究创新市场、应用研究创新市场和试验发展创新市场。创新市场交易的产品因其无形而有别于商品市场，因其原创性信息和知识而有别于一般的服务，也因其无形而存在市场交易风险，往往要求嵌入契约中以获得权益。创新市场的竞争性越强，就越有效率，就会经历创新繁荣和较快经济增长；并且教育体制、科研体制、产业格局、对外经济政策、金融体制和专利制度等都会对创新市场及其结构产生影响，从而影响一段时期内的经济表现。

本书将创新市场分为三类："基础研究创新市场""应用研究创新市场""试验发展创新市场"。"基础研究创新市场"的供给主体是高校、科研院所和企业，其产品以论文、著作等新知识为主，可以向"应用研究创新市场"和"试验发展创新市场"主体进行交易；"应用研究创新市场"的主体是科研院所和企业，交易的主要产品以发明专利、标准等为主，需求者可以是"试验发展创新市场"的企业，也可以是具有应用研发供给能力的企业和科研院所；"试验发展创新市场"的参与主体是企业，其生产和交易的产品以专利、专有技术、商标等为主。政府无疑是三大"创新市场"的需求者，但更是三大"创新市场"的制度供给者和秩序守护者。

创新市场中既要发挥政府的重要作用，也要更大程度调动市场的力量，必须培育壮大创新市场，把政府对创新的支持转变为市场机制和重要组成部分，把市场行为、资本行为纳入创新市场，让创新的各种要素在这个市场上汇集、交易、培育、转化，用市场之手吸纳国内、国际乃至每个人头脑中的资源，为创新要素交易搭建公平、公正、公开的平台，让创新与财富在这里对接，让知识与产品在这里转化。

双创与创新市场在中国的形成有密切关系，双创是我国迈向创新型国家、建立强大创新市场的基本依据和途径，也是中国创新市场的基本推动力。建设创新市场可以充分发挥创新创业优势，通过创新市场的培育和完善，以市场机制为双创注入持续发展的原动力，为中国创新发展提供不竭动力，推动全国创新能级提升。建设创新市场必须针对创新要素精准施策。培育壮大创新市场，一是实现创新的市场化，使其与政府这只手相互配合，把创新资源更好地调动起来；二是实现创新的便捷化，使创新成果的交易、转化更为便捷和迅速；三是实现创新的法治化，使知识产权确权主体和转化主体建立明晰法律关系；四是实现创新的全球化，汇聚全球创新资源为我所用。尤其要针对人才、资本、科技基础、制度、文化等创新要素精准施策。建设创新市场要扬长补短、趋利避害，充分发挥中国优势，更多补足基础创新短板，造就中国创新在全球的引领地位。

上篇的研究发现，美国、德国、日本等发达国家的创新市场的共性经验为：多元化的创新市场主体，有效的市场激励机制，面向需求的创新要素市场，法治化的创新市场环境，等等。创新市场主体的多元化是指创新市场以企业为主，同时包含政府科研机构、高等院校、技术转移机构、国际创新合作者等主体。有效性的市场激励机制包括：产权保护及专利申请、税制和财政补贴激励、产业政策拉动创新、高校创新的市场化、促进大学技术转移、扶助中小企业创新等内容。从人才和资本两方面推动创新要素市场发展。通过立法完善投资环境，实现创新市场环境的法治化；同时政府部门制定政策和规划，激励研发、促进创新。总结和借鉴这些先进经验，有助于创新市场的构建及深圳创新市场的健康发展。

自改革开放以来，我国科技体制的改革历程既是从计划经济向社会主义市场经济探索的历程，也是我国基础研究、应用研究和试验发展三大创新市场逐步构建的历程。在我国科技体制改革和发展实践中，经历了创新市场化的萌芽、应用研究创新市场发端、试验发展创新市场兴起、完善多层次创新市场综合配套、强化创新市场协同发展等多个阶段，三大创新市场逐步形成规模并取得显著成果，为我国新的经济增长带来了可持续发展动力，推进我国逐步迈入世界创新型科技强国行列。历次重大改革政策梳理显示，中国科技体制改革围绕三大创新市场的构建与一体化，以科技应用和发展的需求为导向，着力构建内生的创新市场增长机制。

基础研究创新市场的构建进入提质增效阶段，着力从五个方面完善基础研究创新市场的构建：完善大学与学科体系，打开人才自由流动的旋转门，推动基础研究投创分离，去除唯论文的评价制度，强化区域创新市场协同。以激发活力和促进流动为核心，推动大学变革、人才变革、产权变革、评价变革、布局变革等五大变革。

应用研究市场是衔接基础研究市场与试验发展市场的中间市场，对于知识到产业的转化起着关键决定作用。随着"放开一片"和现代科研院所制度建设，应用研究创新市场已经具备了一批市场主体，然而，与国际发达地区的具有高转化效率和高质量的应用研究创新主体，还有一定差距。因此，未来还需要在多层次应用研究市场主体、海外应用研究平台、与国际接轨的技术转移中心、新型创新基础设施建设等方面着力完善和推进。

试验发展创新市场的构建应着重以下四点：培育具有国际竞争力的创新型企业，发展高新技术示范城市；发展数据驱动的科技金融，数据驱动科技金融平台全覆盖，扩大流动资产科技金融示范试点；实施最严格的知识产权保护，制定高价值专利培育体系，建立知识产权保护平台；建设数字化技术交易市场，建立全国性技术大数据系统，建设服务领域专业化平台。

中篇研究深圳创新市场（双创）经验和体制机制。双创的发展遵循螺旋式上升的逻辑路线，双创建构新的经济结构、重塑经济质量的过程正在持续发酵。双创正在从政府推动转入市场主导，正在从政策驱动转为价值引领，正在从本土创新走向全球创新，正在从数量为主转向质量优先。从创新市场构建和演进的角度看，深圳创新市场机制新型化，数据、激励、服务驱动市场化；创新市场要素国际化，国际人才、资本、平台推动技术、管理、信息国际化；创新市场环境法治化，创新立法，严格知识产权保护；创新市场空间区域化，创新资源配置范围趋于区域一体化；创新市场资源深港特色化，深港创新迈上新台阶。

深圳始终是中国市场道路的率先实践者和坚定践行者。深圳目前处于"创新市场"发展的初级阶段，深圳"创新市场"已呈现出以"试验发展创新市场"和"应用研究创新市场"为主体，以"基础研究创新市场"为辅的多层次"创新市场"格局，初步构建了支撑"创新市场"发展的创新要素市场体系，并正在不断以要素流动的方式与国际"创新市场"接轨。

整体来讲，深圳"创新市场"发展经历了三个阶段，即率先培育期、体系建设期、规模与外延拓展期。率先培育期率先培育了以企业为主体的"试验发展创新市场"。体系建设期初步建成了以"试验发展创新市场"和"应用研究创新市场"为主体，以"基础研究创新市场"为辅的"创新市场"格局（及体系）的形式。规模与外延拓展期"应用研究创新市场"和"基础研究创新市场"的规模进一步扩大，逐步融入国际"创新市场"。在融入国际"创新市场"方面，深圳探索出了一条创新需求国际化—创新要素资源配置国际化—创新供给国际化的路径。试验发展引致的"应用研究创新市场"和"基础研究创新市场"的快速发展，是深圳"创新市场"发展的路径特色。深圳在"应用研究创新市场"上占据了国内"创新市场"的优势地位，在"基础研究创新市场"上处于弱势，在参与国际"创新市场"上走在全国前列，但参与的广度和深度依然不足。

深圳"创新市场"培育的经验为：主体确权、合约创新、法治环境、政府力量。主体确权，培育知识产权清晰、激励兼容、权责明确、管理科学的"创新市场"主体，赋予市场交易以完全主体；合约创新，创新股权嵌入型结构化知识产品模式、信用嵌入型结构化知识产品模式和商品嵌入型结构化知识产品模式有效配置创新资源；法治环境，通过建立符合国际规则的政策法规体制机制，打造最严格的知识产权保护环境，以改革营造优质营商环境，从而降低创新的交易成本，以开放推动创新要素市场的日臻完善从而提高创新绩效，以法律的力量维护每个人的创造力的公平释放和有效转化，从而保障"创新市场"的有序竞争；政府力量，为"创新市场"的发展完善提供了制度——文化环境保障，从而降低交易成本，提高创新的制度绩效与社会价值认同。

目前，深圳"创新市场"进一步发展完善尚有创新主体主动确权意识薄弱、"创新市场"的竞争性不足、"创新市场"国际化程度较低、"创新市场"保障体系有待强化等问题。要从创新主体、激励机制、创新要素、制度环境四个方面出发，培育更有活力的创新主体队伍，形成更有效率的市场激励机制，构建更加完善的创新要素市场，打造更加适宜创新的制度环境，培育和完善深圳创新市场。充分发挥深圳创新创业优势，以市场机制为双创注入持续发展的原动力，将深圳打造成为国际科技产业创新中心，成为推动粤港澳大湾区协同发展的创新引擎。

在下篇中，本书报告了对北京、上海、深圳、广州等全国主要城市双创发展的第三次和第四次评估情况。采用联合国（UN）环境支持（Support）、资源能力（Capacity）、绩效价值（Value）三元评价体系进行综合评估，第四次的结果显示：与第三次的评估结果相比，第四次的评估中北京首次超越深圳，位列城市双创综合指数首位。在外部经济波动影响企业开展试验发展创新的情况下，北京、武汉、西安等基础研究投入密集的城市表现坚挺，基础研究发挥了双创稳定器的重要功能。研究还发现，人才集聚将增强城市双创的原动力，包容开放的文化将拓展城市双创的承载力，可持续发展会引导城市双创行稳致远（增强时间穿透力）。

第三次的结果显示：2017 年，深圳双创综合指数蝉联全国首位，深圳是最注重创新创业环境综合发展的城市，是科创资源市场化配置质量最高的城市，是平衡双创价值与社会效益的最佳实践城市。

当前，世界经济格局正在发生深刻变化。新冠肺炎疫情在全球持续蔓延，全球产业链、供应链正在受到波及，疫情促使欧美更强调自身的"经济主权"，全球化将受到抑制，可能会回归到 20 世纪 80 年代之前的国际贸易形式，部分产业链将迁回西方发达国家，全球化将转变为"有限的全球化"。实际上，早在疫情发生前，美国就已经开始打击中国产业供应链，实行更大范围针对中国的技术封锁。从短期看，这将为中国带来较大的产业调整成本；但从长期看，部分产业回迁将在客观上让出市场空间，有利于中国企业补充替代，进而向产业链上的高附加值环节攀升。中国在全球经贸体系中的地位和作用、产业结构调整升级趋势、经济增长的动能不会改变。面对世界经济格局重大变化，中国应更加开放，既要扩大对发达国家的开放，也要扎实推进"一带一路"建设，开展在科技、产业、投资、贸易领域的深度合作；更要把关键核心技术掌握在自己手里，去除被"卡脖子"的隐忧。要建立更加完善的创新市场，加速中国创新发展。

本书尝试研究创新市场，探索创新市场构建与实施，以深圳为样本剖析其创新市场培育经验、提出完善建议，具有一定程度的理论贡献和实践意义。但囿于能力和写作时间，本书必定存在一些不足和缺陷。我们在创新市场理论研究方面略显薄弱，对什么是创新市场、怎样建设创新市场的认识有待深化，对"创新市场"内涵外延的阐释有待进一步加强，创新市场构建的理论基础不足，探索尚需进一步深化。这将在今后的研究中加以改进。

参考文献

[1] Brett Frischmann. Innovation and Institution: Rethinking the Economics of U.S. Science and Technology Policy[J]. Vermont Law Review, 2000, 24(2):347-416.

[2] D. M. Amidon. Innovation Strategy for the Knowledge Economy: The Ken Awakening[M]. Boston: Butterworth-Heinemann, 1997: 23-56.

[3] GBD 2016 Healthcare Access and Quality Collaborators. Measuring performance on the Healthcare Access and Quality Index for 195 countries and territories and selected subnational locations: a systematic analysis from the Global Burden of Disease Study 2016[J]. The Lancet, 2018(319): 2236-2271.

[4] He Chuanqi. National Knowledge Innovation System: Evolution, Definition and Indicators[J]. Bulletin of the Chinese Academy of Sciences, 1999, 13(14):244-247.

[5] Richard J. Gilbert, Steven C. Sunshine. Incorporating Dynamic Efficiency Concerns in Merger Analysis: The Use of Innovation Markets[J]. Antitrust Law Journal,1995, 63(2):569-602.

[6] J. A. Schumpeter . The theory of economic development: An inquiry into profits, capital, credit, interest, and the business cycle[M]. Cambridge, MA: Harvard University Press, 1934.

[7] United Nation Development Programme. Handbook on Planning, Monitoring and Evaluating for Development Results[EB/OL]. UNDP,[2013-08-16]. https://www.tr.undp.org/content/turkey/en/home/library/corporatereports/handbook-planningmonitoringevaluating/.

[8] 陈传夫, 李秋实. 科技成果信息公开制度创新路径研究[J]. 科技管理研究, 2018, 4: 23-27.

[9] 崔禄春. 建国以来中国共产党科技政策研究[M]. 北京: 华夏出版社, 2002: 131.

[10] 道格拉斯·诺斯. 经济史上的结构与变革[M]. 厉以平, 译. 北京: 商务印书馆, 1992.

[11] 杜艳, 曲广宁, 张东方. 深圳国家级高新技术企业总数将突破1万家[EB/OL]. 人民网, [2017-11-07]. http://sz.people.com.cn/n2/2017/1107/c202846-30894901.html.

[12] 段琳筠. 深圳国税多举措提升城市竞争力[N/OL]. 深圳特区报, [2017-12-25]. https://kuaibao.qq.com/s/20171225C01KRQ00?refer=spider.

[13] 方在农. 从熊彼特的创新理论说起[J]. 自然杂志, 2006, 2: 114-115.

[14] 方竹兰. 中国实现原始型创新的体制改革重点[J]. 区域经济评论, 2019, 6: 43-49.

[15] 冯晓青, 乔文鑫. 技术创新的市场导向机制与知识产权取向研究[J]. 当代经济管理, 2015, 1: 13-20.

[16] 克利斯·弗里曼, 罗克·苏特. 工业创新经济学[M]. 华宏勋, 华宏慈, 等, 译. 北京: 北京大学出版社, 2004.

[17] 葛霆. 要准确理解"创新"的概念及其本质[J]. 中国科学院院刊, 2005, 6: 81-82.

[18] 郭雯, 刘爱, 王胜光. 创新驱动的市场形成与需求侧政策[J]. 中国科学院院刊, 2015, 5: 626-631.

[19] 国家知识产权局战略规划司. 2018年中国专利调查报告[EB/OL]. 搜狐网, [2019-01-19]. https://www.sohu.com/a/290202895_99970761.

[20] 易纲: 经济基本面良好　央行将保持流动性合理稳定[N/OL]. 上海证券报, [2018-06-20]. http://finance.sina.com.cn/china/dfjj/2018-06-20/doc-iheauxwa0041363.shtml.

[21] 李舒瑜. 未来3年我市再增600家社康中心[N/OL]. 深圳特区报, [2018-01-12]. http://difang.gmw.cn/sz/2018-01/12/content_27336877.htm.

[22] 联合国贸易和发展会议. 2017年世界投资报告——投资和数字经济[EB/OL]. UNCTAD, [2017-06-09]. https://unctad.org/en/pages/PublicationWebflyer.aspx?publicationid=1782.

[23] 马婧. 扩大对外开放, 优化营商环境——前11月本市利用外资增长近九成[N/OL]. 北京日报, [2017-12-23]. http://www.beijing.gov.cn/gongkai/shuju/sjjd/201712/t20171223_1837655.html.

[24] 毛良虎. 国际化视野下的创造、创新和创业[M]. 南京: 东南大学出版社, 2016.

[25] 尼尔森, 罗森伯格. 技术创新与国家体系[C]//尼尔森. 国家创新体系: 比较分析. 曾国屏, 译. 北京: 知识产权出版社, 2012: 1-10.

[26] 深圳市人民政府. 深圳市发布第一批100个"不见面审批"服务事项清单[EB/OL]. 新浪网, [2018-06-28]. http://news.sina.com.cn/c/2018-06-28/doc-iheqpwqy4453458.shtml.

[27] 寿子琪. 加快培育和发展研发外包服务业[N/OL]. 联合时报, [2014-11-27]. http://

www.china.com.cn/cppcc/2014-11/27/content_34163535.htm.

[28] 苏东斌. 选择经济[M]. 北京：人民出版社，2001：60-62.

[29] 王丰. "深港创新圈"计划项目管理办法出台[EB/OL]. 新华网，[2018-07-10]. http://www.xinhuanet.com/2018-07/10/c_1123105444.htm.

[30] 王京生. 什么驱动创新——国家创新战略的文化支撑研究[M]. 北京：中国社会科学出版社，2017.

[31] 王京生. 我们需要什么样的文化繁荣[M]. 北京：社会科学文献出版社，2014.

[32] 威海市科学技术局. 关于探索建立新型研究机构体系的建议[EB/OL]. 威海市科学技术局党务公开网，[2017-12-07]. http://www.whstc.gov.cn/art/2017/12/7/art_21646_966375.html.

[33] 吴金希. "创新"概念内涵的再思考及其启示[J]. 学习与探索，2015，4：123-127.

[34] 吴欣望，朱全涛. 创新市场与国家兴衰[M]. 北京：社会科学文献出版社，2012.

[35] 吴欣望，朱全涛. 市场竞争程度与专利保护强度之间的正向关联性——实证证据、历史迹象与理论分析[J]. 当代经济，2014，5：26-28.

[36] 阳东辉. 科技创新市场的国家干预法律机制——基于克服市场失灵的视角[M]. 北京：法律出版社，2014.

[37] 杨东奇. 对技术创新概念的理解与研究[J]. 哈尔滨工业大学学报（社会科学版），2000，2：49-55.

[38] 张凤，何传启. 创新的内涵、外延和经济学意义[J]. 世界科技研究与发展，2002，3：55-62.

[39] 赵弘. 中国总部经济发展报告（2013—2014）[M]. 北京：社会科学文献出版社. 2014.

[40] 中共中央编译局. 马克思恩格斯选集（第4卷）[M]. 北京：人民出版社，1995：383.

[41] 中华人民共和国科学技术部. 中国科技发展60年[M]. 北京：科学技术文献出版社、科学出版社，2009.

后记

　　创新是人类演进的不竭动力，而创新如何驱动增长、什么驱动着创新，是令人着迷、让人孜孜以求的研究主题。2017年，我在拙著《什么驱动创新——国家创新战略的文化支撑研究》中，对"文化如何驱动创新"进行了研究，认为文化的不同造成了国家创新能力的迥异，国家创新战略根本有赖于文化的支撑。自2016年起，我连续四年主持对北京、上海、广州、深圳等国内重点城市双创的评估，剖析双创特别是创新领域市场经济体制机制。2016年研究了"塔形双创体系"机制，2017年研究了"工字形"双创与改革互动机制，在此基础上发现创新离不开市场，因此2018年、2019年从创新市场的视角分别研究了深圳、粤港澳大湾区的双创发展和创新市场建设。建设创新型城市和国家，必须着手培育创新市场，让创新的各种要素在这个市场上汇集、交易、培育、转化。一个繁荣发展的创新市场，辽阔如源源不断的活水，能更好地激发民族创新创造的活力，为我国迈进创新型国家行列，实现中华民族伟大复兴梦想提供强大动能。

基于以上思考，2018 年 12 月 4 日我在第十届深圳学术年会上以"创新引领城市"为题做主旨演讲，强调了"创新市场"的概念，提出创新市场可分为开发型、应用型、基础型三类，要建设创新型城市和国家，必须培育创新市场，引起与会专家和相关媒体的关注和热议。2019 年 3 月 13 日在《文汇报》发表《创新根本有赖于培育强大的创新市场》，进一步阐述了创新市场的重要作用。以此为基础，我结合"大众创业、万众创新"波澜壮阔的实践，进一步对"如何培育创新市场"这一问题进行了较为系统和深入的研究，形成了眼前这部书稿。

特别感谢吴欣望、阳东辉等学者就创新市场理论研究在国内做出的开拓性贡献，他们为本书提供了诸多灵感。本书写作过程中，我和魏建漳、王学龙博士，就其中的主要问题进行了较为深入的讨论，他们根据我提出的研究提纲和主要观点查找了大量相关资料，形成了部分章节初稿。深圳市社会科学院副院长王为理同志在本书整体框架和统稿方面提出了诸多建议，海天出版社副社长魏甫华同志提出了具体修改意见，深圳市委宣传部副处长何东运同志也参与了讨论修改并做了大量统筹协调工作。深圳市社会科学院研究员廖明中同志、深圳市统计普查中心副研究员张军超同志参与本书统稿工作，真诚感谢他们对本书的贡献。还要感谢海天出版社编辑简洁专业、辛劳的工作。

多层次的探讨、交流和对话，催生了这本书稿，本书所提出的问题及其解答是开放性的。由于时间仓促，水平有限，"创新市场"内涵外延有待进一步阐明，创新市场构建的探索需进一步深化，本书逻辑体系也未必严密和完整，但力图开辟一片思想的天空。如有疏漏与不当之处，欢迎批评指正。

（王京生）

《创新市场论》课题组成员简介

主撰稿：

王京生

国务院参事，联合国教科文组织"孔子奖章"获得者，国家文化艺术智库特聘专家，北京大学、深圳大学等客座教授。

撰　稿：

王为理

深圳市社会科学院党组成员、副院长，研究员，深圳市决策咨询委员会委员。复旦大学哲学博士，香港中文大学历史学博士，美国哥伦比亚大学东亚研究所访问学者。

魏建漳

北京大学汇丰商学院博士后，一带一路国际合作发展（深圳）研究院副院长，深圳市实维经济咨询有限公司总经理，南昌大学中国中部经济社会发展研究中心兼职研究员。

王学龙

经济学博士，深圳市高层次人才，北京大学深圳研究院研究员，深圳市实维经济咨询有限公司顾问。

何东运

国务院参事助理，中共深圳市委宣传部出版和电影处副处长，深圳市全民阅读研究与推广中心智库特约研究员。